Erich Steitz

Sind wir noch zu retten?

Der Autor

Erich Steitz wurde am 9. März 1934 in Wecklingen/Saar geboren. Nach dem Abitur studierte er Naturwissenschaften mit den Schwerpunkten Biologie, Chemie und Physik. 1963 Promotion zum Doktor rer.nat. mit der *Arbeit „Untersuchungen über die Tumorbildung bei Bastarden von Nicotiana glauca und N. langsdorffii"*. Im selben Jahr wurde er Wissenschaftlicher Assistent im Zoologischen Institut der Universität des Saarlandes. 1970 wurde er zum Akademischen Rat ernannt und war bis 1998 in der Lehre des Fachbereiches Biologie der Universität in den Bereichen der Systematischen Zoologie, Meeresbiologie und Anthropologie tätig. Er ist Autor mehrerer Bücher, Forschungsberichte und Aufsätze. In seinem in 3. Auflage erschienenen Werk *„Die Evolution des Menschen"* behandelt er nicht nur Funde, sondern vor allem den theoretischen Hintergrund der Menschwerdung: Verwandtschaft und Sonderstellung des Menschen von der Molekularbiologie bis zur Entstehung seiner Kulturfähigkeit. In seinem Buch *„Evolution oder Schöpfung"* nimmt Erich Steitz mit Koautor Manfred Müller Stellung zu einem spannenden Thema unserer weltanschaulichen Diskussion. Veröffentlichung im Oldib Verlag: *Kausalität und menschliche Freiheit.* 2009

Erich Steitz

Sind wir noch zu retten?

Krise und Chance des Homo sapiens im Lichte der Evolution

Oldib Verlag

Bibliografische Information der Deutschen Nationalbibliothek
Die Deutsche Nationalbibliothek verzeichnet diese
Publikation in der Deutschen Nationalbibliografie;
detaillierte bibliografische Daten sind im Internet
über http://dnb.ddb.de abrufbar.

www.oldib-verlag.de
Oldib Verlag Oliver Bidlo
Lerchenstr. 37
45134 Essen
www.oldib-verlag.de
Umschlaggestaltung: Oliver Bidlo
Herstellung: BoD GmbH, Norderstedt

ISBN 978-3-939556-12-1

Inhalt

Vorwort

Einige meiner Freunde haben nach Durchsicht des Manuskripts gemeint, ich hätte mich zu wenig mit dem Terrorismus befasst. Der Terrorismus stellt in der Tat ein nicht kleines Problem in unserer Zeit dar. Er zählt aber nach meiner Meinung nicht zu den „apokalyptischen Reitern“, wie sie im Buch besondere Beachtung finden. Das hängt damit zusammen, dass es bei Terroristen zu einer Machtzusammenballung wie in einem neuzeitlichen Nationalstaat nicht kommen kann. Insofern wird es den Terroristen auch nicht gelingen, eine „richtige“ Atombombe zu bauen, wie es derzeit Staaten wie Iran und Nordkorea anstreben.

Man mag die politischen Verhältnisse z. B. im Iran beurteilen, wie man will, wir haben es mit einem Staat zu tun mit allen entscheidenden Kriterien für ein solches politisches Gebilde. Zur Entschärfung spannungsgeladener Situationen, wie sie oftmals während des „Kalten Krieges“ vorlagen, bedarf es politischer Gruppierungen, mit denen Verträge abgeschlossen werden können, so gering auch die „Halbwertszeiten“ solcher Pakte im Einzelnen sein mögen. Die Regierungen in modernen Staaten stellen solche Gruppierungen dar. Es kommen aber auch Staatenbündnisse wie z. B. die „Europäische Union“ für derartige Vertragsabschlüsse in Betracht.

Krieg ist mit Blick auf die Gefahr des atomaren Holocaust eine der infernoträchtigsten Gefahren der ganzen Menschheit, ja allen Lebens auf der Erde. Was bewegt Menschen offenbar schon seit langer Zeit dazu, derart schlimme Dinge, die von Krieg zu Krieg eine steigende Effizienz aufweisen, zu tun? Viele Wissenschaftler, insbesondere Verhaltensforscher und Psychologen, versuchen verhaltensbiologische bzw. tiefenpsychologische Eigentümlichkeiten des Menschen dafür verantwortlich zu machen. Narzissmus (Krankheit der Seele durch Kränkung) spielt bei vielen als antreibende Kraft und Auslöser eine wesentliche Rolle. Auch für den Terrorismus wird Narzissmus als eine der wesentlichen Ursachen angesehen.

Auf letzterem Felde gehen die Meinungen aber noch weit auseinander. Gewiss ist das in der islamischen Welt vorherrschende Gefühl nicht zu übersehen, vom Westen erniedrigt und gedemütigt, von abendländischer Kultur vereinnahmt zu werden, was in der erkennbaren Mischung von Selbstzweifeln, Kränkung und kompensatorischem Größenwahn seinen verhängnisvollen Ausdruck findet. Hier könnte eine der Wurzeln liegen, die den mörderischen und selbstmörderischen Terrorismus nähren. Wie in allen Konfliktlösungen wird es am Ende solcher Zuspitzungen nur eine einzige Therapie geben, nämlich die der wechselseitigen Anerkennung, der Regelung von Nähe und Distanz, der gerechten Verteilung von Ressourcen und Lebenschancen und der kommunikativen Verständigung über Zustand und Zukunft unserer Welt.

Bei Kriegen ist die Antwort auf die Frage nach seinen Wurzeln einhelliger. Das ist in erster Linie darauf zurückzuführen, dass es über diese Thematik eine größere Fülle an fundierten Untersuchungen und Veröffentlichungen gibt. Unter ihnen haben diejenigen von Stavros Mentzos besondere Beachtung gefunden, weswegen der Autor dieses Buches die Veröffentlichungen von Mentzos besondere Aufmerksamkeit schenkt. Eine andere apokalyptische Entwicklung ist die allmähliche Zerstörung der Biosphäre. Diese Entwicklung hat in bemerkenswerter Weise eine einzige biologische Art, die Art *Homo sapiens*, in Gang gebracht und zu verantworten. Diese Feststellung erscheint zunächst einleuchtend, ist aber problembehaftet. Denn Verantwortung kann eine Art nicht tragen. Auch im alltäglichen Leben spricht man von der Verantwortung der Politik, der Kirche, des Staates usw. Verantwortungsfähigkeit kommt aber nur dem einzelnen Menschen zu. So stellt sich die Frage, wie es zu einer Gesamtverantwortlichkeit kommen kann. Diese letztendlich alles entscheidende Problematik wird in dem Buch ausführlich diskutiert.

1. Einleitung

Die Menschheit steht vor ernsthaften Problemen. Sie ist in eine Krise geraten. Verblüfft und besorgt zugleich sind wir Zeugen einer geradezu rasanten Entwicklung in vielen Bereichen von Kultur und Zivilisation. Es sind Zweifel angebracht, ob die Menschheit zu den anstehenden Fragen eine Lösung finden wird.

„Zurzeit sind die Zukunftsaussichten der Menschheit außerordentlich trübe. Sehr wahrscheinlich wird sie durch Kernwaffen sehr schnell, aber durchaus nicht schmerzlos Selbstmord begehen. Auch wenn dies nicht geschieht, droht ihr ein langsamer Tod durch die Vernichtung der Umwelt, in der und von der sie lebt. Selbst wenn sie ihrem blinden und unglaublich dummen Tun rechtzeitig Einhalt gebieten sollte, droht ihr ein Abbau aller jener Eigenschaften und Leistungen, die ihr Menschsein ausmachen."

Ein unerbittliches Urteil, das der Nobelpreisträger Konrad Lorenz in seinem „Ganz kurzen Vorwort" zu „Der Abbau des Menschlichen" vor 25 Jahren (1983) gefällt hat und das, unverändert, offensichtlich heute noch gilt.
Viele Wissenschaftler glauben, Schuld an der Krise seien archaische Verhaltensstrukturen, die nicht (mehr) in unser von hochleistungsfähigen „intelligenten" Computern beherrschtes Industriezeitalter passen. Andere sehen es gerade umgekehrt: Die technischen und andere „Segnungen" unserer Zeit seien nicht mehr menschengerecht, hätten sich unseren spezifischen Bedürfnissen entzogen und müssten folglich abgeschafft werden. Wir gehen diesen Fragen nach und prüfen, ob es einerseits solche archaischen Verhaltensstrukturen gibt, wie sie gegebenenfalls entstanden sind, worin ihr ursprünglicher biologischer Sinn bestand, ob der womöglich in unserer Zeit zweifelhaft geworden ist, und ob andererseits Zustände und Entwicklungen im Gesellschaftsbereich beobachtbar sind, die sich unmittelbar gegen die menschliche Natur richten, also inhuman erscheinen. Wird eine Beantwortung dieser Vorfragen uns befähigen, gewachsene Verhaltensstrukturen den jeweiligen Erfordernissen anzupassen? Das würde ein gründliches Wissen über uns selbst voraussetzen. Warum tun oder lassen Menschen etwas Bestimmtes, warum verhalten sie sich in gewissen Situationen so und nicht anders? Der Biologe Ludwig von Bertalanffy ruft geradezu verzweifelt aus *„...aber vom Menschen wissen wir nichts!"* Er beklagt, dass der Mensch des 20. Jahrhunderts in weiten Bereichen der Psychologie und Pädagogik eine fast roboterhafte Vorstellung von sich selbst entwickelt habe und fordert eine neue, schöpferische Wissenschaft vom Menschen, die sein wahres Wesen erschließt, um sowohl seine existenzsichernde Eignung als auch die Überforderung des Menschen unserer Zeit richtig beurteilen zu können. Ähnliche Defizite sieht auch der niederländische Verhaltensforscher und Nobelpreisträger N. Tinbergen:

„Die Unkenntnis unserer selbst … ist die Unkenntnis in Beziehung auf unsere Verhaltensweise – das fehlende Verständnis für die Ursachen und Wirkungen der Funktion unseres Gehirns. Um jedoch unser Verhalten beherrschen zu können, dürfte es wohl die dringendste Aufgabe für die heutige Menschheit sein, dieses Verhalten wissenschaftlich verstehen zu lernen. Es sind die Auswirkungen unseres Verhaltens, die beginnen, die Erhaltung unserer Art überhaupt – und schlimmer noch – die Erhaltung allen Lebens auf der Erde zu gefährden."

Der Mensch, Produkt einer stammesgeschichtlichen Entwicklung, hat alle seine Eigenschaften in stetem Kampf gegen eine harte Umwelt selektiv erworben. Diese bis heue vorhandenen Eigenschaften sprechen für Ihre Bewährung. Gilt dies auch heute noch? Im Kapitel über archaische Verhaltensweisen gehen wir auf bestimmte menschliche Verhaltenseigentümlichkeiten näher ein. Tatsächlich gibt es kaum einen Lebensbereich, in dem wir nicht solchen Verhaltensstrukturen begegneten, wie bereits in einem der folgenden Kapitel festzustellen ist, in dem uns die wichtigsten Stufen der stammesgeschichtlichen Entwicklung des Menschen vor Augen geführt werden.. Zuvor seien noch einige Grundbegriffe der stammesgeschichtlichen Entwicklung erläutert.

Anmerkung:

Vor 20 Jahren veröffentlichte ich eine Broschüre mit dem Titel „Die Krise der Menschheit im Lichte der Evolution" im Selbstverlag (Druckerei Ortwin Deubert, Saarbrücken). Die Einleitung von damals habe ich hier unverändert wiedergegeben. Die Probleme von damals haben offenbar an Aktualität nichts eingebüßt.

Sind wir noch zu retten?

2. Was alles ist Evolution?

Unter Evolution versteht man in erster Linie die wissenschaftliche Erkenntnis, dass alle lebenden Organismen durch gemeinsame Abstammung untereinander verbunden sind. Sie sind nicht nur als Individuen, sondern auch in ihrer Gesamtheit als Arten in Raum und Zeit einem Wechsel und damit einer Entwicklung unterworfen. Das bedeutet, dass die Lebewesen im Laufe der Erdgeschichte aus andersartigen Vorfahren in direkter Zeugungskette entstanden sind.

Der Begriff „Evolution" ist lateinischen Ursprungs. Er leitet sich von *evolvere = ausrollen, entwickeln, ablaufen* ab. Das Konzept der Evolution reicht in der Gegenwart über die obige Definition hinaus. Es wird unterschätzt, wenn man es allein mit der Theorie von Darwin identifiziert. Darwin war der große Pionier, der dem Entwicklungsgedanken in einer bestimmten naturwissenschaftlichen Spezialdisziplin zur Anerkennung verhalf, d. h. der Evolutionsbegriff ist nicht auf den Bereich der Biologie beschränkt, er ist das umfassendste Prinzip überhaupt, da es den ganzen Kosmos einschließt.

Dies bedeutet, dass die Spiralnebel, Sterne mit ihren Planeten einer Evolution unterliegen wie auch der Erdmantel, die Pflanzen, Tiere und Menschen. Dies gilt des Weiteren für das Verhalten und die höheren Fähigkeiten der Tiere wie auch für Sprachen und die historischen Formen menschlichen Zusammenlebens und Wirkens, schließlich für Gesellschaften und Kulturen, für Glaubenssysteme und Wissenschaften.

Mehr und mehr erweist sich die Erkenntnis als bedeutungsvoll, dass der Begriff der Evolution uns erlaubt, die unterschiedlichsten Sachverhalte auf einen Nenner zu bringen. Der große Umfang und die ungeheure Komplexität wissenschaftlicher Erkenntnisse gehen mittlerweile ins Uferlose. Wie sind sie auf eine befriedigende Weise zu klassifizieren? Das ist das Geschenk Darwins: Durch die Abstammungslehre können wir unser Wissen strukturieren, alle Dinge in ihrem Werden in einen logischen Zusammenhang bringen und zu vielen Fragen rational fassbare Antworten bekommen. Was die uns (mit Blick auf den Menschen) besonders interessierende biologische Evolution anbelangt, müssen bei ihrer Erörterung grundsätzlich zwei Gruppen von Aussagen unterschieden werden:

Die Darstellung der Tatsachen, die durch die Annahme des Artwandels naturwissenschaftlich gedeutet werden können (z. B. Fossilien).

Die Darstellung der Ursachen, die nach dem heutigen Kenntnisstand den Artwandel bewirkt haben (z. B. Mutation und Selektion).

Mit Fragen dieser Art befasst sich die Abstammungslehre. Da sie Vorgänge der Vergangenheit nur aus heute beobachtbaren Tatsachen abzuleiten vermag, stellt sie, unabhängig von der Zahl der ermittelten Fakten im Sinne des Philosophen Popper eine Theorie dar und keine Tatsache, wie dies beispielsweise von dem namhaften Darwinkenner Jürgen Neffe vertreten wird. Andere häufig verwendete Begriffe für Abstammungslehre sind Deszendenztheorie und Evolutionstheorie. Wie alle Lebewesen ist auch der Mensch das Ergebnis einer biologischen Evolution, die Jahrmillionen währ-

te. Aufgrund seiner biologischen Eigenschaften fügt der Mensch sich innerhalb der Säugetiere in die nähere Verwandtschaft der Affen ein, worauf schon Aristoteles hingewiesen hat. Linne hat in seinem für die Systematik der Organismen grundlegenden Werk „Systema Naturae“ (1758) den Menschen und die Affen zur Gruppe der Primaten zusammengefasst und den Schimpansen als *Homo troglodytes* bemerkenswerter Weise in dieselbe Gattung wie den Menschen, nämlich in die Gattung *Homo,* gestellt. Heute gehört der Schimpanse der Gattung *Pan* an. Der Mensch, *Homo sapiens*, steht im heutigen System als einzige derzeit lebende Art innerhalb einer eigenen Familie (Hominidae) der Familie der Menschenaffen (Pongidae) gegenüber. Die gemeinsamen Ahnen von Mensch und Menschenaffe werden im Dryopithecuskreis, einer im oberen Tertiär verbreiteten Affengruppe, vermutet.
Die nächsten lebenden Verwandten des Menschen sind demnach die heutigen Menschenaffen: Schimpanse, Gorilla, Orang Utan und Gibbon. All diese Arten bewohnen die tropischen Wälder Afrikas oder Südasiens. Seit der Trennung von der gemeinsamen Vorfahrenlinie haben sie eine Reihe von Anpassungen an diesen Lebensraum entwickelt, die sie deutlich von der zum Menschen führenden Linie unterscheiden.
Der letzte gemeinsame Vorfahre von Menschenaffe und Mensch lebte nach molekularbiologischen Untersuchungen vermutlich vor 6-8 Millionen Jahren. Fossile Belege gibt es so gut wie keine. Dies hängt mit dem Umstand zusammen, dass die gemeinsamen Vorfahren Urwaldbewohner waren, und die sterblichen Überreste infolge schneller Verwesung auf oder im Urwaldboden von Fossilierungs- (Versteinerungs-) Prozessen jedweder Art ausgeschlossen waren.
Der stammesgeschichtliche Weg zum heutigen Menschen *Homo sapiens* vollzog sich, Stufe um Stufe, unter Herausbildung einer Reihe von Sondermerkmalen, die sowohl körperlicher als auch ethologischer Natur sind. Es sind dies insbesondere Merkmale, die sich beim Erwerb der voll aufrechten Haltung bzw. des voll aufrechten Ganges, zum Beispiel im Bereich des Beckens, im Zuge der dafür erforderlichen biologischen Umkonstruierungen ergeben haben. Die damit parallel laufende Zunahme des Gehirnvolumens und die fortschreitende Differenzierung vor allem der Hirnrinde sind besonders bedeutungsvoll. Sie sind die materielle Voraussetzung für verhaltensbiologische Besonderheiten des Menschen, die ihn als das kulturschöpferische, sprechende, in Symbolen denkende, über sich selbst nachdenkende und in transzendente Welten vorstoßende Wesen kennzeichnen.

2.1. Einige biologische Fakten als Belege für die Abstammungslehre

Embryonen verschiedener Pflanzen- und Tiergruppen weisen zahlreiche Übereinstimmungen auf. Im erwachsenen Zustand ist die Ähnlichkeit verschwunden. Vergleicht man die Embryonen verschiedener Wirbeltierklassen wie Haifisch, Huhn und Mensch miteinander, so sind sie sowohl in der Gesamtform als auch in der Ausbildung des Kopfes mit seinen Augen und Kiemenspalten, des Rumpfes mit Gliedma-

ßen, Schwanz usw. kaum zu unterscheiden. Die wissenschaftliche Erklärung besteht darin, dass die Wirbeltiere sich aus einer einzigen stammesgeschichtlichen Wurzel entwickelt haben, die heutigen Formen auseinander hervorgegangen sind und bei der Individualentwicklung bei allen das gleiche Stadium der Embryonalentwicklung durchlaufen wird. Die Kiemenspalten des menschlichen Embryos gleichen somit den Kiemenspalten des Fischembryos, keineswegs den Kiemen des erwachsenen Fisches.
Meeresschnecken und Muscheln haben eine „Trochophora" als Larvenform. Eine solche Larvenform findet sich aber auch bei Meer bewohnenden Ringelwürmern. So unterschiedliche Formen wie Muscheln und Ringelwürmer stammen daher mit großer Wahrscheinlichkeit von einer gemeinsamen Ahnform ab, bei der es schon eine solche Larve gegeben haben muss. Die Embryologie bietet eine große Zahl solcher Beispiele. Die sog. Entenmuscheln (sesshafte Gliederfüßler der Gattung *Lepas*) konnten erst durch ihre Nauplius-Larve als Krebstiere erkannt werden.
Vergleichende Untersuchungen der Gestalt (Morphologie) der Organismen lassen auf stammesgeschichtlich bedingte Verwandtschaft schließen. Verwandtschaftskennzeichnende Ähnlichkeit wird durch den Homologie-Begriff erfasst. Organe sind homolog, wenn sie im Bauplan der Lebewesen dieselbe Lage einnehmen und sich auf stammesgeschichtlich gleiche Grundstrukturen zurückführen lassen. Demgemäß sind der Flügel der Fledermaus, der Flügel des Vogels, das Grabbein des Maulwurfs, die Flosse eines Wals und der Arm des Menschen homologe Organe. Trotz verschiedener Gestalt ist dieselbe Einteilung in Oberarm, Unterarm, Handwurzel- und Mittelhandknochen usw. vorhanden.
Rudimentäre Organe gehören zu den stärksten Stützen der Abstammungslehre im Bereich der Morphologie. Es handelt sich um Organe, die in der Regel weitgehend funktionslos geworden sind und ihre Strukturen darum zurückgebildet haben. Ändern sich für einen Organismus die Umweltbedingungen, dann kann der sog. Evolutionsdruck auf die Aufrechterhaltung bislang überlebenswichtiger Strukturen nachlassen und somit das Organ zu einem rudimentären Organ verkümmern, wobei die Rückbildung mit einem Funktionswechsel einhergehen kann. Der rudimentäre Appendix des Menschen ist aus einem Verdauungsorgan zu einem lymphatischen Organ umfunktioniert worden. Embryonen der Beuteltiere, primitive Säugetiere, haben, obwohl sie sich im Mutterleib entwickeln und durch einen Mutterkuchen ernährt werden, seit über 100 Millionen Jahren Reste der Reptilienherkunft bewahrt: Die Eier enthalten Dotter, Eiweiß und Schalen, die Embryonen verfügen immer noch über eine (mittlerweile überflüssig gewordene) Eizahn-Papille. Von Landtieren abstammende sekundäre Wassersäuger haben Hals, Gliedmaßen und Schwanz zurück- und umgebildet. Der Wal zum Beispiel hat keine Hinterbeine mehr, im Körperinnern lagern aber noch Reste des Beckengürtels. Das trifft in ähnlicher Form für die beinlosen Blindschleichen zu. Die Paläontologie, die Lehre von den Fossilien, den Überresten ausgestorbener Lebewesen, hat die Zielsetzung, den Wechsel im Formenbestand der Organismen während der Erdgeschichte, das ständige Werden und Vergehen neuer Typen, zu rekonstruieren. Die dafür erforderliche zeitliche Datierung der Fundstücke erfolgt mittels der Zerfallszeit radioaktiver Elemente, die sich in allen Ge-

steinsschichten finden. Solcherart konnten nahezu lückenlose Ahnenreihen aufgestellt werden, ob bei den Weichtieren, Insekten oder Krebsen. Unsere eigene Gattung *Homo* weist eine bemerkenswert kontinuierliche Abwandlung der Schädelform vom kleinhirnigen, prognathen Affenschädel bis hin zum modernen großhirnigen, orthognathen Menschenschädel auf.

Brückenformen stellen besonders bedeutsame paläontologische Funde dar. Sie nehmen in ihrem morphologischen Aufbau eine Zwischenstellung zwischen größeren, scharf voneinander geschiedenen Gruppen ein. Das bekannteste Brückentier ist der Urvogel *Archaeopteryx* aus dem Jura, der in seinem Körperbau Reptilien- (z. B. Zähne) und Vogelmerkmale (z. B. Federn) vereinigt. Des Weiteren wäre der Dachschädler *Ichthystega* aus dem Devon zu nennen, ein „Fisch mit Beinen", der den Übergang von den Fischen zu den an Land lebenden Wirbeltieren bildet. Ein lebendes Brückenglied zwischen Reptilien und Säugern ist das in Australien vorkommende Schnabeltier *Ornithorhynchus paradoxus*, ein primitives, Haar tragendes Säugetier, das indessen noch nach Reptilienart eine Kloake besitzt, Eier legt und keine konstante Körpertemperatur aufweist.

Biochemische Fakten spielen in der gegenwärtigen Forschung eine besondere Rolle. Organismen eigene Stoffgruppen werden vergleichend untersucht. Sie lassen besonders eindrucksvolle Rückschlüsse auf die biologische Verwandtschaft ihrer Träger zu. So kann aus der Universalität einzelner Wirkstoffe wie ATP und NAD oder des DNA-Codes auf einen gemeinsamen Ursprung alles Lebendigen geschlossen werden. Der weiße und gelbe Farbstoff der Schmetterlingsflügel bei Weißlingen (Pieridae) ist ein Harnsäureabkömmling, der auf diese Familie beschränkt ist und daher von einer gemeinsamen Ahnform stammen dürfte.

Die sog. Sequenzanalysen bei Nukleinsäuren und Eiweißen sind besonders aufschlussreich. Es lassen sich Doppelspiralen von DNA halbieren und mit radioaktiv markierten fremden Einzelsträngen komplementär neu verbinden. Die Ergänzungen verlaufen umso vollständiger, je ähnlicher die DNA-Moleküle sind. Sie sind sich umso ähnlicher, je ähnlicher sich die sie liefernden Organismen sind. So ergänzen sich bezeichnenderweise die Einzelstränge von Maus und Hamster zu 55%, von Maus und Meerschweinchen nur noch zu 20%. Hingegen bringen es Mensch und Rhesusaffe auf 85%, Mensch und Schimpanse auf knapp 99% „Ähnlichkeit".

Parasiten stammen von ursprünglich frei lebenden Vorfahren ab. Ihre Wirtsspezifität hat sich als sehr nützlich für die Untersuchung verwandtschaftlicher Beziehungen unter den Organismen erwiesen. So haben viele Wirte ihre Parasiten von den Ahnformen mitbekommen. Läuse der Gattung *Pediculus* leben beispielsweise nur auf Mensch und Schimpanse. Flöhe der Familie Macropsyllidae sind ausschließlich auf Mäuse beschränkt. Innenparasiten sind zur Aufdeckung verwandtschaftlicher Beziehungen besonders aufschlussreich. Die Bedingungen, unter denen Innenparasiten leben, haben sich in der Regel weit weniger geändert als die Wirte selbst. Auch wenn die Wirte sich noch so stark auseinander entwickelt haben, sind ihre Innenparasiten der Gestalt nach gleich geblieben. Dies trifft beispielsweise für die Bandwürmer der Warane und Riesenschlangen zu.

Abschließend sei noch auf die Befunde der Verhaltensforschung hingewiesen. Viele Instinkthandlungen lassen sich hinsichtlich Ähnlichkeit und Verbreitung nur stammesgeschichtlich verstehen. Enten der Gattung Anas, etwa die Stockente, unterscheiden sich beträchtlich in ihrer Färbung, gleichen sich jedoch in ihrer sehr hoch entwickelten sozialen Balz.

Schimpansen zeigen ein Lächeln, gelegentlich auch Lachen, das dem unsrigen sehr gleicht. Auch im Grußverhalten sind viele Gemeinsamkeiten zu erkennen, so im Küssen, Umarmen und Händereichen. Brutpflegehandlungen wie das Mund zu Mund-Füttern finden sich bei Schimpansen ebenso wie bei Papuas und Pygmäen. Daraus ist das Küssen abzuleiten, das sich, wie gesagt, durchaus nicht nur beim Menschen findet, sondern gleichfalls bei den meisten Menschenaffen.

Das Spektrum sozialen Kontaktstrebens wird durch Körperpflegehandlungen erweitert. Sie dienen bei vielen höheren Wirbeltieren, also nicht nur beim Menschen, der Erhaltung der freundlichen Beziehungen. Es handelt sich hierbei um eine auf gegenseitige Hilfe abgestellte Tätigkeit, die auffallenderweise auch dann aufgenommen werden kann, wenn dazu gar kein dringender Anlass, etwa ein verschmutztes Fell zu reinigen, besteht. Eine solche rituelle Kontaktsuche liegt beispielsweise in zärtlichen Handlungen wie Streicheln und Kraulen vor.

Eibl-Eibesfeldt, Schüler von Konrad Lorenz und namhafter Verhaltensforscher, spricht bei solchen Verhaltensweisen von ritualisierter Brutpflege, d. h. zärtliche und betreuende Aktivitäten der Mutter-Kind-Beziehung werden auch bei Erwachsenen Band stiftend eingesetzt. Beim weitgehend haarlosen *Homo sapiens* kommt es als Ersatz für die soziale Körperpflege zum Gespräch. Beim Treffen bei Kaffee und Kuchen am Nachmittag beispielsweise, werden, so Eibl-Eibesfeldt, oftmals kaum sachliche Informationen weitergegeben, da es sich meist um banale Feststellungen, etwa das Wetter betreffend, handelt. Wohl aber wird das Gespräch sozialen Belangen gerecht. Es wird signalisiert, dass man am Partner und an seinen Anliegen interessiert ist, indem man bereit ist, ihm zuzuhören und zu antworten. Der bekannte englische Verhaltensforscher D. Morris (1970) bezeichnet diese Art von Gespräch treffend als „grooming talk“ (Putzgespräch), da seine Funktion wie beim gegenseitigen „Lausen“, die freundliche Kontaktherstellung sei.

2.2. Wie funktioniert Evolution?

Am 24.11.1859 erschien Darwins epochales Werk „Die Entstehung der Arten“. Darwin bricht darin mit der alten Vorstellung, dass alle Tier- und Pflanzenarten bereits seit der Schöpfung (im biblischen Sinne) vorhanden sind. An ihre Stelle setzt er seine Theorie der Evolution. Nach ihr hat sich alles Leben aus verschiedenartigen Urformen in gewaltigen Zeiträumen entwickelt und verändert. Welche Mechanismen waren hierbei am Werke? Darwin war übrigens nicht der Erste, der sich mit der Veränderlichkeit der Arten befasst hat. Vor ihm hatte der große Naturforscher Carl von Linne (1707- 1778) am Ende seines Lebens die Vermutung geäußert, dass es in der Geschichte des Lebens einen Wandel gegeben haben könnte. Jean-Baptiste Lamarck (1744 - 1829), der kongeniale französische Naturforscher, befasste sich ebenfalls mit der Frage des Artwandels. Er sah in der Vererbung erworbener Eigenschaften den Hauptmotor des Artwandels. Diese Hypothese konnte allerdings zu seiner Zeit und auch später wissenschaftlich nicht bestätigt werden.

Darwins Verdienst besteht darin, dass er eine unendliche Fülle an Beweismaterial liefern konnte, was seinen Vorstellungen zum Durchbruch verhalf. Er hat also das Konzept eines stammesgeschichtlichen Wandels nicht selbst entwickelt, ihm aber zu wissenschaftlichem Ansehen verholfen. Darwins Auffassungen sind heute die einzig anerkannten. Sie gehen davon aus, dass sich alle Lebewesen, in einem umfassenderen Sinne auch Lebensgemeinschaften (Populationen innerhalb einer Art), in einem ständigen Ringen ums Dasein befinden, und dass sich die zufällig besser angepassten die größere Überlebenschance haben und sich folglich durchsetzen.

Darwins Erkenntnis kam erst zur vollen Geltung, als es im 20. Jahrhundert gelang, die Ergebnisse der Vererbungslehre in seine Theorie mit einzubauen und auf die Problematik der Evolution anzuwenden. Diese moderne Wissenschaft von den Ursachen der Evolution operiert heute mit mehreren Evolutionsfaktoren, die hier in ihren wesentlichen Grundzügen abgehandelt werden sollen.

Diese Faktoren sind:

- Mutation
- Rekombination
- Selektion
- Isolation

Die Evolutionsfaktoren können nur in Populationen wirksam werden. Dem Populationsbegriff kommt deshalb ausschlaggebende Bedeutung zu. Mit ihm wollen wir uns deshalb zunächst befassen.

2.2.1. Die Population als Einheit der biologischen Evolution

Eine Population ist die Gemeinschaft von Individuen einer Art in einem bestimmten geographischen Raum. Für diese Individuen ist, da sie Artgenossen sind, kennzeichnend, dass sie untereinander fruchtbare Nachkommen haben. Die Art (Spezies) ist nämlich definiert als systematische Einheit im Reich der Organismen, die in ihrer weitesten Fassung eine Fortpflanzungsgemeinschaft unter natürlichen Verhältnissen darstellt. In ihr besteht die Möglichkeit ständigen Genaustausches zwischen den Gliedern der Population. Eine Art setzt sich in der Regel aus mehreren solcher mehr oder weniger geographisch (oder auch ökologisch) voneinander getrennter Populationen zusammen.

Der Gesamtbestand an Genen, von denen jedes in sehr vielen verschiedenen Allelen, d. h. strukturellen Abwandlungen, vertreten sein kann, beschreibt den Genpool einer Population. Das einzelne Individuum ist nur ein kurzzeitig existierender (sterblicher) „Behälter“ für einen Bruchteil der Gene des Genpools, mit anderen Worten, es verfügt stets nur über einen Teilbestand des Genpools. Niemals kommt es vor, dass alle

Gene einer Population in einem einzigen Individuum vereinigt sind. Man spricht deshalb auch von der Art als einer größtmöglichen potenziellen Fortpflanzungsgemeinschaft, da die Kombination aller Allele gar nicht möglich ist. Es ist also nicht das einzelne Individuum, sondern die gesamte Population die „Evolutionseinheit", an der sich gewissermaßen Evolution abspielt. Durch die Auslese wird der Genpool insgesamt verändert, und damit werden auch die Eigenschaften innerhalb einer Population von Generation zu Generation abgewandelt.

2.2.2. Erbsprünge (Mutationen) als Motor der biologischen Evolution

Wie im vorausgegangenen Kapitel angedeutet wurde, können Gene strukturelle Abwandlungen erfahren, sie können mutieren (von lat. *mutatio*, Veränderung, Wechsel). Diese Mutabilität, Veränderbarkeit der erblichen Eigenschaften einer Population, ist die entscheidende Voraussetzung für die Evolution als Prozess, der dazu führt, dass die Nachkommen im Laufe der Generationenabfolge andersartig als ihre Vorfahren werden. Mutationen stellen gewissermaßen den Treibstoff des Evolutionsgeschehens dar. Es handelt sich um Änderungen der Erbsubstanz, die aus wissenschaftlicher Sicht (nach heutigem Erkenntnisstand) zufällig und richtungslos auftreten. Die Formulierung „aus heutiger Sicht" ist darin begründet, dass Mutationen von manchen Wissenschaftlern gar nicht als so absolut zufallsbedingt angesehen werden, wie man bisher annahm. Sie weisen auf die artspezische Konstanz der Mutationsrate hin, was eher dafür spricht, dass noch andere Faktoren als der „reine" Zufall mit im Spiele sind. Die artspezifische Mutationsrate könnte, so die Hypothese, ihrerseits das Ergebnis von Selektion sein, die Gewährleistung einer bestimmten Mutationsrate sei für das Überleben einer Population notwendig.

Wie dem auch sei, Mutationen erweitern in jedem Falle die genetische Mannigfaltigkeit einer Population, d. h. sie vergrößern die erbliche Variabilität ihres Genpools. Durch die Auslese, von der noch ausführlicher die Rede sein wird, wird das Ausmaß der Variabilität wieder eingeschränkt. Durch das Zusammenspiel von (mehr oder weniger) zufälligem Mutationsangebot und zweckmäßiger Anpassung per Auslese wird die biologische Evolution in Gang gehalten. Mit anderen Worten: *„die Mutationen schaffen die für jegliche Anpassung unentbehrliche Plastizität, und die durch die Besonderheit der Umwelt vorgegebene Ordnung spielt die Rolle der prägenden Form"* (Steitz, 2006).

Ein anderer, wichtiger, die Variabilität erhöhender Evolutionsfaktor resultiert aus der immer wieder neuen Kombination (Rekombination) der Erbanlagen beim Prozess der sexuellen Fortpflanzung.

2.2.3. Warum sexuelle Fortpflanzung?

Die meisten Lebewesen pflanzen sich sexuell fort. Durch diese Art der Fortpflanzung wird das Erbgut von Generation zu Generation aus noch näher darzulegenden Gründen immer wieder neu durchmischt, was man als Rekombination bezeichnet.

Unter Rekombination versteht man in der Biologie den Austausch von Allelen, also die Verteilung und Neuanordnung von genetischem Material, wodurch es zu neuen Gen- und Merkmalskombinationen kommt. Ihre besondere Bedeutung im Evolutionsgeschehen beruht darauf, dass es multiple Allelie gibt, was eine Bezeichnung für die Tatsache ist, dass viele verschiedene strukturelle Abwandlungen eines ursprünglichen Gens im Genpool einer Population vorliegen, dass aber die Mehrzahl der sich geschlechtlich fortpflanzenden Organismen diploid sind und folglich in ihrem doppelten Chromosomensatz höchstens zwei verschiedene Allele eines Gens besitzen können. Ständig neue und unterschiedliche Genotypen entstehen nun dadurch, dass im Prozess der sexuellen Fortpflanung die Gene, bzw. Allele bei der Bildung der Forpflanzungszellen auf die Hälfte reduziert werden und diese Hälften bei der Befruchtung der Eizelle wieder zusammenkommen. Auf diese Weise kommt es in einer Population immer wieder zu einer Neu-Kombination (Rekombination) des Erbmaterials, wodurch die Variabilität erhöht wird. Hohe Variabilität aber bedeutet Erhöhung der Chancen für zufällig gute Anpassung der Individuen einer Population, worin die grundlegende Bedeutung der Bisexualität zu sehen ist. In der Regel sind in einer Population die verschiedenen Allele so zahlreich, dass gar nicht alle Kombinationen jemals realisiert werden können. Deshalb stellt ein jedes Individuum in einer bisexuell sich fortpflanzen Population, so auch beim Menschen, von eineiigen Zwillingen abgesehen, eine genetische Einmaligkeit, ein ‚Unikat' dar.
Fazit: Insbesondere die Rekombination der Gene stellt in der bisexuellen Fortpflanzung eine große Zahl genetisch differenter Typen für die nachfolgend zu besprechende Selektion zur Verfügung. Die die Variabilität erhöhende Wirkung der Rekombination würde allerdings allein nicht ausreichen, stärkere Umprägungen einer Gruppe, zum Beispiel das Hervorbringen neuer Rassen, herbeizuführen. Hierzu ist die Selektion unerlässlich, weswegen sie von vielen Forschern als der bedeutendste Evolutionsfaktor angesehen wird.

2.2.4. Auslese (Selektion) verbessert die Anpassung

Selektion (lat. *selectio*, Auswahl, Auslese) ist ein Begriff von grundlegender Bedeutung für die Evolutionstheorie. Er wurde von Darwin geprägt und bedeutet im modernen Sinne, dass durch Auslese in das durch Mutationen und Rekombinationen gelieferte genetische „Rohmaterial" eine Richtung gebracht wird. Auslese arbeitet also auf zunehmende Anpassung (Adaptation) hin, und zwar sowohl zwischen Lebewesen untereinander als auch zwischen Lebewesen und Umwelt. Es gibt sehr viele Beispiele für die durch Selektion verursachten Anpassungen, von denen hier einige besonders markante herausgegriffen werden sollen. Bei Insekten mutieren Gene, die die Ausbildung der Flügel steuern, oftmals in der Weise, dass die Flügel nur noch als kleine stummelförmige Gebilde erscheinen oder gar gänzlich fehlen. Derartige Mutanten sind gegenüber den normal geflügelten Tieren zumeist sehr benachteiligt. Dies gilt allerdings nicht für eine Umwelt, wie sie z. B. auf den am Rande der Antarktis gelegenen Kerguelen-Inseln anzutreffen ist. Diese Inseln werden ständig von Stürmen umtost, die das Fliegen zu einer gefährlichen Sache machen. Demzufolge gibt es dort nur noch flugunfähige Insekten, bei denen die Flügel komplett verschwunden oder nur noch ansatzweise vorhanden sind.

Das Kräftespiel Krankheit erregender Mikroben im menschlichen Körper, der Kampf zwischen Infektion und Immunabwehr, lässt sich eindrucksvoll im Lichte der Evolution begreifen. Zu den von Mikroben verursachten Krankheiten gehören solche, die von Menschen direkt auf andere Menschen übertragen werden (Aids, Ebola, Sars), oder solche, die durch Blut saugende Insekten (Malaria, Schlafkrankheit) oder andere Überträger (z. B. Schweine) verursacht werden. Die Fähigkeit der Mikroben, sich schnell zu wandeln, macht sie für viele Menschen gefährlich und ihre Behandlung entsprechend schwierig und kostspielig.

Mikroben können von wildlebenden Tieren oder Haustieren auf den Menschen überspringen und passen sich dem neuen Wirt schnell an. So finden sie immer wieder Wege, das menschliche Immunsystem zu unterlaufen. Durch natürliche Auslese werden die Mikroben gegen Medikamente resistent, allerdings nicht etwa dadurch, dass die Medikamente Mutationen auslösen oder die Resistenz durch Dauermodifikation erworben wird, etwa durch Einwirkung nicht tödlicher Konzentrationen. Die Resistenz beruht allein auf der Wirksamkeit von Allelen, deren Träger in geringer Zahl stets in den Bakterienpopulationen vorhanden sind, und diese bleiben übrig, sie werden ausgelesen. Und nur diese entwickeln sich weiter und vermehren sich zunehmend schneller. Es gibt keinen deutlicheren Beleg für das Fortschreiten der Evolution als diesen Prozess der dauernden Anpassung bei den uns gefährlichen Keimen.

Ein besonders interessantes Ergebnis der Selektion ist die Entwicklung von Warnfarben und Warnformen im Reich der Organismen. Es handelt sich hierbei um Merkmale bei Tieren, die sich durch starke Verteidigungswaffen, Giftstoffe oder schlechten Geschmack auszeichnen. Die auffallenden Warntrachten dienen sozusagen als ‚Gedächtnisstütze' für den Verfolger, der aus seinen schlechten Erfahrungen lernt und diese Tiere als Beute meidet. Beispiele dafür sind Marienkäferchen, Wespen, Streifenwanzen, Stinktiere und viele Giftschlangen.

Eine besondere Art der Warntracht ist die Mimikry. Dabei ahmt eine Tierart, die selbst harmlos ist, in Gestalt und Farbe eine giftige, ungenießbare oder wehrhafte Tierart nach. In Südamerika gibt es einige schlecht schmeckende und deshalb von den Vögeln gemiedene Schmetterlingsarten. Inmitten solcher Schwärme sind ganz ähnliche Schmetterlinge gefangen worden, die sich aber als zu völlig anderen Arten zugehörig erwiesen haben. Offensichtlich nehmen sie durch ihre gleiche Zeichnung und Form am Schutz der anderen Arten teil. Derartige Mimikryfälle sind besonders zahlreich bei tropischen Schmetterlingsarten anzutreffen. Ähnliche Nachahmer finden sich beispielsweise bei Bienen, Hummeln und Ameisen.

Abschließend wollen wir noch einen Blick auf die sexuelle Selektion werfen. Bei ihr unterliegen Individuen der Auswahl eines Sexualpartners. Hierbei werden die Erbanlagen derjenigen Merkmale weitergegeben, die von den Sexualpartnern bevorzugt werden. Zumeist treffen weibliche Tiere unter Männchen, die miteinander konkurrieren, ihre Wahl.

Beim Balztanz der Taufliege (*Drosophila melanogaster*) stellt sich das Männchen, das ein Weibchen sieht, diesem gegenüber. In rascher Folge schießt nun das Weibchen immer wieder zur Seite. Um dem Weibchen immer gegenüber zu stehen, muss ihm das Männchen folgen. Alte, schlecht sehende oder sonst wie nicht vitale Männchen mit geringerer genetischer Fitness können dem Weibchen nicht schnell genug folgen, das Weibchen verliert das Interesse und fliegt ohne Kopulation weg.

Bei einigen Webervogelarten (zum Beispiel Textorweber) baut das Männchen das Nest. Das Weibchen prüft die Festigkeit. Fällt das Ergebnis negativ aus, verweigert das Weibchen die Kopulation.

Bei manchen Vogelarten bringen die Männchen den Weibchen Nahrung als ‚Brautgeschenk' mit. Damit können sie demonstrieren, dass ihr Revier qualitativ wertvolle Nahrung bietet und sie in der Lage sind, diese zu beschaffen.

Beim Pfau hat dasjenige Männchen den größeren Fortpflanzungserfolg, dessen Schmuckfedern Augen in größerer Zahl, größerer Form oder beides zusammen aufweisen.

Die Hennen des Bankivahnhuhnes bevorzugen Hähne mit hellen, „leuchtenden" Augen und großen, roten Kämmen und Kehllappen. Diese Merkmale korrelieren mit einem guten Gesundheitszustand und einer hohen Widerstandsfähigkeit gegen Krankheiten. Ein besonderes Testverfahren bezüglich eines physiologischen Leistungsmerkmals findet sich beim Feuerkäfer (*Neopychroa flagellata*). Das Männchen nimmt über die Nahrung das Gift Canthadirin auf, das Eier und Larven vor Fressfeinden schützt. Dieses Gift wird reichlich in einer Drüse im Hinterleib gespeichert und mit den Spermien auf das Weibchen übertragen. Ein kleiner Teil des Giftes wird in einer Tasche im Kopf gesammelt. Die Weibchen schmecken das Gift und paaren sich nur mit Männchen, deren Taschen Canthadirin enthalten.

2.2.5. Trennung (Isolation) fördert die Vielfalt

Bisher sind diejenigen Evolutionsfaktoren in ihren Grundzügen behandelt worden, durch die eine stammesgeschichtliche Anpassung der Lebewesen an ihre Umwelt immer wieder vollzogen wird. Dies erfolgt dadurch, dass die genetische Konstitution einer Population von einer Generation zur nächsten sich kontinuierlich verändert. Dies wird als historische Progression bezeichnet, die zur Folge hat, dass sich die Zusammensetzung des Genpools im Laufe der Zeit mehr und mehr von der Ausgangssituation entfernt.

Für die Entstehung verschiedener neuer Arten aus einer Ursprungsart bedarf es eines weiteren Faktors, es bedarf der Isolation. Ohne Isolation ist wegen des Genaustausches innerhalb der Populationen ein Auseinanderentwickeln (Divergenz) nicht möglich, da lokale genetische Veränderungen unter der dauernden Einwirkung der Rekombination nicht erhalten bleiben. Die Bildung neuer Arten kann somit erst einsetzen, wenn in einer Population die immerwährende Durchmischung (Panmixie) gestört wird und sich unter dem Einfluss der Evolutionsfaktoren in den isolierten Genpools verschiedene Erbvarianten anhäufen, mit der Folge, dass bei eventuellem späterem Zusammentreffen von Individuen aus den temporär separierten Populationen eine Fortpflanzung nicht mehr möglich ist. Dieser Vorgang wird als reproduktive Isolation bezeichnet. Separation ist also die Vorbedingung für biologische Isolation zwischen neuen Arten.

Die geographische Separation ist die häufigste Ursache für divergente Entwicklungen. Ein bekanntes Beispiel ist die Entstehung geographischer Varianten als Vorläufer der Artbildung in Europa während der Eiszeit. Durch das Vordringen des Binneneises von Norden wurden die vor der Eiszeit in Mitteleuropa lebenden Pflanzen und Tiere sowohl nach Westen als auch nach Süden abgedrängt. Das ursprünglich einheitliche Verbreitungsgebiet der einzelnen Arten wurde dadurch stark aufgesplittert. In den verschiedenen sog. Refugien kam es dann bei vielen Arten zu Rassenbildungen. In der Nacheiszeit wurden die neuen Rassen in Mitteleuropa wieder zusammengeführt. Hierbei kam es dann in den Überschneidungsgebieten nur teilweise zu einer Vermischung. In manchen Fällen war nämlich die geschlechtliche Affinität zwischen den Rassen völlig erloschen, so dass letztere fortan als neue, reine Arten anzusprechen waren. Beispiele hierfür sind die westliche Nachtigall und der östliche Sprosser.

Die Darwin Finken (Geospizinae) der Galapagosinseln stellen zum wesentlichen Teil das stammesgeschichtliche Entwicklungsergebnis geographischer Separation dar. Die Finken, im Allgemeinen keine guten Flieger, passten sich auf den einzelnen Inseln an verschiedene Lebensweisen an und entwickelten vor allem in der Form ihrer Schnäbel spezifische Anpassungsmerkmale. Man zählt heute 14 Arten. Wahrscheinlich gehen alle auf eine einzige Körner fressende Ausgangsform auf dem südamerikanischen Festland zurück. Bei biologischer Isolation sind Mechanismen am Werke, die zu unterschiedlichen Zeiten wirksam werden können. So ist beispielsweise eine Einteilung in progame und metagame Mechanismen möglich, also in solche Mechanismen, die eine Paarung verhindern oder erst nach der Paarung wirksam werden.

Progame Mechanismen können auf verschiedenen Ebenen des generativen Systems ihre Wirksamkeit entfalten.

Mechanische Isolation ist gegeben, wenn morphologisch-anatomische Inkompatibilität der Geschlechtsorgane vorliegt. So sind die Kopulationsorgane vieler Insekten und Spinnentiere hoch komplizierte artspezifische Strukturen, die in der Regel im Sinne eines Schlüssel-Schloss-Mechanismus nur innerhalb einer Art eine erfolgreiche Kopulation erlauben. Bei den Kleinlibellen zeigen die bei der Paarung zum Ergreifen der Weibchen dienenden Cerci (paarige Hinterleibsanhänge) artspezifische Unterschiede. Das Weibchen erduldet nur den Griff arteigener Männchen.

Zeitliche Isolation zeigt das folgende Beispiel: Die weiße Mutante des Kleefalters *Colias* ist aktiv bei niedriger Temperatur. Sie fliegt vorwiegend morgens und abends. Die gelbe Normalform ist dagegen in der Zwischenzeit aktiv. Dadurch wird die Paarungswahrscheinlichkeit und infolgedessen der Genaustausch zwischen beiden Varianten stark vermindert. Eine zunehmend divergierende Entwicklung ist die Folge.

Ethologische Isolation ist als trennender Mechanismus im Tierreich weit verbreitet. Für das Auffinden und Erkennen der arteigenen Geschlechtspartner sind optische, akustische, olfaktorische und taktile Signale verantwortlich. In der Regel wirken sie

kombinatorisch zusammen und sind Bestandteil einer insbesondere bei höheren Tieren oftmals sehr komplizierten artspezifischen Balz, durch die Partner wechselseitig sexuell stimuliert werden. Es kommt aber auch vor, dass nur eins der beiden Geschlechter befähigt ist, den Geschlechtspartner zu erkennen. Die Männchen der Schmeißfliegengattung Sarcophaga versuchen wahllos zu kopulieren, auch bei artfremden Individuen, kommen aber nur bei arteigenen Weibchen zum Zug.
Optische Isolationsmechanismen besonders auffälliger Art liegen bei den Paradiesvögeln Neuguineas vor. Man kennt 43 Arten. Durchweg sind im männlichen Geschlecht eine Vielfalt von prächtig gefärbten Luxusbildungen des Gefieders in Form von Schleiern, Schleppen, Fächern und Kragen entwickelt. Diese werden bei der Balz zur Schau gestellt, was mit der Vorführung arttypischer Tänze einhergeht.
Metagame Isolationsmechanismen sind solche, die zwar nicht die Kopulation, jedoch die Weiterentwicklung der Geschlechtszellen resp. Bastarde verhindern.
Sie können bereits präzygot, also unmittelbar nach erfolgter Paarung, noch vor der Verschmelzung der Geschlechtszellen, wirksam werden. Solches zeigt sich beispielsweise in der sog. Besamungsreaktion in der Gattung *Drosophila*, die sich in der starken Anschwellung der Vaginalwandungen und abschließenden Abtötung der artfremden Spermatozoen äußert.
Die postzygoten Isolationsmechanismen greifen erst nach der Zygotenbildung. Sie lassen ihre Wirkung in der Avitalität der Bastarde erkennen. Sie können auf verschiedene Weise ihrer Funktion gerecht werden:

1. Die Bastarde sterben vorzeitig ab
2. Die Bastarde sind im Vergleich zu den Eltern geringer angepasst
3. Die Bastarde sind wohl lebensfähig, mitunter sogar vitaler als die Eltern, sie sind jedoch vollständig oder zum Teil steril.
4. Die Bastarde sind lebensfähig und fertil, aber deren Nachkommen sind lebensunfähig, vitalitätsgemindert oder steril.
5. In allen Fällen liegt eine Gen-Disharmonie den auftretenden Störungen zugrunde, was letztlich Ausdruck für die in divergierender Evolution deutlich unterschiedlich gewordene Beschaffenheit der jeweiligen Genpools ist.

2.2.6. Prinzip der Vervollkommnung in der biologischen Evolution und Kriterien der biologischen Höherentwicklung

Die genannten Faktoren, die den Artwandel bedingen, wirken kombinatorisch und führen immer zu einer biologischen Vervollkommnung der Organismen. Was darunter zu verstehen ist, soll am Beispiel der Pferdeevolution gezeigt werden.
Viele Menschen wissen, dass die ersten bekannten Pferde, die man gewöhnlich *Eohippus* nennt, kleine mit 4 Zehen an jedem Fuß versehene Tiere von der Größe eines Terriers waren, die im Laufe der Zeit größer und schneller wurden, ein umfangreicheres Gehirn bekamen und lange Backenzähne (Molaren) mit sinnreichen Malmustern entwickelten, die ihre Nägel in Hufe verwandelten und alle Zehen bis auf die mittlere, die viel größer wurde, verloren.

Im Einzelnen spielte sich folgendes ab: Nachfahren des *Eohippus* setzten die ursprüngliche Entwicklungsrichtung fort und erhielten sich die Fähigkeit, zartes Blattlaub zu fressen (*Hypohippus, Megahippus*). Im oberen Oligozän spaltete sich von ihnen eine Gruppe ab, die die Fähigkeit entwickelte, von Gräsern mit ihren härteren Stängeln zu leben, was aus der Höhe der Backenzahnkronen bei den gefundenen Fossilien abzuleiten ist. Zu diesem Zeitpunkt war der Bestand der Zehen noch komplett. Im weiteren Verlauf der Entwicklung hat sich im Pliozän, der letzten Epoche des Tertiärs, die *Merychippus*-Gruppe aufgegliedert. Unter den zahlreichen Gattungen grasender Pferde findet sich auch der *Pliohippus*, der an jedem Fuß nur noch eine einzige Zehe trug, also bereits Einhufer wie die heutigen Pferde war, mit dem Unterschied höherer Zahnkronen als bei der modernen Form *Equus*. Im Eiszeitalter, das vor rund 3 Millionen Jahren begann, entwickelten sich schließlich aus Nachfahren des *Pliohippus* in Nordamerika die Vertreter der Gattung *Equus* (Esel, Zebra, Wildpferde), die in die Alte Welt auswanderten und hier verschiedenste Biotope wie Wüsten, Steppen, Waldgebiete besiedelten. Auffallend ist der Trend zunehmender Körpergröße während der gesamten Entwicklung. Größere Körpergröße ist gewiss auf mancherlei Weise von Vorteil, etwa im Kampf gegen Raubtiere, setzt sich aber selber Grenzen. Große Tiere werden zwangsläufig ungefüge und schwerfällig. Bei den Pferden war es die Optimierung zwischen den Vorteilen der Schnelligkeit und denen der Körpermasse, die ihrer Größe Grenzen setzte. Die Extremitäten wurden zu perfekten Laufwerkzeugen, was aber gleichzeitig eine extreme Einengung ihrer evolutionären Entfaltungsmöglichkeiten nach sich zog, wie die Reduktion von fünf Zehen auf eine Zehe deutlich demonstriert. In der Pferdeevolution zeigt sich also zunehmende Vervollkommnung, das heiß eine zunehmende Leistungsfähigkeit der biologischen Maschinerie, aber auf Kosten weiterer Entwicklungsmöglichkeiten. Es ist schwer vorstellbar, dass sich aus einem Pferdehuf ein so vielseitig einsetzbares natürliches Werkzeug wie die Primatenhand entwickeln könnte. Die durch Spezialisierung erreichte Vervollkommnung für eine bestimmte Funktion kann deswegen auch als die Entwicklung in eine Sackgasse angesehen werden.

Was den Begriff der Höherentwicklung anbelangt, ist auch bei ihr Vervollkommnung im Spiel, die aber nicht in einer Spezialisierungssackgasse endet, sondern weitere Vervollkommnung erlaubt oder gar erleichtert. Es sind also Fortschritte gemeint, die weiteren Fortschritten nicht den Weg verbauen. In diesem Sinne kann Höherentwicklung als der Weg definiert werden, der zu immer neuen Verwirklichungen neuer Möglichkeiten für lebendige Systeme führt.

Fassen wir die Ergebnisse der Evolution ins Auge, so zeigt sich, dass im Zuge der biologischen Fortentwicklung der Trend besteht, den Bedrohungen durch die Umwelt wirkungsvoller zu begegnen und von den in dieser Umwelt vor sich gehenden Veränderungen unabhängiger zu werden. Beides setzt eine zunehmend komplizierte Organisation und höhere Leistungsfähigkeit voraus. Hierin liegt die eigentliche Voraussetzung der sog. Höherentwicklung, die sich im weitesten Sinne charakterisieren lässt als spezifische Weiterentwicklung bezüglich der Zunahme der Vielfalt in der Einheit.

3. Die Stufen der stammesgeschichtlichen Entwicklung zum Menschen

Wie in der Einleitung bereits angedeutet, ist der Mensch ein Produkt einer stammesgeschichtlichen Entwicklung und hat seine Fähigkeiten in Auseinandersetzung mit der Umwelt auf z. T. lange zurückliegenden Entwicklungsstufen selektiv erworben. Diese bis heute vorhandenen Eigenschaften sprechen für ihre Bewährung. Gilt dies auch heute noch? Wir werden dies zu überprüfen haben. Dafür ist es notwendig, die stammesgeschichtliche Entwicklung des *Homo sapiens* und seiner Vorfahren von Anfang an in ihren Grundzügen darzulegen, um zu verdeutlichen, wie die Evolution u. a. auch Kulturfähigkeit geschaffen hat, die nicht nur ihre positiven Seiten hat.

3.1. Stammesgeschichtliche Vorgeschichte

Abstammungsgeschichte lässt sich eindrucksvoll unter dem Aspekt der Fortschrittlichkeit darstellen. Fortschrittlichkeit bedeutet die zunehmende Komplexität, Differenzierung und Leistungsfähigkeit der Organismen in den einzelnen Phasen der Entwicklung. Dieser Sachverhalt war die notwendige Voraussetzung dafür, dass ein so hoch komplexer Organismus wie der Mensch ins Dasein treten konnte. Dies macht gleichzeitig deutlich, dass nur eine ganz bestimmte Stammesreihe zum Menschen führen konnte.

Vor etwa 4,5 Milliarden Jahren, rund 10 Milliarden Jahren nach dem Urknall, verdichtete sich das Zentrum innerhalb unserer Galaxie ‚Milchstraße' zu einem Stern, zu unserer Sonne. Diese war noch von einer riesigen Materiescheibe umgeben, Überbleibsel der Wolke, aus der sie hervorgegangen ist. Sie setzte sich vor allem aus Wasserstoff, Helium, vermischt mit festen Staubteilen, zusammen. In den äußeren kühleren Regionen der Wolke bildeten sich vor allem Eiskörner: gefrorenes Wasser, Kohlendioxid, Methan und Ammoniak. Im inneren, wärmeren Teil kondensierten neben Silikaten auch Eisen- und Nickelkörner.

Die Staubkörner stießen untereinander zusammen, verklumpten miteinander und wuchsen allmählich zu kleinen Körpern an, zu den sog. Planetesimalen mit einem Durchmesser von weniger als 50 Kilometern. Diese verbanden sich ihrerseits zu Planeten. In den sonnennäheren Planeten fügten sich insbesondere Steine und Metalle zusammen, wie das auch heute noch für sie kennzeichnend ist, die sonnenferneren Planeten sammelten Eis sowie riesige Gasmengen auf. Gewaltige Atmosphären aus Wasserstoff und Helium umgeben seitdem die äußeren Planeten. Die massärmeren inneren Planeten konnten im Gegensatz dazu nur eine vergleichsweise dünne Atmosphäre halten. Auch der von der Sonne ausgehende Teilchenstrom, der Sonnenwind, vertrieb deren Gashüllen in den Weltraum. Der Prozess der Planetenentstehung wiederholte sich im Bereich der Planeten in kleinerem Maße. So entstanden deren Satellitensysteme.

Die Erde ist der größte innere Planet. Als einziger bewahrte er das Wasser, das er in der Frühzeit von Kometen aus dem äußeren Sonnensystem erhielt. Das Kohlendioxid wurde zum größten Teil in den Ozeanen gelöst und schließlich in den Gesteinen gebunden. Im Gegensatz zur Venus mit hohem CO2-Gehalt in der Atmosphäre herrschen auf der Erde dadurch gemäßigte Temperaturen.
Das Vorkommen von Wasser bildete eine Milliarde Jahre nach der Geburt der Erde eine wichtige Voraussetzung zur Entstehung lebender Systeme. Die Photosynthese erzeugte Sauerstoff, so dass fortan die Erdatmosphäre zu einem Fünftel aus Sauerstoff und zu vier Fünftel aus Stickstoff bestand. Diese physikalische Zusammensetzung einer Planetenatmosphäre im Sonnensystem ist nach aktuellem Wissensstand einzigartig. Vermutlich war nur unter diesen erdspezifischen Bedingungen die Entwicklung zu Lebensformen, wie wir sie kennen, möglich.
Die ersten Formen des Lebens könnte man als ‚nackte Gene' bezeichnen, Substanzen mit der Fähigkeit identischer Selbstvermehrung. Schon diese allererste „Erfindung" der Natur hat sich von Anfang an als derart fortschrittlich erwiesen, dass sie über alle Organismen bis hin zu allen Organismen der Gegenwart und so auch bis hin zum heutigen Menschen erhalten geblieben ist. Ein sehr früher Schritt der Weiterentwicklung führte in dieser Form zum Zellaufbau, zu einer hoch komplizierten, wenn auch mikroskopisch winzigen Einheit der lebendigen Substanz.
Zu den Lebewesen, die aus einer einzigen Zelle bestehen, gehören die Bakterien und Einzeller. Bei letzteren finden sich Formen wie Amöbe, Augentierchen und Pantoffeltierchen.
Über eine weitere Stufe brachte die Evolution Vielzeller hervor. Dieser Schritt war unerlässlich für das Erreichen einer mehr als mikroskopischen Größe und eines mehr als elementaren Grades der Arbeitsteilung zwischen Körpergeweben und Organen. Diesen Schritt haben die Protozoen (Einzeller) nicht vollzogen, gleichwohl gehören sie zu den erfolgreichsten Tieren überhaupt. Sie leben im Meer, Süßwasser und Boden oder im Innern anderer Organismen. Dieses Beispiel zeigt anschaulich den Unterschied zwischen Erfolg und Fortschritt. Dieser Sachverhalt ist von prinzipieller Bedeutung.
Zu den ältesten, also frühesten Vielzellern gehören die Schwämme. Hat man sich mit der höchstentwickelten Gruppe der Protozoen, den Wimpertierchen beschäftigt und wendet sich hernach dem ersten Vielzellerstamm, den Schwämmen zu, dann meint man aus einer Welt lebendigen Treibens in das Reich stumpfer Leblosigkeit zu kommen. Denn an den Schwämmen, diesen im erwachsenen Zustand stets festsitzenden und plumpmassigen Wassertieren, ist bei äußerer Betrachtung kaum eine Bewegung wahrzunehmen. Solch ein Vergleich von hoch organisierten Einzellern und nieder stehenden Vielzellern lehrt eindrucksvoll, dass eine im System höher stehende Gruppe die Entwicklungslinie im Tierreich keineswegs immer an der Stelle fortsetzt, wo eine in der Reihenfolge vorangehende Gruppe ihren biologischen End- und Höhepunkt erreicht hat.
Der nächste Schritt umfasst drei miteinander verbundene Entwicklungen:

1. Spiegelsymmetrie des Körpers und, damit zusammenhängend, das doppelte Vorhandensein vieler Organe, wie die auch beim Menschen vorhandenen zwei Augen, zwei Ohren, zwei Nasenhälften, zwei Lungen, zwei Nieren, zwei Keimdrüsen, paarige Extremitäten usw.
2. Suche nach Futter durch Fortbewegung.
3. Bildung eines Kopfes durch allmähliche Konzentration von Mund, Hirn und Hauptsinnesorganen im vorderen Teil des Körpers.

Im Verlauf von Jahrmillionen muss es dann Parallelfortschritte bei verschiedenen stammesgeschichtlichen Linien gegeben haben. So sind drei Hauptgruppen zu nennen, die durch Evolution aus den früheren vielzelligen Organismen entstanden sind: Die Weichtiere (Mollusca), die Gliederfüßler (Arthropoda) und die Wirbeltiere (Vertebrata), die – unabhängig voneinander – hoch organisierte Verdauung sowie Kreislaufsysteme und überaus leistungsstarke Sinnesorgane (Bild erzeugende Augen, beispielsweise bei Insekten, Tintenfischen, Wirbeltieren) entwickelten.

„Es wirkt geradezu wie ein Schock, wenn man erkennt, dass das ohne den Tod nicht hätte erreicht werden können, ohne den Tod im Sinne eines notwendigen Sterbens des ganzen Körpers mit Ausnahme seiner Keimzellen“ (Huxley, 1954).

Der Tod bewirkt – in scheinbar absurder Weise – tatsächlich für die meisten Vielzeller die weitere Entwicklung ihrer Art. Er ist der Preis, den das Leben für Individualität und Leistungsfähigkeit seiner biologischen Maschinerie zu zahlen hatte. Auch wir zahlen diesen Preis.

Der Grund dafür liegt in der Generationenabfolge. Die von innerer Dynamik erfüllte Evolution bringt stets neue Lebewesen hervor, die sie auf ihre Überlebensfähigkeit „testet“. Denn veränderte Lebensbedingungen erfordern ständige Neuanpassung.

Mutation, Rekombination, Selektion und Isolation sind, wie schon dargelegt, die dafür erforderlichen Evolutionsmechanismen. Dass diese wirksam werden, braucht es die sexuelle Fortpflanzung. Durch sie entstehen Keimzellen, die miteinander verschmelzen und mittels derer die Gene der Elterngeneration in die Generation der Kinder gebracht werden können. Auf diese Weise entsteht eine befruchtete Eizelle, mit der die Entwicklung eines Menschen beginnt. Kinder repräsentieren im Strom des Lebens eine nächste Stufe der Entwicklung mit neuen Chancen verbesserter Anpassung. Da die Lebensräume auf der Erde begrenzt sind, muss die ältere Generation der jüngeren weichen: wir altern und sterben.

Unter den Weichtieren und Gliederfüßlern sind einige sehr erfolgreiche Gruppen vertreten, zum Beispiel Schnecken, Krabben und Insekten. In ihrer Entwicklung stießen sie indessen an Grenzen. Wir glauben dafür die Ursachen zu kennen: Die Insekten atmen beispielsweise mit Hilfe von Tracheen, die den Sauerstoff direkt zu den Geweben führen. Diese Methode ist wirksamer als mit Hilfe strömenden Bluts, doch nur, solange die Geschöpfe klein bleiben. Sie wird immer unzulänglicher, je größer die Tiere werden. Ein Insekt von Rattengröße ist aus physikalischen Gründen nicht lebensfähig. Der Gasaustausch in den Tracheen mittels Diffusion ist in einem Insekten-

körper dieser Größenordnung zu gering, um die Lebensfunktionen aufrecht zu erhalten. Eine kleine Gesamtgröße verhindert hingegen, z. B. ein Temperatur regelndes physiologisches System zu entwickeln, wie es sich bezeichnenderweise nur bei so hoch evoluierten Organismen wie den Vögeln und Säugern findet, des weiteren begrenzt kleine Gesamtgröße die Gehirngröße und damit Intelligenz und Lernfähigkeit. Im Gegensatz zu den Insekten und Mollusken besaßen die frühesten Wirbeltiere Voraussetzungen für weitere fortschrittliche Entwicklung:
- Sie konnten größer werden.
- Die Organisation war flexibler.

Das Skelett z. B. besteht aus Knochen und Knorpel, aus lebendem und anpassungsfähigem Gewebe, und nicht wie Chitin aus toten Abscheidungen, wie sie zur Ausbildung eines Außenskeletts bei den Gliederfüßlern (Krebse, Spinnen, Insekten) Verwendung finden. Bei den Wirbeltieren kann das ganze Baugerüst mitwachsen und sich dauernd anpassen, anders als bei den Gliederfüßlern, die sich von einem geformten Stück Körperpanzer zum nächsten häuten (müssen).
Interessanterweise gestaltete sich der Weg der Wirbeltiere vom Wasser aufs Land viel schwieriger als für die Gliederfüßler. Eine Reihe von Vorbedingungen waren dafür erforderlich:
- Das Klima musste sich ändern. Trockenperioden waren erforderlich, die zum Austrocknen der Süßwassermeere der Welt führten.
- Die Landbesetzer mussten Süßwasserfische sein.
- Der Besitz stämmiger Flossen war erforderlich.
- Divertikel (Aussackungen) des Vorderdarms ins Körperinnere hinein, sog. .Lungen, mussten vorhanden sein, die als zusätzliche Atemorgane dienen konnten.

Im Devon gab es eine große Gruppe von Fischen dieses Typs. Es waren Lungenfische im weitesten Sinne. Wurden solche Tiere in austrocknenden Gewässern „eingefangen“, so konnten sie am Leben bleiben und im Notfall mit Hilfe ihrer stämmigen Flossen von einem Tümpel zum andern wandern.
Von hier aus konnte eine stammesgeschichtliche Verbesserung der dazu notwendigen Organe wie Lungen und Extremitäten ansetzen. So war der erste Schritt zur Eroberung des Landes genau genommen keine Anpassung an das Landleben, sondern eine Fortführung des Lebens im Wasser. Die ersten Landtiere wurden paradoxerweise zu Landtieren, weil „sie im Wasser bleiben wollten“. Biologische Vervollkommnungen führten dazu, dass solche Tiere in der Lage waren, ihr ganzes Leben außerhalb des Wassers zu verbringen, solange sie sich in feuchter Umgebung aufhielten. Auf diese Weise sind die Amphibien entstanden, die, wie der Name sagt, doppellebig sind (griech. *amphi*, beidseitig, doppelt; *bios,* Leben), d. h. zwei Lebensbereichen angehören. Die meisten Tiere verbringen ihre Jugendzeit als Kiemenatmer im Wasser, ihr Erwachsenendasein als Lungenatmer auf dem Lande.
Aus bestimmten Amphibien sind die Reptilien (Kriechtiere) hervorgegangen, die sich vollends dem Landleben angepasst haben, was sich im Wesentlichen darin zeigt, dass

sie zeitlebens zur Luftatmung übergegangen sind. Während, wie angedeutet, alle Amphibien zur Fortpflanzung ins Wasser gehen und ihre Entwicklung (eine Metamorphose) im Wasser durchlaufen, entwickeln sich alle Reptilien am Land. Dies gilt auch für Arten wie Wasserschlangen, viele Schildkröten und Krokodile, bei denen die Erwachsenen den größten Teil ihres Lebens (verkehrte Welt) im Wasser verbringen. Die Ablage der beschalten Eier oder – bei einigen lebend gebärenden Formen die Geburt der Jungen – findet stets auf dem Lande statt. Es findet keine Metamorphose statt, d.h. die Entwicklung verläuft direkt.

Besondere Umstände führten zur Entstehung der Säuger. Sie durchlebten vermutlich eine Phase als kleine, unbedeutende Nachtgeschöpfe. Gerade ihre Bedeutungslosigkeit setzte sie in die Lage, den langen Zeitraum zu überleben, da das Land von mächtigen und spezialisierten Reptilien beherrscht wurde. Da die Aktivität der Reptilien an die Tageszeit gebunden ist, waren die Säugetiere in der Nacht vor ihnen sicher. Wahrscheinlich schon während der Juraperiode entwickelten sie Merkmale wie Haare, elastische Zwischenwirbelscheiben, Milchdrüsen, ein größeres Gehirn und anderes mehr. Vor allem entstand die Warmblütigkeit, die Fähigkeit der Temperaturregelung des Körpers auf konstant hohem Niveau, die sog. Homoiothermie, die eine größere Unabhängigkeit von der Umwelt und eine intensivere Funktion aller Organsysteme gestattete. Für die Nachtaktivität war diese neue Errungenschaft eine wesentliche Voraussetzung. Sie verlieh den frühen Säugern ein hohes Aktivitätsvermögen auch in Zeiten, da Reptilien und Amphibien träge wurden, so des Nachts, aber auch bei kaltem Wetter. Warmblütigkeit ermöglichte darüber hinaus die Ausbreitung nach Norden über die tropischen Regionen hinaus, was zur Erschließung der ausgedehnten Waldgebiete der gemäßigten Zonen führte.

Die Aufrechterhaltung einer konstanten Körpertemperatur erforderte eine Reihe besonderer Einrichtungen. Infolge der größeren Wärmeverluste mussten möglichst zuverlässige Nahrungsquellen als Brennstoffe erschlossen werden, um neben der Muskelkraft auch Wärme zu erzeugen. Die frühen Säuger waren daher auf eine leicht zugängliche, von der Jahreszeit unabhängige Nahrungszufuhr angewiesen. Dies führte zur Entwicklung einer neuen Art der Kieferfunktion und Zahnstruktur, um eine vollständige Auswertung des Nahrungsangebots zu ermöglichen. Der Kiefer verstärkte sich, und verschiedene Zähne, speziell zum Kauen, Zerreiben und Zerschneiden, wurden ausgebildet. Durch diese sog. Heterodontie (griech. *heteros*, anders; lat. *dens*, der Zahn) konnten gegenüber den weitgehend homodonten (griech. *homo,* gleich) Reptilien mehr Nahrungsarten genutzt und die Wirkungskraft der Verdauungssäfte durch den Kauvorgang – ebenso wie durch die höhere Körpertemperatur – gesteigert werden.

So erschloss sich den Säugetieren der volle Nährwert aus harten Chitinpanzern von Insekten und pflanzlichen Speicherorganen wie Nüssen oder Samen.

Eine Folge der Homoiothermie war wohl auch eine veränderte Strategie der Fortpflanzung in Form einer verbesserten Fortpflanzungsökonomie bei den sich weiter entwickelnden Säugern. Hier zeigt sich das Resultat zweier grundlegender Entwicklungen, die jeweils eine Reihe neuer physiologischer und anatomischer Merkmale um-

fassen: Erstens das drastische Senken der Nachkommenzahl, also der Fortpflanzungszellen (man vergleiche hierzu die Massenproduktion mancher Reptilien an Eiern), was auf vorteilhafte Weise zu einem geringeren Nahrungsbedarf führte. Zweitens die Evolution elterlicher Fürsorge, die bei lebend gebärenden Säugern im Mutterleib beginnt und sich nach der Geburt im effektiven Ernähren und umfassenden Beschützen der Jungen fortsetzt. Die Ausbildung von Milchdrüsen (aus Schweißdrüsen) steht hiermit in engstem Zusammenhang. Das Vorhandensein von Schweißdrüsen weist übrigens darauf hin, dass die frühen Säuger eher nicht von hoch entwickelten Reptilien abstammen, sondern von Zwischengliedern zwischen Amphibien und Reptilien, die noch eine drüsenreiche Haut besaßen.
Die Stunde der Säuger kam, als gegen Ende des Msesozoikums (vor 70 Millionen Jahren) drastische klimatische Veränderungen auftraten, verursacht durch große Gebirge bildende Umwälzungen oder (wie mittlerweile wissenschaftlich gut belegt) durch den Einschlag eines mächtigen Asteroiden im Golf von Mexiko. Der bewirkte eine starke Abkühlung der Erdatmosphäre, was zum Aussterben vieler Konkurrenten auf der Seite der Reptilien führte. Welche Ursachen auch immer vorlagen, viele Arten, nicht nur Reptilien, verschwanden von diesem Planeten. Dadurch wurden ökologische Nischen frei, die von den Säugern besetzt werden konnten, was einen ungewöhnlich raschen Aufstieg zur Folge hatte. Die Nutzung von Eigenschaften wie Temperaturregelung und Brutpflege führte zu einer rasanten Entfaltung während des Tertiärs.
Interessanterweise haben die Vögel eine Art Parallelentwicklung durchgemacht, sie erwarben sich ebenfalls die Fähigkeit zur Temperaturregelung, zusätzlich aber auch die Fähigkeit zum Fliegen. Dafür schnitten sie sich jedoch von bestimmten Möglichkeiten der Weiterentwicklung ab, denn die Vorderextremitäten taugten nur noch zum Fliegen, Klettern oder Schwimmen. Hände waren indessen die Vorbedingung für eine Fortentwicklung vor allem hinsichtlich der Gehirnorganisation und des Verhaltens, was beides sehr kennzeichnend für den späteren Menschen ist. Unter den Säugern gibt es auch flugfähige Formen (Flughunde, Fledermäuse), die aber bezeichnenderweise ihre Hände als feingliedrige Manipulationswerkzeuge nicht verloren haben.
Ein nicht zu unterschätzender Umstand ist die Tatsache, dass im Frühtertiär die adaptive Entwicklungsexplosion (Radiation) der Säuger unter anderem auch zur Besiedlung des Kronenraumes der Bäume und damit zur Baum bewohnenden, (arboricolen) Lebensweise geführt hat. Das Nahrungsangebot (Insekten, Früchte, Blätter) sowie der Schutz vor am Boden lebenden Räubern leisteten der Erschließung dieses Biotops einen gewaltigen Vorschub.
Die Eroberung der Baumkronen durch die Primaten stellt sich im Rückblick als ein Schlüsselereignis dar. Mit ihm wurde während des Tertiärs eine Entwicklungsstufe erreicht, die zu ganz bestimmten Anpassungen führte, die zu einem wesentlichen Teil dem heutigen Menschen noch zukommen. So haben die arboricole Lebensweise und ihre spezifischen Adaptationszwänge die Entwicklung einer mit Dermatoglyphen reich gepolsterten Reibungshaut auf den Innenflächen von Händen und Füßen, an Fingern und Zehen in Form besonders feinfühliger Endkuppen, gefördert. Zugleich

hat diese Lebensweise zur Vergrößerung und Verfeinerung von Auge und Ohr sowie bestimmter Teile des Gehirns geführt. Die geschickten kleinen Hände, ursprünglich bestimmt zum Festhalten an Ästen und Zweigen, waren fähig, Nahrung zu greifen und sie zum Munde zu führen. Die Bedeutung dieser zunächst so geringfügig erscheinenden Verwendung der Greifhand kann nicht hoch genug eingeschätzt werden. Der Kopf musste nicht mehr zur Futterquelle hinabgesenkt werden, um mit dem Munde die Nahrung abzureißen bzw. unmittelbar aufzunehmen, vielmehr wird die Nahrung von der Hand in den Mund gereicht. Der Kopf kann in erhabener Position verharren, Augen und die übrigen Sinnesorgane erfüllen auch während der Nahrungsaufnahme ihre Wächterfunktion.

Kennzeichnend für Greifhände und Greiffüße ist der durch die Möglichkeit von Abspreizung und Torsion der den übrigen Fingern bzw. Zehen gegenüber zu stellende Daumen bzw. die Großzehe. Schon bei den Spitzhörnchen (den Insektivoren noch nahe stehende Primaten), ist der erste Fingerstrahl leicht abzuspreizen. Höhere Halbaffen besitzen schon typische Greifhände bzw. Greiffüße. Die ursprünglichen Krallen sind zu Plattnägeln umgeformt. Sie stellen ein versteifendes Widerlager für die zugreifenden Finger- und Zehenkuppen dar, Merkmale, die auch dem heutigen Menschen zukommen. Hände, Sinnesorgane und Gehirn haben sich in engem Zusammenwirken parallel fortentwickelt. Andere von der Koordination zwischen Auge, Hand und Gehirn nicht zu trennende weitere Entwicklungsschritte führten zu der überaus feinsinnigen und vielseitigen Beweglichkeit der Hand, des Handgelenks und des ganzen Arms. Tatsächlich kann der Mensch die Hand in fast jede beliebige Richtung beugen und damit einen nahezu vollständigen Kreis beschreiben, ohne den Körper zu bewegen. So wird ersichtlich, dass die Entwicklung der Hand zu einem hochsensiblen Greiforgan als Anpassung an die arboricole Lebensweise eine der wesentlichen Vorraussetzungen für die spätere menschliche Evolution war. Auf sehr frühen Entwicklungsstufen erfuhren die Extremitäten (und vor allem die Hände) eine weit über das Greifen und Klettern hinausgehende funktionelle Erweiterung. Neben dem schon genannten Nahrungserwerb wurden sie beide der eigenen und sozialen Körperpflege, beim Halten und Betreuen der Jungen, beim Nestbau, beim Transport von Gegenständen und der einfachen Werkzeugbenutzung eingesetzt.

Fazit: Die Lebensweise der Baum bewohnenden Primaten legte mit Blick auf die zeitweilige Freistellung der Hand, den Grundstein zu einer Manipulationsfähigkeit ohnegleichen. Die oft bewunderte Virtuosität vieler Musiker früherer und heutiger Zeit weist die Hand als ein geradezu geistiges Instrument, als einen Geniestreich der Evolution aus.

Die ersten Primaten gingen nach einer Phase der Bewegung auf allen Vieren über die Äste der Bäume u. a. auch zu springender Fortbewegungsweise über. Dadurch verlagerte sich der Schwerpunkt des Körpers nach hinten (in Richtung der Hinterextremität als Antriebsstelle für den Sprung), was zu einer Entlastung der Vorderextremitäten führte. Diese Schwerpunktverlagerung begünstigte das Aufrichten (wenn zunächst auch nur kurzfristig) auf die Hinterextremitäten, folglich also eine aufrechte Sitzhaltung ohne Unterstützung durch die Vorderextremitäten. Dadurch wurden schon auf

der Stufe der Halbaffen beim Sitzen auch für längere Zeit Arme und Hände für die verschiedenen Funktionen frei. Hingegen können beispielsweise Katzen und Hunde ohne Beteiligung der Vorderextremitäten nicht aufrecht sitzen, geschweige denn in dieser Stellung Nahrung greifen und dem Mund zuführen.
Am Ende der Entwicklung steht der aufrechte Gang. Auf dieser vorerst letzten Entwicklungsstufe begegnet uns der Mensch als Kultur schaffendes Wesen. Die bei manchen Primaten vorkommende hangelnde Fortbewegungsweise begünstigte den Erwerb des aufrechten Ganges auf entscheidende Weise. Bei Hanglern sind in der Regel die Arme verlängert, so dass bei ihnen, der relativ kurzen Beine wegen, die Wirbelsäule schon bei der Bewegung auf allen Vieren deutlich aufgerichtet ist. Dies zeigt sich beim dem Menschen verwandtschaftlich nahe stehenden Schimpansen. Für die Vorfahren des Menschen, die langarmige Hangler waren, erwies sich dieses Merkmal als eine bedeutende sog. Präadaptation (Vorausanpassung) zum Erwerb des voll aufrechten Ganges.

3.2. Abriss der Stammesgeschichte der Gattung *Homo*

Am Stammbaum der Primaten zweigte die Linie, die zum Menschen führte, nach molekularbiologischen Untersuchungen vor etwa 6 Millionen Jahren ab. Fossile Belege fehlen noch einstweilen, was wohl damit zusammenhängt, dass der gemeinsame Vorfahr von Mensch und Menschenaffe Bewohner des Urwaldes war, also eines Lebensraumes, der für das Zustandekommen von Fossilien infolge der schnellen Verwesung der Organismen keine günstigen Voraussetzungen bietet. Als ältester Vertreter dieser abgezweigten Linie wird heute ein zumeist zartgliedriges, etwa ein Meter hohes Wesen angesehen, das in Afrika gelebt und große Ähnlichkeit mit dem heutigen Zwergschimpansen (*Pan paniscus*) hatte. Vielleicht wäre die Entwicklung zum Menschen nie erfolgt, hätte dieser Vorfahr nicht in einer Epoche großer ökologischer Veränderungen gelebt. Jahrmillionenlang hatten die Primaten im Schutz der Urwälder vergleichsweise sorglos gelebt. Im Pliozän (der letzten Epoche des Tertiärs) traten die Urwälder zurück, an ihre Stelle traten offene Waldlandschaften sowie weite Baum- und Buschlandschaften. Die Primaten in den betroffenen Räumen mussten sich, wollten sie nicht aussterben, der neuen gefährlicheren Umwelt anpassen. In diese Phase fällt vermutlich der Erwerb des aufrechten Ganges in Anpassung an das Leben in Savannen und offenen Waldlandschaften.
Wie die Entwicklung sich vollzog, liegt noch im Dunkeln, denn es fehlen (von spärlichen Funden abgesehen) Fossilien auch für diese frühe Phase der Hominidenentwicklung, d.h. für die Zeit bis vor etwas mehr als 4 Millionen Jahren. Erst danach tauchen bezeichnenderweise, was mit dem Leben außerhalb des Urwaldes zusammenhängen dürfte, Fossilien in größerem Umfange auf, die eindeutig als die Reste früher Hominiden anzusprechen sind. Es handelt sich um *Australopithecus,* den Südaffen (lat. *australis*, südlich; griech. *pithecos*, Affe). Er lebte von 4,2 bis 2,0 Millionen Jahre. Er ist ein Primat mit aufrechtem Gang und dem Vermögen, einfache Gegenstände (Zähne,

Knochen, Hörner) als Werkzeuge zu benutzen. In seinem Lebensraum, der afrikanischen Savanne, führte er, nach der Beschaffenheit seines Gebisses zu urteilen, als Sammler von Früchten, Getreidekörnern und Wurzelknollen das Leben eines Vegetariers.

Die Gattung *Australopithecus* zählt heute fünf Arten. Sie waren grazil und hatten, wie schon erwähnt, die Größe der heutigen Bonobos und wie diese noch eine stark vorspringende Gesichtspartie, sie sahen also noch sehr affenähnlich aus. Ihr Hirnvolumen von etwa 480 Kubikzentimeter lag nur wenig über dem der Menschenaffen (beim heutigen Menschen sind es durchschnittlich 1400). Über den Augen, am Schädelhintergrund und entlang der Muskelbefestigungen am Schädel trugen die Südaffen starke Knochenbögen. Von wissenschaftshistorischem Interesse ist die Erkenntnis, dass bei unseren Vorfahren die Gehirnentwicklung einsetzte, nachdem der aufrechte Gang erworben war. Lange Zeit waren die Anthropologen der Meinung, die Gehirnentwicklung sei, umgekehrt, dem aufrechten Gang vorausgegangen. An den Fundstellen in Ost- und Südafrika entdeckte man die Knochen großer wehrhafter Tiere wie Säbelzahnkatze und Riesenpavian. Vermutlich war *Australopithecus* für diese Riesen eine schmackhafte Beute und nur Dank seiner Gewitztheit, so ist zu vermuten, konnte er überleben. Aus diesem Formenkreis haben sich dann noch klügere Wesen entwickelt, die ersten Vertreter der Gattung *Homo, H. habilis* (der handwerklich geschickte Mensch) und *H. rudolfensis* (nach dem Fundort am Rudolfsee, heute Turkana-See in Koobi Fora, Kenia). Welche dieser beiden Arten zu den Vorfahren modernerer Vertreter der Gattung *Homo* gehören (wie etwa *H. ergaster* und *H. erectus*, die mit Sicherheit die Vorfahren des *H. sapiens* sind), ist nicht eindeutig geklärt. Wie dem auch sei, wir haben es mit Hominiden zu tun, die eine verbesserte Werkzeugkultur aufweisen, sie schufen steinerne Fundamente für ihre Behausungen und sind somit als die ersten Architekten unter den Hominiden anzusprechen. Ihre Gehirne haben ein Volumen um 800 Kubikzentimeter, sie bewohnten gleichfalls die Savanne, beschafften sich nunmehr auch tierische Nahrung, die wegen des tierischen Eiweißes unerlässliche Voraussetzung für die Ernährung des vergrößerten Gehirns wie auch dessen Weiterentwicklung war. Sie lebten in kleineren Horden, in denen man sich die Aufgaben wie die Beute teilte. Die Art des Zusammenlebens in einem hoch entwickelten Sozialgefüge weist diese frühen Vertreter der Gattung *Homo* als die ältesten humanen Wesen in der Stammeslinie des Menschen aus. Der Lebensraum Savanne prägte auf günstige Weise den aufrecht gehenden Jäger und Sammler. Im Regenwald sind beispielsweise die im Blätterdach verborgenen Früchte schwer zugänglich und Wild ist schwer zu erbeuten. In der Savanne dagegen entwickeln sich die Pflanzen in Bodennähe. Hier findet ein Sammler die meisten Feldfrüchte. Auch konzentriert sich hier das Gras fressende Wild. Das Gelände gewährt Übersicht und die Bäume bieten Schutz, ohne die Sicht zu verwehren. Vor etwas mehr als 2 Millionen Jahren ging die Entwicklung weiter über *Homo ergaster* zu *Homo erectus*, der Jagdwaffen, (Faustkeile in verschiedensten Varianten), Kleidung und Feuer kannte. Die ältesten Feuerstätten sind 1,5 Millionen Jahre alt. Hinweise auf einen derart frühen kontrollierten Gebrauch von Feuer stammen aus Koobi Fora in Kenja. *Homo erectus* lebte bis vor 125000 Jahren. Nach seinen

Überresten zu urteilen, wanderte *Homo erectus* in aufeinander folgenden Migrationswellen über Afrika hinaus durch Europa und Asien. Sein Hirnvolumen war gewachsen – auf rund 1000 Kubikzentimeter. Dank des wärmenden Feuers konnte er sich sogar in die kalten Regionen Nordeuropas wagen. Schlanke hölzerne Lanzen mit durch Feuer gehärteter Spitze für die Jagd auf den Waldelefanten wurden gefunden. *H. erectus* war ein kühner Jäger, der sich notfalls jedoch auch (wie die frühen Hominiden) mit Aas begnügte. Die Vertreter dieser Art aßen auch ihresgleichen auf, was möglicherweise auf frühe rituelle Handlungen schließen lässt. Vor rund 300000 Jahren hat sich aus einer afrikanischen Seitenlinie des *H. erectus* der Übergang zum *Homo sapiens*, und zwar zu einer zunächst urtümlichen, d. h. archaischen Form dieser vorerst letzten Art, zu der auch wir gehören, vollzogen. Ein älterer Seitenzweig des *H. erectus* brachte (beginnend vor rund 700000 Jahren) den vor allem in Europa verbreiteten Neandertaler (*Homo neanderthalensis*) hervor. Dieser gehört nicht zu unseren Vorfahren. Er ist, aus noch nicht vollkommen geklärten Gründen, vor 27000 Jahren. ausgestorben. Der Neandertaler bestattete seine Toten, was bedeutet, dass er mit dem Leichnam über dessen profane Beseitigung hinaus pietätvoll umgegangen ist. Darauf verweisen Grabbeigaben wie z.B. Farben sowie Ausrüstung oder sogar Proviant für ein Weiterleben nach dem Tod. Eine Art Familienbestattung wurde aus La Ferrasie, Frankreich bekannt. Eine Frau, ein Mann, ein drei- und zehnjähriges Kind sowie das Skelett eines Neugeborenen und eines sechs Monate alten Fötus sind miteinander vereint vorgefunden worden. Die Kinder waren mit Ocker bestreut unter kleinen Grabhügeln begraben. In der Höhle von Shanidar in Kurdistan fanden sich unter und über einem Neandertaler-Skelett Pollen von Heckenrosen, Lichtnelken und Traubenhyazinthen. Offenbar wurde der Tote auf einem Bett von Blüten beigesetzt und mit Blumen bestreut. Nicht wenige Forscher mutmaßen, dass unsere unmittelbaren Sapiens-Vorfahren Riten dieser Art vom Neandertaler (von uns oftmals als kulturell unter uns stehend eingestuft) übernommen haben. Alle heute existierenden menschlichen Bevölkerungsgruppen stammen von einer einzigen *Homo sapiens*-Population ab, die etwa 150000 bis 100000 Jahre vor der Gegenwart in Ostafrika begrenzt auftrat und sich von da, wie Homo erectus zuvor, „in mehreren (aufeinander folgenden) Migrationswellen über Afrika hinaus ausgebreitet hat. Vor etwa 70000 Jahren erreichte eine solche Europa und schrieb als Cro Magnon auf dem europäischen Kontinent Geschichte. Diese *Homo sapiens* – Populationen haben sich, wohin sie auch kamen, mit den einheimischen Populationen, ob mit *Erectus*-Formen in Asien oder mit dem Neandertaler hierzulande (von ganz wenigen Ausnahmen abgesehen), nicht vermischt. Es gab wohl, wie Skelettfunde belegen, z. B. im Vorderen Orient gemeinsame Nachkommen, die aber, so vermutet man, nicht fortpflanzungsfähig waren. Im Rückblick zeigt sich, dass Afrika von frühesten Zeiten an das Ursprungszentrum fortschrittlicher Entwicklungslinien gewesen ist, so auch unserer eigenen Linie. *Homo sapiens* ist heute weltweit von Pol zu Pol und bis auf 4000 m hohe Regionen verbreitet. Kultur und Sprache versetzten ihn in die Lage, sich allen klimatischen Verhältnissen und vielgestaltigen Nahrungsquellen anzupassen. Mit seiner weit reichenden Kontrolle der Natur und seiner Erfindungsgabe hat er sich in die Lage versetzt, die ganze Erde zu bevölkern und in der Gegenwart sogar außerirdische Himmelskörper zu betreten. Dies ist so erstaunlich wie besorgniserregend, denn dass unserer ‚weisen' Art, trotz oder wegen ihrer ungewöhnlichen Fähigkeiten mittlerweile so manches aus dem Ruder läuft, ist ja das Hauptanliegen dieses Buches.

4. Biologische Aspekte zur kulturellen Evolution des Menschen[1]

Das Prinzip der Evolution ist universell. *„Es gilt sowohl für den Kosmos als Ganzes wie für Spiralnebel, Sterne mit ihren Planeten, für den Erdmantel, Pflanzen, Tiere und Menschen, für das Verhalten und die höheren Fähigkeiten der Tiere; es gilt aber auch für Sprache und Sprachen und für die historischen Formen menschlichen Zusammenlebens und Wirkens, für Gesellschaften und Kulturen, für Glaubenssysteme und Wissenschaften*" (G. Vollmer, 1994).

Auf den einzelnen Evolutionsebenen wirken unterschiedliche Faktoren und Gesetze. So spielen bei der Entwicklung eines Sterns überwiegend physikalische Gesetze eine Rolle. Bei biologischen Systemen kommen weitere Prinzipien, wie Mutation, Selektion, Anpassung usw. hinzu, ohne dass auch nur ein einziges physikalisches Gesetz außer Kraft gesetzt wird. Auf der Ebene kultureller Evolution sind wiederum spezifische Entwicklungsmechanismen wirksam, was nicht heißt, dass die biologische Entwicklung dort endet, wo die kulturelle Evolution einsetzt. Die Gesetze der biologischen Evolution behalten ihre Gültigkeit, d.h. es wirken bei der kulturellen Evolution des Menschen biologische und kulturelle Faktoren zusammen, mit anderen Worten: Die biologischen Gesetze werden ergänzt durch weitere Faktoren, wie sie in der nur beim Menschen vorkommenden Wortsprache zu finden sind.
Beide Formen der Evolution (biologische wie kulturelle) beruhen auf dem Erwerb, der Vermehrung und der Weitergabe von Information. Doch gibt es Unterschiede: Bei der biologischen Evolution entsteht neue Information durch Mutation, die durch Weitergabe an die nächste Generation vererbt und durch Selektion ausgelesen wird. Die kulturelle Evolution beruht auf den Erfahrungen, die Individuen in ihrem jeweiligen Leben sammeln und in deren Gehirnen als sog. Engramme gespeichert werden. Diese Art von Information kann mit Hilfe von Lehr- und Lernvorgängen an andere Individuen weitergegeben werden, was als Tradierung bezeichnet wird. Kultur besteht also in ihrem Kern im Hervorbringen, Weitergeben und Aufnehmen von Information durch das Individuum, wohingegen auf der biologischen Ebene die Gene als Informationsträger fungieren. Notwendig für eine kulturelle Evolution ist somit das Lernvermögen, das heißt, die Fähigkeit und der Wille, das Verhalten aufgrund von Erfahrungen zu ändern bzw. anzupassen. Mit dem Lernen und seiner Rolle als wesentlichem Faktor der kulturellen Evolution wollen wir uns zunächst befassen.

1 Das nachfolgende Kapitel 4 stammt aus dem vom Autor verfassten Buch „Evolution oder Schöpfung?" Abgedruckt mit freundlicher Genehmigung des Invoco-Verlages.

4.1. Lernverhalten bei Tier und Mensch

Es liegt auf der Hand, dass die Fähigkeit zu lernen dem Individuum Vorteile verschafft. Auf niedrigeren Evolutionsstufen ist sie noch gering ausgeprägt, das heißt: niedere Tiere verfügen in der Regel über relativ starre, geschlossene, höhere schon über mehr oder weniger offene Verhaltensprogramme. Die Wirbeltiere lassen in dieser Hinsicht einen charakteristischen Trend in der Evolution erkennen: Von den Fischen aufwärts bis zu den Säugern nimmt das Lernvermögen zu und damit die Möglichkeit einer individuell unterschiedlichen Ausprägung des Verhaltens. Hierin wie in der ständigen Vergrößerung des Gehirns spiegelt sich im Wesentlichen die Höherentwicklung der Wirbeltiere wider. Mit der Entwicklung von Lernfähigkeit wurde der Keim des Bewusstseins gelegt. Ausschließlich Reflex und Instinkt gesteuerte Lebewesen existieren gewissermaßen in bewusstloser Geborgenheit, in der sie keine Fehler machen können. Lernfähigkeit befreit ein Individuum aus starren Verhaltensprogrammen und erweitert die Möglichkeiten der Anpassung an gerade gegebene Umstände. Das funktioniert aber nur, wenn das Erlernte, also eine bestimmte Erfahrung, gewertet werden kann, sie als negativ oder positiv, nach- oder vorteilhaft, lust- oder unlustbetont, empfunden wurde und von daher zukünftig zu meiden oder anzustreben ist. Darin sieht die Verhaltensforschung die Grundlagen des Bewusstseins. Mit der Lernfähigkeit schälte sich aus der objektiven Realität eine subjektive Wirklichkeit heraus.

Das subjektive Erleben kann mit dem Ich-Erleben gleichgesetzt werden, was aber kein Ich-Bewusstsein bedeutet, d.h. eine Reflexion über das eigene subjektive Erleben. Diese Fähigkeit kommt nach heutigem Kenntnisstand mit Sicherheit dem Menschen und den nächstverwandten Primaten zu. So hat beispielsweise ein Hund in seiner Fähigkeit zu leiden oder sich zu freuen ein dem Menschen sehr ähnlich erscheinendes Ich-Erleben, wofür auch die anatomische und physiologische Übereinstimmung der dafür in Betracht kommenden Gehirnstrukturen (z.B. das *Limbische System*) spricht. Ein Ich-Bewusstsein hat der Hund mit Sicherheit nicht.

Jüngste Forschungen zeigen, dass auch Vögeln ein höheres Bewusstsein zugesprochen werden muss. Elstern können sich im Spiegel erkennen. Das verwundert, denn Vögel besitzen ein völlig anders organisiertes Gehirn als Mensch und Affe. Intelligenz und Bewusstsein schrieb man bisher nur dem Cortex hoch entwickelter Säugergehirne zu, eine Hypothese, die augenscheinlich der Korrektur bedarf.

Der weltbekannte Rabenforscher Bernd Heinrich hält Dohlenraben für ähnlich intelligent wie Schimpansen. Ob sie über ein Selbstbewusstsein verfügen, ist ungewiss. Das Beobachten von Raben bei der Futtersuche lassen aber zumindest ein Denken in Zusammenhängen erkennen.

Bernd Heinrich (2007): *„Sechs junge Raben aus zwei unterschiedlichen Nestern waren 2003 so weit, dass sie unsere Versuchstiere wurden. Wir knüpften eine Schnur an eine Sitzstange und schlangen sie über einen Draht oberhalb der Stange. Die Schnur hing auf der anderen Seite herunter. Wenn der Rabe die Schnur diesseits des Drahtes zu sich herunterzöge, würde ein jenseits des Drahtes am Schnur-Ende befestigtes Stück Fleisch hoch kommen und direkt an der Sitzstange vom Raben ergriffen werden können."*

Und tatsächlich, Raben können die Situation, die es in vergleichbarer Weise in der Natur nicht gibt, spontan erfassen, ziehen die Schnur mit dem Schnabel ein Stück hoch, halten das hoch gezogene Teil der Schnur mit dem Fuß fest, ziehen, wiederholen das, so lange, bis sie das Fleisch oben haben. So etwas ist nicht instinktives, sondern intelligentes Handeln.
Neben dem Lernen durch eigene Erfahrung gibt es noch eine weitere Form des Informationserwerbs: das Lernen durch soziale Anregung und durch Nachahmung. Dies zeigt sich bei Tieren, die dauernd in sozialen Verbänden leben. Erfahrene Gruppenmitglieder nachzuahmen, ist vor allem bei Affen weit verbreitet. In der Regel lernen die jüngeren von den älteren Gruppenmitgliedern. So findet eine Weitergabe von Informationen über die Generationengrenzen hinweg statt. Auf diese Weise weitergegebene erworbene Verhaltensweisen, stellen eine Besonderheit dar, die es im biologischen Erbgeschehen nicht gibt.
Aber noch ein zweiter wesentlicher Unterschied besteht zwischen biologischer und kultureller Information. Durch biologische Vererbung werden Informationen, letztlich Gene, immer nur von den Eltern auf die Kinder weitergegeben. Die Kombination von Erbinformation beschränkt sich auf die Gene der beiden Eltern. Bei Tradierung ergeben sich dagegen weit mehr Möglichkeiten. Jedes Mitglied eines Verbandes kann nämlich von jedem anderen, also nicht nur von den Eltern, Information aufnehmen, wobei ein einziges Individuum Informationen von vielen Gruppenmitgliedern übernehmen und kombinieren kann, wie umgekehrt ein einzelnes Individuum Informationen an viele unmittelbar weiterzugeben vermag. Solcherart können Verhaltensweisen relativ kurzfristig abgewandelt werden; auch können sie sich innerhalb einer Population relativ rasch ausbreiten, schneller jedenfalls, als dies durch biologische Vererbung möglich ist. Daher führt die Informationsweitergabe durch Nachahmung bzw. Traditionsbildung zu einem Prozess, der eine Population in die Lage versetzt, sich lokalen Gegebenheiten oder sich wandelnden Umweltbedingungen erheblich kurzfristiger anzupassen, als dies durch die langwierigen, an Gene gebundenen Erb- und Evolutionsmechanismen möglich ist. So können, auf den Menschen bezogen, Erfindungen und Erkenntnisse eines Einzelnen rasch zum Allgemeinbesitz werden. In diesem Sinne sind wir heute die kulturellen Erben von Darwin, Beethoven, Newton, Platon, den alten namenlosen Erfindern des Ackerbaues und des Feuers, die nicht in jedem Falle zu unseren biologischen Ahnen zählen.
Auf soziale Anregung und Nachahmung treffen wir in den verschiedensten Entwicklungslinien des Tierreichs. So lernen bei manchen Singvogelarten, etwa bei Buchfinken, die jungen Männchen den arttypischen Gesang von den Eltern. Sie geben auch

regionale Unterschiede im Gesang (Dialekte) an die Jungen weiter, sodass geringfügige Abweichungen in bestimmten Gegenden der Tradierung unterliegen.
Auch besondere Methoden des Nahrungserwerbs können von älteren Artgenossen erlernt werden. Dem Austernfischer, einem den Wasserläufern verwandten Küstenvogel, dienen als Nahrung in erster Linie Würmer, Krabben, Strandschnecken und große Muscheln. Die letzteren mit dem Schnabel zu öffnen, erfordert besonderes Geschick. Dem Austernfischer stehen hierfür zwei Methoden zur Verfügung: Entweder legt er die Muscheln auf harten Sand und hämmert mit dem Schnabel heftig auf sie ein, um die Schale an ihrer schwächsten Stelle aufzubrechen, oder er führt den Schnabel in die Atemöffnung ein und trennt den Schließmuskel ab, der die Schalenhälften geschlossen hält. Beides sind technisch schwierige Verfahren und erfordern beachtliche Geschicklichkeit. Die Jungen müssen sich diese durch Nachahmung erwerben. Für diese Feststellung gibt es triftige Gründe: Leben die Austernfischer in einer Gegend, wo sie sich von Würmern oder anderen Beutetieren ernähren, die leicht zu fressen sind, bleiben die Jungen sechs bis sieben Wochen mit ihren Eltern zusammen. Ernähren sie sich dagegen ausschließlich von Muscheln, so kann diese Jugendperiode achtzehn bis siebenundzwanzig Wochen umfassen.
Seehunde, die als Kinder nicht gelernt haben, Fische zu fangen, sind später als Erwachsene unfähig, sich eigenständig zu ernähren. Selbst größter Hunger kann einstmals versäumte Lerninhalte nicht nachholen. Seehunde leben vornehmlich von Scholle, Butt, Flunder und Seezunge. Diese sehr breiten Plattfische passen nicht so ohne weiteres ins Seehundmaul. Im freien Lebensraum packt ein Seehund einen Plattfisch mit den Zähnen am Kopf und wirbelt sich und somit auch den Fisch in schneller Pirouette um die Längsachse. Die Gräten der Beute brechen, und sie wickelt sich auf wie ein Rollmops. Der Plattfisch kann so in einem Happen verschlungen werden. Dieses Verhalten ist keineswegs angeboren. Der heranwachsende Seehund ahmt dieses geschickte Verhalten der Mutter nach.
Lernfähigkeit durch Unterrichten zu steigern, findet sich in bemerkenswerter Vollkommenheit bei den Steinböcken. Steinbockkinder lernen die Kunst des Herumkletterns vom ersten Lebenstag an, wobei die Mutter die Schwierigkeitsgrade im Unterricht mit erstaunlich pädagogischem Einfühlungsvermögen, entsprechend den Fortschritten ihres Nachwuchses, langsam steigert. Bereits eine Stunde nach der Geburt beginnt das Junge nach eigenem Gutdünken, stets dicht gefolgt von der Mutter, umherzulaufen. Dabei stolpert es, es rutscht ab, tut sich weh. Schon bald erkennt es den Vorteil, der Mutter zu folgen, statt eigenmächtig umherzutollen. Nun ist der Zeitpunkt gekommen, mit dem Kletterunterricht zu beginnen. Zunächst steigt sie in kleinen Schritten einen flachen Hang zwischen Steingeröll bergauf und das Kind folgt mit seinen Hufen genau in den Fußstapfen seiner Mutter. An schwierigen Stellen greift die Mutter mit dem Vorderlauf über die Schulter des Kindes, zeigt ihm geeignete Trittstellen und gibt ihm so gleichzeitig Halt und beruhigenden Körperkontakt. Von Tag zu Tag erhöht sie den Schwierigkeitsgrad der Kletterpartien, und das Kind erlangt nach und nach die erforderliche Geschicklichkeit und Sicherheit. Später wird das Junge seine Erfahrungen als Erwachsener an die eigenen Kinder weitergeben. Ei-

nes der berühmtesten Beispiele für die Tradierung neuer Verhaltensweisen lieferten Meisen in Großbritannien mit dem Öffnen von vor Haustüren abgestellten Milchflaschen. Der Kniff, die Verschlusskappen aus Aluminium durchzupicken und die Sahneschicht aufzuschlürfen, tauchte offensichtlich an einem bestimmten Ort auf. Er verbreitete sich sehr schnell über die gesamten britischen Inseln, da die anderen Meisen diese Verhaltensweise nachgeahmt haben. Verhaltensweisen wie diese, nämlich gegenseitiges Beobachten und die Integration vorteilhaften Verhaltens anderer in die eigene Verhaltensstrategie, spielen bei höheren Affen eine entscheidende Rolle. Da höhere Affen eine relativ lange Jugendentwicklung durchleben und in der Regel enge Sozialkontakte pflegen, überrascht es nicht, dass auf dieser Entwicklungsstufe im Zusammenwirken mit ausgeprägtem Neugierverhalten das Potenzial wechselseitigen Lernens wächst. Dabei lernen nicht nur die Jungen von den Älteren, sondern auch die Älteren von den Jüngeren. In Gruppen von Menschenaffen kommen das ganze Jahr über Junge zur Welt; so lernt ein Jungtier im Laufe der Zeit die wichtigen Verhaltensweisen und Aktionen des sozialen Lebens kennen. Dies gewährleistet, dass alle wichtigen Sozialfunktionen erlernt, trainiert und vervollkommnet werden können Daraus entwickelte sich im Verlaufe der Menschwerdung nach einem ursprünglich weitgehend geschlossenen Verhaltensprogramm mehr und mehr ein für das Erkennen und Verarbeiten von Erfahrungen offenes Programm, wodurch sich das Verhalten zunehmend anpassungsfähiger und vielfältiger gestaltete.

Dies schuf auf der Stufe der höheren Primaten die Voraussetzungen für die Evolution des Menschen. Auch er ist von Natur aus ein Sozialwesen und bei ihm finden alle Sozialfunktionen ebenso das ganze Jahr über statt. Die Kultur des Menschen umfasst die Gesamtheit der tradierten Anpassungen, die wiederum selektiv weitergegeben werden. Das bedeutet, dass das von Generation zu Generation Weitergegebene jeweils in mehr oder weniger großem Umfange Modifikationen und Verlusten unterliegt, was man als Analogon zur Selektion im biologischen Evolutionsgeschehen ansehen kann.

4.2. Die Rolle des Werkzeugs

Bisher betrachteten wir das spezifische Verhalten der Organismen bis hin zum Menschen. Verhalten dient im weitesten Sinne der Auseinandersetzung eines Lebewesens mit seiner Umwelt. Diese Auseinandersetzung wird durch die Organe als angeborene Werkzeuge der Lebewesen unterstützt. Die Organe von Organismen gestalteten sich in Anpassung an die unterschiedlichsten Lebensweisen ihrer Träger individuell aus. Die Mannigfaltigkeit der Vogelschnäbel legt darüber beredtes Zeugnis ab: Der Seihschnabel eines Flamingos, der Meißelschnabel eines Spechtes und der Saugschnabel eines Kolibris sind daher ebenso verschieden und ihrer spezifischen Funktion angepasst, wie der Reißzahn des Tigers, der Mahlzahn des Rindes und der Stoßzahn des Elefanten. Der Mensch kann seine Organfunktionen durch den Einsatz von selbst definierten und produzierten Werkzeugen wesentlich erweitern und ständig verbessern, was als die Schaffung zusätzlicher Organe angesehen werden kann. Der Gebrauch von Werkzeug beschränkt sich jedoch nicht auf den Menschen. So nimmt unter den Insekten die Grabwespe *Ammophila urnaria* ein Steinchen zwischen die Mundwerkzeuge, um damit den Sand über dem Eingang zu ihrer Brutkammer festzustampfen. Der Schützenfisch spuckt einen Wasserstrahl auf Insekten, die über dem Wasserspiegel auf der Ufervegetation sitzen, und verschafft sich damit Beute aus Bereichen außerhalb seines eigentlichen Lebensraumes. Unter den Darwinfinken der Galapagos-Inseln gibt es solche, die kleine Äste oder Kaktusstacheln benutzen, um Holz bewohnende Insekten aus ihren Bohrlöchern zu stochern. Der Seeotter taucht nach Seeigeln und zerschlägt deren Kalkpanzer mit Hilfe von Steinen. Die Bolaspinne *Mastophora* schleudert einen Faden mit einer klebrigen Endkugel nach vorbei fliegenden Insekten. Andere Bolaspinnen hängen nachts an einem waagerechten Spinnfaden, an dem ein mit einem Leimtropfen endender Faden hängt. Dieses Pendel schwingen sie im Kreise; anstoßende Insekten bleiben daran kleben.

Die meisten der hier dargestellten Verhaltensweisen sind den Organismen nach heutigem Kenntnisstand angeboren. Allenfalls wird, so die Vermutung, das zur Handhabung des Werkzeugs notwendige Geschick durch Übung verbessert. Dass Zusammenhänge erfasst werden und zu einsichtigem Verhalten führen können, erscheint nur in Ausnahmefällen wie den geschilderten erwiesen. Viele Forscher suchen deshalb nach weiteren Beispielen, bei denen bewusstes Handeln mit im Spiele sein könnte. Die Verhältnisse bei den Primaten lassen daran kaum Zweifel. Schimpansen benutzen Stöcke zum Herbeiangeln von Bananen. Sie können Stöcke ineinander stecken und dadurch verlängern, Termiten mit dürren Zweigen aus ihren Bauten angeln und Wasser aus Baumlöchern mit zu Schwämmchen gekauten Blättern auftunken. Sie verwenden Blätter zur Säuberung. Steppenschimpansen werfen mit Stöcken gegen Raubfeinde, um sie zu verjagen. Das alles sind Fähigkeiten, die von Artgenossen übernommen und durch sie weitergegeben werden. Die heutigen Menschenaffen nehmen einen Rang ein, der sonst im Tierreich nicht erreicht wird. Schimpansen scheinen eine Entwicklungsstufe zu repräsentieren, die wohl auch den gemeinsamen Vorfahren von Schimpanse und Mensch (nach heutigen Schätzungen vor sechs bis zehn Millionen Jahren) zukam. Auf diesem Niveau setzt der Gebrauch von Werkzeug ein und damit der Auftakt zur materiellen Kultur des Menschen. Unseren unmittelbaren Vorfahren gelangen besonders schnelle Fortschritte.

Der Mensch ist das einzige Lebewesen, welches Werkzeuge nicht nur herstellt und benutzt, sondern zu deren Produktion weitere Werkzeuge einsetzt. So erfindet er komplizierte Geräte oft lange vor ihrem ersten Gebrauch, was Einsicht in ihre Verwendungsfähigkeit voraussetzt. In der Regel werden diese nach Gebrauch aufbewahrt und später erneut verwendet. Im Laufe der Entwicklung können Werkzeuge auch zunehmend verziert werden, ein Phänomen, das bislang außerhalb der Stammeslinie des Menschen nicht nachzuweisen ist. Das Auftreten einer materiellen Kultur bahnt der Evolution des Menschen völlig neuartige Möglichkeiten, sich mit der Umwelt auseinanderzusetzen. Tiere (wie auch Pflanzen) müssen mit den ihnen angeborenen, arteigenen Organen auskommen.

Der Mensch kann je nach Bedarf feinste Pinzetten oder Brechstangen einsetzen, mit einer Mikroskopiernadel oder einem Presslufthammer hantieren. Das sind wohl Gründe dafür, dass er selbst als Organismus weitgehend unspezialisiert bleiben und jene Weltoffenheit ohne spezifische Anpassungen erreichen konnte. Mit der Entwicklung einer Gerätekultur hat es der Mensch im wahrsten Sinn "in der Hand", seine Umwelt beliebig zu nutzen und auf sie einzuwirken. So erschließt der Mensch die Umwelt nach seinen eigenen Bedürfnissen, während Tiere im Laufe ihrer biologischen Evolution ihre Eigenschaften der Umwelt anpassen mussten. Mittlerweile hat der Mensch fast die ganze Erde als Lebensraum erobert. Er vermag in den Eisregionen der Arktis zu überleben ebenso wie in der feuchten Hitze tropischer Wälder oder in der Trockenheit von Steppen und Wüsten. Darin liegt die Ursache für die großen ökologischen Probleme unserer Zeit. Mit der Fähigkeit, sich die Umwelt gefügig zu machen, hat der Mensch von Anfang an die Ökologie seiner unmittelbaren Umgebung aus dem Gleichgewicht gebracht. Ökologische Krisen sind sicherlich nicht erst das Produkt unserer Industrie und Technik. Die weltweit gleichzeitige Situation ist neu. Es ist nicht auszuschließen, dass der Mensch als Werkzeugmacher schon immer ökologische Katastrophen hervorgerufen hat, aus denen er sich – wie die Großtiere eines afrikanischen Naturparks – durch Emigration immer wieder rettete. Diese Möglichkeit kommt heutzutage infolge der großen Besiedlungsdichte auf der Erde nicht mehr in Betracht.

Ob unser enormer technischer Sachverstand uns schließlich dazu die Befähigung verleiht, die Lebensbedingungen (nicht nur für den Menschen) in optimalen Grenzen zu halten, bleibt eine offene Frage; liegt es doch weniger an der mangelnden Einsicht in die uns gefährdende Krise und in erforderliche Maßnahmen. Vielmehr stecken in der Überlebensstrategie unserer Tage zum Teil untauglich gewordene Verhaltensmuster, die wohl zu erkennen, aber nicht so ohne weiteres auszuschalten sind. Mit einigen in unserem Erbgut verankerten Mustern, deren stammesgeschichtliche Wurzeln uralt sind, wollen wir uns im Kapitel über archaische Verhaltensmuster befassen.

4.3. Die Sprache des Menschen

Die menschliche Kultur versteht sich u. a. als die Gesamtheit erlernter Verhaltensweisen, die von Generation zu Generation weitergegeben werden. Dies setzt sowohl Lehr- als auch Lernvermögen voraus und bedarf eines geeigneten Systems zur Informationsvermittlung. Dieses muss umso vielschichtiger sein, je umfangreicher das zu übertragende Kulturgut ist. Mit der ihm spezifischen Wortsprache verfügt der Mensch über ein System von Zeichen resp. Symbolen, womit er dieser Aufgabe gerecht werden kann und welches er mit keinem anderen Lebewesen teilt. Ein Symbol ist etwas, das etwas anderes repräsentiert. Eine Euronote ist zum Beispiel ein Symbol. Objektiv gesehen ist es nur ein Stück Papier ohne viel Wert. Die Europäer sind übereingekommen, dass eine Euronote einen Teil europäischen Vermögens verkörpert. Diese Übereinkunft verleiht der Euronote einen symbolischen Wert.

Als Sprache im weitesten Sinne fasst man die Verständigungsmittel der Tiere untereinander durch Geruchs- und Lautzeichen, Blick- und Berührungskontakte auf, die über Anwesenheit, Zustand oder Stimmung des Artgenossen Auskunft geben. Bienen können durch ihre Tänze über Futterquellen informieren. Man kann auch den Tieren ein individuelles Mitteilungsbedürfnis, wie die Verständigungsabsicht durch Anruf und Antwort, zuschreiben. Vom Totenkopfäffchen kennen wir etwa 30 unterschiedliche Lautäußerungen, die jeweils bestimmte Handlungsbereitschaften ausdrücken. Besonders beeindruckend ist das der Verständigung zwischen Gruppenmitgliedern dienende Tonrepertoire der Delphine und Wale. Das gesprochene Wort zur Verwirklichung einer Darstellungsabsicht und einer Verständigungsabsicht steht jedoch nur dem Menschen zu Gebot. Der Mensch bedient sich auch nichtverbaler Kommunikationsmittel wie Ausdrucksbewegungen (Mimik, Gestik) und Affektlaute, die weltweit verstanden und von daher als angeboren erkannt werden. Sie stellen ein älteres Verständigungssystem als die Wortsprache dar. In aller Welt gibt es das Augenbrauenhochziehen beim Grüßen, das Lächeln bei freundlicher Kontaktaufnahme, beim Streit das Drohgesicht, das Aufstampfen mit dem Fuß oder das Anheben der Schultern. Angeboren und jedermann verständlich sind auch Affektlaute wie Weinen, Angstschreie, Schmerzwimmern und Freudenjauchzer. Im Gegensatz zur emotionalen Körper- und Lautsprache ist die Wort- resp. Symbolsprache des Menschen eine erlernte Sprache, die der Weitergabe bedarf. Einem Lernprozess unterliegen Wörter, Begriffe sowie weite Teile der Grammatik der verschiedenen Sprachen. Hingegen beruht das Vermögen zu sprechen auf einer Reihe ererbter Grundlagen. Dies betrifft die morphologischen Voraussetzungen für die Bildung der Laute (Kehlkopf usw.) sowie die motorischen Sprachzentren im Gehirn. Auch die mit dem vierten Lebensmonat einsetzenden Lallmonologe von Säuglingen, in denen die Laute aller Kultursprachen vorkommen, weisen auf Erbbedingtheit hin. Schließlich dürfte auch für die Motivation, Laute zu imitieren und sich die Sprachelemente in spezifischer Weise anzueignen, wie auch für Begabung und Willen, Fremdsprachen zu erlernen, eine erbliche Grundlage vorliegen.

Lediglich zwanzig bis sechzig – jeweils bedeutungslose – Grundlaute, die Phoneme, bilden durch verschiedene Kombinationen Bedeutungseinheiten (Morpheme) und einzelne Wörter, Lautfolgen, die als Symbole für bestimmte Begriffe stehen und sich zu unbegrenzten größeren Sinneinheiten mit größerem Informationsgehalt, den Sätzen, zusammenstellen lassen. Die sich entwickelnde Wortsprache führte eine neue Methode ins Evolutionsgeschehen ein. Über das bloße Sammeln und Weitergeben von Erfahrungen weit hinausgehend, erfolgte gleichzeitig eine nicht mehr an den automatischen Prozess natürlicher Auslese gebundene, sondern eine im Wesentlichen vom Menschen bewusst gesteuerte Umformung organisierter Erfahrungen. Nur der Mensch kann mittels der Wortsprache argumentieren. Sie ist das schöpferische Instrument, mit dessen Hilfe neue Gedankengebäude entworfen und ideenreiche Konzepte gebildet werden können. Nachahmendes Lernen erfolgt anhand konkreter Situationen. Die Sprache hingegen entbindet von der Zeit, vom momentanen Geschehen. Der Mensch kann über räumlich und zeitlich entfernte Dinge sprechen. Er kann etwas sagen, was niemals zuvor gesagt wurde und doch vom Angesprochenen verstanden wird. Die Wortsprache ist eng verbunden mit dem begrifflichen Denken. Über die stammesgeschichtlichen Voraussetzungen des Denkens im weitesten Sinne hat sich erstmals Konrad Lorenz 1943 geäußert. Seine Überlegungen gehen von der Erkenntnis aus, dass diejenigen Tiere, die auf ihren täglichen Wegen besonders komplizierte räumliche Strukturen zu meistern gezwungen sind, die mit Greifhänden kletternden und springenden Primaten sind. Bei ihnen müssen - im Gegensatz etwa zu mit Krallen oder Haftscheiben ausgestatteten Baumbewohnern - nicht nur die Richtung, sondern auch die Entfernung und überhaupt die neue Lage, in der sich das Ziel des Sprungs darbietet, vor dem Absprung ganz genau im zentralen Nervensystem, also im Gehirn des Tieres, repräsentiert sein. Die Greifhand muss sich nämlich in einer ganz bestimmten Raumlage und genau im richtigen Augenblick schließen. Lorenz sieht in der zum Überleben notwendigen Fähigkeit, eine Handlung zunächst in der Vorstellung durchzuspielen, bevor sie tatsächlich abläuft, den Anfang allen Denkens:

„Ich sehe nicht, was Denken grundsätzlich anderes sein soll als ein solches probeweises und nur im Gehirn sich abspielendes Handeln im vorgestellten Raum. Zumindest behaupte ich, dass Vorgänge dieser Art auch in höchsten Denkoperationen mit enthalten sind und ihre Grundlage bilden. Jedenfalls gelingt es mir nicht, mir irgendeine Form des Denkens vorzustellen, die von dieser Grundlage unabhängig wäre“ (Lorenz, 1973, S. 175).

Gedankliche Prozesse werden wie selbstverständlich mit Bildern und Begriffen beschrieben, die der räumlichen Dimension entstammen: Wir wenden ein Problem hin und her, wir betrachten es von allen Seiten, um uns einen Überblick zu verschaffen. Dieses Denken trifft für alle Menschen, gleichgültig welcher Rasse oder ethnischen Gruppe, zu. Auch Zeitverhältnisse werden räumlich ausgedrückt. Hierzu W. Porzig (1950):

„...vor oder nach Weihnachten, innerhalb eines Zeitraumes von zwei Jahren. Bei seelischen Vorgängen sprechen wir nicht nur von außen und innen, sondern auch 'über und unter der Schwelle' des Bewusstseins, vom Unterbewussten, vom Vordergrunde oder Hintergrunde, von Tiefen und Schichten der Seele.“

So tragen die Ausdrücke, die wir für unsere höchsten geistigen Leistungen gefunden haben, wie z.B. „das Jenseits“, „überirdisches Reich“, „außerirdisches Reich“ immer noch den Stempel ihrer Herkunft aus der räumlichen Dimension. Begriffe als Grundbausteine des Denkens finden ihren Ausdruck in den Wörtern. Wörter fungieren beim Sprechen als akustisches Medium des begrifflichen Denkens. Die menschliche Sprache entwickelte sich parallel zum Denken in Begriffen. Mit anwachsenden Erkenntnissen über die Welt vermehrten sich die Begriffe und Wörter als ihre medialen Zeichen, deren freie Kombinierbarkeit Kreativität und Produktivität förderte. Umgangssprachlich wird in der Regel kein Unterschied zwischen Begriff und Wort gemacht. Es fehlt dabei an der Einsicht, dass Begriffe das Ergebnis von Abstraktionsleistungen sind, wohingegen Wörter solchen Leistungen (lediglich) akustischen Ausdruck verleihen. So umfasst zum Beispiel das Wort „weiß“ begrifflich die Gesamtheit aller weißen Gegenstände. Der Begriffsinhalt des Wortes „Säugetiere“ umfasst alle Organismen, die ihre Jungen mit einem speziellen Sekret, nämlich der Milch, ernähren. Die wissenschaftliche Kategorie „Säugetiere“ in der systematischen Erfassung der Organismen unter stammesgeschichtlichen Gesichtspunkten stellt also, mit Blick auf die schier unendliche Fülle an Lebewesen auf dieser Erde, ein imposantes Beispiel wissenschaftlicher Abstraktionsleistung dar.

Dieser Aspekt kultureller Entwicklung wurzelt in der vielschichtigen sozialen Kommunikation von Affengruppen. Zahlreiche in größeren Verbänden lebende Affenarten vermögen die Reaktionen ihrer Gruppengenossen vorauszusehen, deren soziale Stellung wie die momentane Situation einzukalkulieren, um gezielt das eigene Handeln danach auszurichten. Dies setzt abstrahierendes Denkvermögen voraus. Menschenaffen können nicht sprechen, unter Anleitung jedoch Fähigkeiten einer der Sprache ähnlichen Verständigungsart entwickeln. Das Ehepaar Gardner lehrte eine junge Schimpansin mit Namen Washoe die vereinfachte Form der amerikanischen Taubstummensprache “Ameslan”, eine Handzeichensprache. Nach einem Jahr war Washoe in der Lage, Dinge und Zeichen zu belegen und frei über Zeichen zu verfügen, als wären sie Worte einer Sprache. Gorillas sind gleichfalls erfolgreich entsprechenden Versuchen unterzogen worden.

Insgesamt zeigte sich, dass Menschenaffen grundsätzlich Gegenstände, Personen, Tätigkeiten und Eigenschaften mit Hilfe bestimmter Zeichen benennen und selbstständig unter Befolgung einfacher sprachlicher Regeln Sätze bilden können. Menschenaffen vermögen sowohl Wünsche zu äußern, als auch Aussagen und Kommentare abzugeben, einfache Dialoge zu führen, Emotionen auszudrücken und sogar Fragen zu stellen. So entwickelte sich bereits auf der Stufe tierischer Primaten eine Zeichensprache und damit eine Kommunikationsmöglichkeit auf der Basis begrifflichen Denkens. Wann sich auf dieser Basis die menschliche Wortsprache entwickelt hat, ist schwer nachweisbar. Beim etwa zwei Millionen Jahre alten *Homo habils* war bereits die Brocasche Region – ein wichtiges motorisches Sprachzentrum – angelegt, wodurch dieser frühe Mensch schon eine einfache Wortsprache besessen haben mag.

Über die Frage, welche Anstöße die Entwicklung der menschlichen Wortsprache ausgelöst haben, wurde viel spekuliert. Die Notwendigkeit der Kooperation bei der Jagd wurde als eine der Ursachen diskutiert. Aber gerade bei der Jagd reden Jäger nicht viel. Auch die zunehmende Bedeutung von Geräten und das Erlernen ihrer immer komplizierter werdenden Handhabung wurden angeführt. Beobachtungen bei den eingeborenen Eipo Neuguineas und den Kung-Buschleuten ergaben indessen, dass handwerkliche Fähigkeiten weniger verbal vermittelt, als vielmehr durch Zuschauen erlernt werden. Für Eibl-Eibesfeldt ist für die Entwicklung der Sprache weniger die Notwendigkeit der Vermittlung von Sachwissen als die Verbesserung des Zusammenlebens in der Gruppe entscheidend gewesen. Verbaler Streit gefährdet die innere Harmonie weniger als ein tätlicher Kampf. Durch Sprache gestalten sich Wechselbeziehungen jedweder Form distanzierter. Redend ist man vom Zwang unmittelbaren

Handelns befreit. Entreißt einer dem anderen mit Drohgebärden ein Objekt, ist eine unmittelbare Reaktion des Partners vonnöten. Verbal dagegen eröffnet die drohende Äußerung eine Diskussion, die ohne ins Tätliche zu eskalieren, den Konflikt lösen kann. Das Forscher-Ehepaar Doris und David Jonas vermutet die Entstehung der Sprache in der Mutter-Kind-Beziehung. Menschenjunge durchleben eine im Vergleich mit anderen Säugern weitaus längere Phase der Abhängigkeit von der Mutter. Dies war wohl eine wesentliche Voraussetzung für die Entstehung der menschlichen Sprache, denn infolge seiner Hilflosigkeit war das Menschenkind über einen längeren Zeitraum auf die ständige Fürsorge der Mutter angewiesen. Das Baby verlangt bis heute mittels akustischer und anderer Signale (Weinen, Lächeln) die Zuwendung der Mutter. Später entdeckt das Kleinkind die Möglichkeit, seine Stimme zur eigenen Unterhaltung und zur Äußerung seines Wohlbefindens einzusetzen. Es reagiert äußerst positiv auf ein gleiches Verhalten der Mutter, und so unterhalten sie sich monatelang miteinander, wobei sie lautmalerisch ihre Gefühle ausdrücken.

Irgendwann, so Jonas und Jonas, könnte einmal der „Funke eines Sinngehaltes" in diesen Lautaustausch gesprungen sein und die Wortsprache ihren Anfang genommen haben. Eine eindeutige Antwort auf die Frage, auf welcher Entwicklungsstufe unsere Vorfahren Sprachfähigkeit erlangt haben, kann offensichtlich noch nicht gegeben werden. Beim Neandertaler und *Homo erectus* weist die Mundhöhle noch nicht alle Umgestaltungen zum Sprechapparat auf, die *Homo sapiens* auszeichnen. Dies betrifft vor allem den Raum zwischen Kehlkopfdeckel und Gaumensegel, das sog. "Ansatzrohr" des Rachens, der sich noch nicht ausgebildet hat. Während nämlich der Kehlkopf die Stimme erzeugt, wird sie im Ansatzrohr zu Sprachlauten artikuliert. Diese Struktur in der Rachenhöhle fehlt den Säugern und auch den nichtmenschlichen Primaten, da bei ihnen der Kehlkopf mit dem freien Rand des Kehlkopfdeckels unmittelbar an die inneren Nasenöffnungen anschließt, wodurch die Atmungs- und Nahrungswege getrennt sind. So ist es auch beim menschlichen Säugling, der gleichzeitig atmen und trinken kann, ohne sich zu verschlucken. Im Verlauf des ersten Lebensjahres kommt es beim Menschen zu einem Abstieg des Kehlkopfes und nach etwa acht bis neun Jahren zur Trennung von Kehlkopfdeckel und Gaumenrand, wobei der genannte Raum entsteht. Wegen dieser dem Neandertaler und erst recht den noch älteren Menschenarten weitgehend fehlenden Besonderheit konnte ein Sprechvermögen wie das unsere nicht ausgeprägt werden.

Die vergleichende Sprachforschung hat gemeinsame Wortwurzeln und grammatikalische Übereinstimmungen gefunden, die sich als Spuren alter Sprachen deuten lassen. Über das Proto-Indo-Europäische, das vor etwa 7000 Jahren gesprochen wurde, reichen diese Forschungen jedoch nicht hinaus und sind damit noch weit von der Ursprache entfernt. Fest steht allein, dass die Sprache innerhalb Familie und Horde in jeder Hinsicht eine wirkungsvolle Verständigung ermöglichte und die kulturelle Entwicklung des Menschen zunehmend beschleunigte.

Die Werkzeugkultur unserer Vorfahren wurde über mehrere hunderttausend Jahre hinweg von wenigen, recht einfachen und gleich bleibenden Werkzeugen, wie dem Faustkeil, beherrscht. Funde bezeugen, dass sich diese Werkzeugkultur erst vor 50000 bis 40000 Jahren beschleunigt entfaltete. Es liegt nahe, dass dies mit der Entwicklung der Sprache zusammenhängt, die es erlaubte, Wissen auf effektivere Weise als nur durch Nachahmung weiterzureichen. Parallel zur Sprachentwicklung verlief die Entstehung von Hochkulturen. Das komplizierte und stärker zentralisierte Leben in den anwachsenden Gemeinschaften erforderte eine größere Anzahl allgemeiner abstrakter Begriffe. Das zunehmende Erkennen von Naturgesetzlichkeiten bedurfte einer differenzierteren Grammatik, um kausale und logische Bezüge zwischen den einzelnen Begriffen herzustellen. Auf diese Weise wird das Niveau der kulturellen Entwicklung an differenzierten Sprachbegriffen ablesbar, und es kann auf die Denkweise des Individuums geschlossen werden.

Eingeborene der Sunda-Inseln verfügen über ungefähr 330 Wortstämme. Der Wortschatz primitiver Unterhaltungen in europäischen Sprachen geht kaum über 350 Wörter hinaus. Goethes aktiver Wortschatz belief sich auf rund 30000 Wörter. Bei unseren Vorfahren hat die erlernte Wortsprache in den einzelnen Gemeinschaften nach und nach eine Abwandlung erfahren. Sie entwickelte sich – entgegen ihrer ursprünglichen, der Verständigung dienenden Funktion – zu einem wirksamen Isolationsmechanismus zwischen den Gruppen. Dieses effektive Verständigungsmittel, die Wortsprache, erweist sich innerhalb der Spezies *Homo sapiens* somit auch als Hindernis, z.B. im Bemühen der heutigen Menschheit um weltweiten Interessenausgleich und Krisenbewältigung.

4.4. Extrazerebrale Speicherung und Verarbeitung von Informationen

Parallel zur Sprachentwicklung entstand das Problem, dass das gesamte Kulturgut von jeder Generation neu zu erlernen war in Abhängigkeit vom Fassungsvermögen der Gehirne einer Gruppe. Diesem kollektiven Gedächtnis waren von einem bestimmten Zeitpunkt an Grenzen gesetzt. Die Erfindung der Schrift bot die Möglichkeit, Informationen auch außerhalb menschlicher Gehirne zu speichern, und erlaubte es, Erfahrungen und Gedanken zu nutzen, die unter Umständen Jahrhunderte vorher niedergeschrieben wurden. Die ältesten Methoden der Übermittlung von Nachrichten waren Knotenschnüre und Hölzer mit Einkerbungen (Kerbhölzer), die den Boten als Gedächtnishilfen mitgegeben wurden. Schrift knüpft teilweise an Bilder an, wie sie schon seit nahezu 40000 Jahren, zunächst an Höhlenwände, gemalt wurden. Die Tierbilder, die über Generationen hinweg sichtbar blieben, zeigen ungeachtet ihrer möglichen mythologischen Bezüge, Eigenschaften und Verhaltensweisen der dargestellten Tiere. Auch spätere Betrachter konnten die in ihnen enthaltene Nachricht wieder aufnehmen. Vielleicht entstand so der Gedanke, Bilder zu konkreten Nachrichtenübermittlungen zu verwenden. Das Bild hat zudem den Vorteil, dass eine Information auch ohne Kenntnis einer bestimmten Sprache verständlich wird. Diese Einsicht findet noch heute ihren Niederschlag in sog. Piktogrammen. Zu nennen sind die Straßenverkehrszeichen, die Piktogramme der olympischen Spiele, heute generell im

Sport gebräuchlich, viele internationale Symbole usw. Diese Zeichen haben den Vorzug, in ihrer Bedeutung für Menschen ganz unterschiedlicher Sprache sofort verständlich zu sein. Das Bild als Informationsträger hat jedoch auch Nachteile. Nicht jeder kann es in ordentlicher Qualität herstellen, man braucht Zeit und einige Geschicklichkeit dazu. Außerdem lassen sich nur konkrete Sachverhalte weitergeben. Vor mehr als 5000 Jahren entstanden die ersten Bilderschriften. Für jedes Wort bzw. jeden Begriff wird ein bestimmtes, durch Übereinkunft festgelegtes Bild gesetzt. So entsteht eine Wortschrift, wie es die chinesische Schrift noch heute ist. Die älteste Bilder-Wortschrift ist die sumerische Schrift. Sie enthielt offenbar von Anbeginn auch Bezeichnungen für abstrakte Begriffe. Solche Symbole nennt man Ideogramme. Die sumerische Schrift ist also aus Piktogrammen und Ideogrammen aufgebaut. Eine reine Bilderschrift war zu Anfang auch die ägyptische Hieroglyphenschrift. Je reicher die Sprache wurde als Folge kultureller Evolution, desto mehr Bildzeichen bzw. Ideogramme waren zu entwickeln. Die sumerische Schrift umfasst etwa 1500 Zeichen, die Mehrzahl der Chinesen kennen rund 5000 Schriftzeichen. Dies erforderte mit der Zeit einen eigenen Berufsstand des Schreibers, der sich in langer Arbeit die Kenntnis des Lesens und Schreibens erwarb. So wurde diese Fähigkeit zum Privileg einer kleinen Minderheit. Die Art des Schreibens zwang im Laufe der Zeit zur Vereinfachung der Zeichen, da das Einritzen in Tontafeln oder Aufmalen auf Papyrus bei längeren Texten sonst zu viel Zeit erfordert hätte. So wurden die Bildzeichen zu Schriftzeichen und in Richtung zügigeren Niederschreibens mehr und mehr umgeformt, so dass ihre Herkunft immer weniger erkennbar wurde. Als weitere Rationalisierung des Schreibens erscheint der Übergang von Wort- zu Silben- und schließlich zu Lautzeichen. Auf diese Weise lässt sich durch Kombination von immer weniger Zeichen eine beliebige Zahl von Wörtern bilden. Diesen Vorgang kann man bei mehreren Hieroglyphenschriften verfolgen. Schon die sumerische Schrift hat Übergänge zur Silbenschrift, und die aus ihr entwickelte Keilschrift Vorderasiens besaß bereits einen Silbenschrift-Charakter. Durch Kombination von Silben ließen sich vollständige Sachverhalte ausdrücken, und der Bedarf an Schriftzeichen sank dadurch drastisch.

Die im neuen Reich Ägyptens begonnene Überführung der Schriftsymbole in Buchstaben-Zeichen wurde von den Phöniziern konsequent weitergeführt. Ihre Schrift hatte aber zunächst noch keine Vokalzeichen; sie wurden erst von den Griechen in die Schrift aufgenommen, dann aber auch von den Phöniziern übernommen. So entstand das heutige aus Konsonanten und Vokalen bestehende Alphabet. Die Römer gaben den auf etwa 25 Buchstaben geschrumpften Schriftzeichen die vereinfachte und klare graphische Form. Diese Schriftform blieb seitdem die rationellste Art schriftlicher Kommunikation.

Das Lernen einer solchen Schrift ist jetzt für jeden möglich, und der schriftliche Gedankenaustausch wird Allgemeingut. Es liegt auf der Hand, dass durch die schriftliche Fixierung der Sprache die Traditionsbildung sehr erleichtert wurde. In Stein gemeißelte, in Lehm eingedrückte, auf Papyri oder Holz gemalte Schriftzeichen konnten im Gegensatz zum recht flüchtigen Wort viele Generationen überdauern. Zudem konnten sie immer wieder kopiert werden, wie das in Ägypten schon im "Alten

Reich" (etwa 2700 - 2200 v. Chr.) üblich war. Ein weiterer entscheidender Fortschritt entstand schließlich durch die Erfindung des Druckens. In China wurde schon im 2. Jahrhundert n. Chr. auf einzelne Blätter, seit dem 10. Jahrhundert auch in Buchform gedruckt.

Die Erfindung der europäischen Buchdruckerkunst im 15. Jahrhundert führte zu einer beschleunigten Wissensvermittlung. Zahlreiche wichtige theoretische Schriften konnten rasch verbreitet werden. Zudem konnten Bücher über Jahrzehnte und Jahrhunderte hinweg aufbewahrt und gelesen werden. Entscheidende Abschnitte konnten immer wieder nachgelesen, Bücher konnten auch zum Unterricht der Jugend verwendet werden und dergleichen mehr. Es ist sicherlich kein Zufall, dass die durchschlagenden Erfolge der Reformation und die Erfindung der europäischen Buchdruckerkunst zeitlich zusammenfallen. In jüngster Vergangenheit wurde schließlich diese Wissensüberlieferung noch weiter gesteigert durch die Möglichkeit, farbig zu reproduzieren, Wissensstoff, Musikwerke auf Schallplatten, Tonbändern, Festplatten, CDs zu konservieren und zu verbreiten. Biologisch gesehen bedeutet diese Speicherung des Wissens in Büchern und anderen Medien etwas prinzipiell Neuartiges: mit seiner Literatur, mit seinen Büchereien, mit seinen Computerspeichern usw. schuf sich der Mensch gewissermaßen ein soziales Übergehirn, an das sich jeder Mensch beliebig anschalten kann, um so Erfahrungen zu verwenden, die unser Gehirn nicht mehr in der Lage wäre, selbst zu speichern. Literatur und Datenbanken bereichern also die Welt unserer Gedanken in unvorstellbarem Ausmaß mit sog. "extrazerebralen Assoziationsketten". Mit den elektronischen Rechenmaschinen schuf die Wissenschaft dann sogar Apparate, die in manchen Belangen mehr leisten können als die Menschen selbst. Die Weltraumflüge, gesteuert durch Elektronengehirne, sind in dem Sinne "übermenschliche" Leistungen.

4.5. Vervollkommnung und Höherentwicklung in der kulturellen Evolution

Es war oft der Fortschritt der Technik, der in der Menschheitsgeschichte auf die kulturelle Evolution Einfluss nahm. Ohne primitive Waffen hätte sich der Mensch schon in der Altsteinzeit nicht halten können.

Die Erfindung der Feuererzeugung, des Rades, des Pfluges und der Metallbearbeitung führten zu jeweils völlig neuartigen höheren Kulturstufen. Ohne Mikroskop, chemische und physikalische Apparaturen wäre unsere Lebenserwartung wohl immer noch auf 30 bis 35 Jahre beschränkt, weil wir nur wenig von der Funktion unserer Organe, fast nichts von Krankheitserregern und von deren Bekämpfungsmöglichkeiten wüssten. Häufig waren es technische Erfindungen, die den Gang der politischen Geschichte beeinflussten. Bessere Bewaffnung und Kriegstechnik ermöglichten den Römern den Sieg über die "Barbaren", die Gewehre und Kanonen der Europäer trugen zur Niederwerfung von Indianern und Afrikanern bei; Atombomben und ferngelenkte Raketen spielen heute eine wesentliche Rolle bei politischen Entscheidungen.

Wie man solche Vorgänge auch bewerten mag, lassen sie doch Gesetzmäßigkeiten erkennen, die in erstaunlicher Weise denen der biologischen Evolution gleichen. So treten, genau wie Erbsprünge im biologischen Bereich, neue Ideen, Erfindungen und geistige Erfahrungen zunächst als Gedankenkomplexe eines Individuums auf, und sie müssen sich dann, in der gleichen Weise wie Mutationen, bewähren und durchsetzen, um die Gesamtheit tradierter Erfahrungen fallweise zu erweitern. Dies ist in allen menschlichen Einrichtungen zu beobachten, an Bauwerken, staatlichen Strukturen, in der Kunst, an wissenschaftlichen, philosophischen, religiösen Vorstellungen, an Maschinen und weiteren technischen Errungenschaften. So wurden Pfeil und Bogen verdrängt durch Armbrüste, diese durch Vorderladergewehre, diese wiederum durch Hinterlader, jene durch Zündnadelgewehre und schließlich durch Maschinengewehre. Der Gänsekiel zum Schreiben wich dem Halter mit Stahlfedern, dieser dem Füllhalter, der Schreibmaschine, dem PC. Das Hochrad wurde verdrängt durch das Fahrrad mit Kettenantrieb, später dann mit Freilauf, Rücktrittbremse und Gangschaltung. Aber auch bezüglich der Höherentwicklung haben wir Parallelen zu rein stammesgeschichtlichen Gesetzmäßigkeiten: Höherentwicklung bedeutet die Zunahme der Vielfalt in der Einheit, also die Schaffung einer harmonischeren Integration innerhalb eines Organismus, was in der Regel größere Leistungsfähigkeit und größere Umweltunabhängigkeit mit sich brachte. So können wir uns vorstellen, dass unter den zahlreichen Ideen der einzelnen Menschen hin und wieder solche sind, die einen Fortschritt bedingen, insofern, als sie sowohl strukturell komplizierter als auch funktionell rationeller in Erscheinung treten.
Als das Rad zunächst als volle hölzerne Scheibe erfunden war, entstanden schon im vierten Jahrtausend v. Chr. primitive zweirädrige Karren. Diese wurden sukzessive vervollkommnet in dem Maße, wie neue Ideen für ein rationelleres Funktionieren auftraten. Es wurden Nabe und Speichen erfunden, eiserner Beschlag und Schmierfett. Durch gedankliche und tatsächliche Kopplung von zwei zweirädrigen Karren entstand der vierrädrige Wagen, hinzu kamen Trittbretter, bessere Sitzgelegenheiten, Verdeck, Türen, Fenster, Federung, Lampen, Motor, Gummireifen, Autoradio, Klimaanlage, Navigator usw. Auch andere wissenschaftliche Apparaturen, Fluggeräte, Computer erfuhren sukzessive komplizierte und rationelle Weiterentwicklung. Der gleiche Trend zeigt sich auch in der Weiterentwicklung des Wortschatzes, in der staatlichen Verwaltung, in Gebietsreformen, in den Erkenntnissen und Erfahrungen der Naturwissenschaften, in den Forschungsergebnissen und Heilmethoden der Medizin usw. Es ist festzustellen, dass sich die Kultur in Teilbereichen aufgrund ständiger Selektion stets weiter entwickelt.
Immer wieder wird die Frage diskutiert, ob evolutionäre Veränderungen lediglich nur quantitative Unterschiede zu Vorausgegangenem darstellen, oder ob es echte (bisher nicht erklärbare) Entwicklungssprünge gibt, die zu qualitativ neuen Phänomenen führen. Einen derartigen qualitativen Sprung sieht z.B. Chomsky (1970) im Auftreten der Sprache. Beide Standpunkte kommen, im Extrem vertreten, dem tatsächlichen Geschehen kaum nahe. Für Physiker, Chemiker, Biologen, Kybernetiker, Systemtheoretiker ist nämlich das Auftreten völlig neuer Systemeigenschaften durch die Vereinigung

von Untersystemen etwas ganz Natürliches. Elektron und Proton sind geladene Elementarteilchen: Zusammen bilden sie ein *neutrales Atom* (Wasserstoff). Die Gase Sauerstoff und Wasserstoff verbinden sich zu der *Flüssigkeit* Wasser. Kohlenstoff C und Stickstoff N sind harmlose Stoffe, Cyan C2N2 ist *hochgiftig*. Ein Stromkreis mit einer Spule und einem Kondensator ergeben zusammengeschaltet einen *Schwingkreis* (Lorenz, 1973). Auch die Regeln eines Fußballspiels lassen sich nicht für einen einzelnen Menschen, sondern nur auf mehrere Spieler anwenden. Die Eigenschaften eines Systems können sich also wesentlich (qualitativ) von denen seiner Teile unterscheiden. Diese Tatsache ist für einige der wichtigsten gegenwärtig diskutierten Probleme relevant: für die Frage der Entstehung des Lebens, für das Reduktionsproblem (Rückführbarkeit der Biologie auf Physik und Chemie), für die Evolution von Bewusstsein und Sprache oder auch für psychosoziale Probleme. Leben, Bewusstsein, Erkenntnisfähigkeit sind nämlich Systemeigenschaften und nur als solche verständlich.
Es ist auch für die Entwicklung zum Menschen nicht nötig, echte Entwicklungssprünge oder gar außer-natürliche Einflüsse zu postulieren. So ist die Qualität des spezifisch Menschlichen nach K. Lorenz (1973) durch eine Synthese zwischen Raumvorstellung, Greifhand, Aufrichtung, Neugierverhalten und Sprachentwicklung entstanden. Leben selbst ist eine spezifische Systemgesetzlichkeit, die in keiner seiner physikalisch-chemischen Eigenschaften allein enthalten ist. Lorenz (1973) verwendet für das Auftreten neuer Systemeigenschaften den scholastischen Begriff Fulguration. Er soll daran erinnern, dass wie bei einem Blitz (*fulgur*) oder – besser noch – wie bei einem Kurzschluss schlagartig etwas Neues auftritt, eine völlig neue Verbindung geschaffen wird, die vorher nicht, auch nicht in Andeutungen, vorhanden war.

4.6. Entwicklungstrends zum Negativen

Im Bereich der Technik ist die Entwicklung speziell der Waffen nunmehr an einem bemerkenswerten Punkt angelangt, nämlich der Vernichtungsmöglichkeit der gesamten Menschheit. Dieser Tatbestand lässt die Technik urplötzlich als eine sehr zwielichtige Kulturblüte erscheinen, was umso fataler darin zum Ausdruck kommt, als diese Entwicklung so sehr beschleunigt erscheint, dass die Menschen, wie man meinen möchte, fast hoffnungslos mit der Entwicklung der dafür so dringend notwendigen Normen und ethischen Vorstellungen und auch mit ihren sozialen und politischen Strukturen hinterherhinken. Hier zeigen sich aktuelle Probleme von fast unvorstellbarer Tragweite. So stellt sich die Frage, ob der alles vernichtende atomare Holocaust abgewendet werden kann. Für Verhaltensphysiologen wie Eibl-Eibesfeldt ist Frieden z. B. möglich, aber es braucht nach ihrer Auffassung mehr als den Hinweis auf die Schrecken des Atomkrieges und die hoffnungsvolle Botschaft der Bergpredigt, um ihn zu erreichen.
Die Entwicklung der Waffen ist natürlich nur ein spezieller Fall einer ganzen Reihe solcher Fälle, die den selbstzerstörerischen Trend offenbaren. So haben zum Beispiel auch die Errungenschaften der Medizin paradoxerweise zu einem explosiven Zu-

wachs der Weltbevölkerung beigetragen. Rein arithmetische Überlegungen zeigen bereits, dass es so nicht weitergehen kann. Allerdings ist dies leichter gesagt als getan. Das Paradoxon wird darin erkennbar, dass überall, wo die Kunst der Ärzte den vorzeitigen Tod besiegt hat, die Populationen wachsen. Um sie niedrig zu halten, muss man jetzt erneut Ärzte bemühen, die nach der Waffe gegen den Tod die Waffe gegen das reichlich entstehende Leben liefern sollen.

Die Errungenschaften von Technik und Wissenschaft werden die intellektuelle Welt unter einer Lawine von wissenschaftlichen Ideen und Schriften begraben, dass auch Genies nicht mehr im Stande sein werden, sich einen Gesamtüberblick zu verschaffen. Dies sind nur einige der düsteren Perspektiven einer Entwicklung, die bis in unsere Tage die Menschheit zu einer so gewaltigen Höhe geführt hat und nun den Kulminationspunkt eines positiven Verlaufs überschreitet.

In allen dargestellten Entwicklungstrends zum Negativen liegt das Ergebnis einer bislang adaptiven Entwicklung vor. Diese scheint nun das Optimum überschritten zu haben und wird ins Gegenteil verkehrt.

Alle biologischen Systeme sind nach dem Optimalitätsprinzip konstruiert, und in allen gibt es einen Umschlagpunkt, von dem an sozusagen aus dem Guten ein Zuviel des Guten wird. Ferner entwickelt jedes organische System eine Eigendynamik. Es wächst, vermehrt sich, gewinnt Macht. Dies kennzeichnet insbesondere die vom Menschen geschaffenen Organisationen, was unter anderem Ausdruck dafür ist, dass auf der Ebene der kulturellen Evolution die Geschwindigkeit stammesgeschichtlicher Prozesse gegenüber denen im biologischen Bereich gewaltig zugenommen hat. Seit dem Cro-Magnon vor 40000 Jahren hat sich die Biologie des Menschen so gut wie nicht verändert, aus dem Sammler und Jäger von damals ist mittlerweile aber ein Weltraumfahrer geworden. Dem Menschen fällt zudem die einmalige Aufgabe zu, den roten Faden des Lebens selbst in der Hand zu halten. Plötzlich muss er selbst die Verantwortung dafür tragen, wie es mit ihm und allen anderen Geschöpfen auf diesem Planeten weitergehen soll. Welche Ziele sind zu setzen? Soll ein neuer Mensch geschaffen werden? Nach welchem Katalog wünschenswerter Eigenschaften soll dies vorgenommen werden? Oder wird man den Menschen so belassen müssen, wie er nun mal ist, dafür aber aus dem umfangreichen Verhaltensprogramm solche Merkmale stärker fördern, die bisher mehr oder weniger unterdrückt waren, die aber geeignet erscheinen, ein menschenwürdiges Leben zu garantieren? Oder können wir es so einrichten, dass wieder Bedingungen hergestellt werden, die dem Menschen angemessener sind, und zwar im Verbund mit der Natur und nicht gegen sie? Hier einige dem Werk *„Die Biologie des menschlichen Verhaltens“* (Eibl-Eibesfeldt, 1997) entnommene Beispiele zur Veranschaulichung des Wirkens von Eigendynamik und Optimierung im menschlichen Bereich. Ruft man eine Organisation zur Trockenlegung von Mooren und Feuchtwiesen ins Leben, dann ist das für ein Gebiet mit vielen Feuchtwiesen sicher zunächst ein Segen. Aber einmal aktiv, baut eine solche Organisation einen Maschinenpark und einen Mitarbeiterstab auf, der beschäftigt sein will. Sie wächst und wird, solange sie für ihre Tätigkeit bezahlt wird, nicht aufhören, tätig zu sein, bis auch die letzte Feuchtwiese, nunmehr zum Schaden der Gemeinschaft, trockengelegt ist.

Eine vergleichbare Eigendynamik zeigt sich im subventionierten Kohleabbau. Entsprechend verhält es sich mit dem staatlichen Ausbau des Straßennetzes; er ist ein höchst verdienstvolles Werk. Doch scheint auch hier das Optimum bereits überschritten, und es wird nicht leicht sein, die biotopzerstückelnde Zubetonierung der Landschaft zu bremsen. Die Organisation will nämlich leben und wachsen. Jedermann kann diese Liste plötzlicher Wertumkehrung mühelos weiterführen. Betraue ich etwa eine Organisation mit der Aufgabe, elektrischen Strom zu erzeugen, dann wird sie, dieser Aufgabe ernsthaft nachkommend, nicht aufhören, bevor nicht der letzte Bach aufgestaut ist. Wälder von Wind-Turbinen zieren mittlerweile weite Bereiche unserer Landschaft. Dies geschieht nicht aus irgendwelchen bösen, Natur zerstörenden Intentionen, es ist vielmehr Frucht einer Eigendynamik mit der Tendenz, sich beschränkender Kontrolle zu widersetzen. Man kann die Energiepolitik nicht von denen bestimmen lassen, die die Energie herstellen, so wie man ja auch die Militärpolitik nicht den Militärs überlassen darf. So darf man auch die Pharmaindustrie nicht bestimmen lassen, wie viele Pillen wir brauchen, wie es auch nicht der Entscheidung der Walfangindustrie obliegen darf, in welchem Umfange welche Meeressäuger weiterhin abgeschlachtet werden usw.
In den tropischen Wäldern bestimmen im Wesentlichen Unternehmer, wo Ur-Wälder in welchem Umfange gerodet werden, einmal, um aus z.T. außerordentlichen wertvollen und deswegen auch teureren Hölzern Kapital zu schlagen, zum anderen, die frei werdenden Flächen für landwirtschaftliche Zwecke zu nutzen. Dies bedeutet Einschränkung des Lebensraums für viele einheimische Arten, was zu deren Aussterben geführt hat bzw. demnächst führt. Hier ein Beispiel von vielen:

„Menschenaffen“, aus Wikipedia, der freien Enzyklopädie vom 7.8.2009.
„Alle Menschenaffen sind in ihrem Bestand gefährdet. Die Gründe liegen in erster Linie in der Zerstörung ihres Lebensraumes durch Rodung der Wälder und Umwandlung von Savannen in Weide- und Ackerland. Hinzu kommt die Bejagung, die mehrere Gründe hat. Zu einen wird mancherorts ihr Fleisch (Bushmeat) gegessen und zum anderen, weil sie manchmal in Plantagen eindringen; hinzu kommt die immer noch durchgeführte Suche nach Haustieren, bei der Jungtiere eingefangen werden, was meist mit der Tötung der Mutter einhergeht. Da alle Arten im Washingtoner Artenschutz-Übereinkommen (CITES) gelistet sind, sind diese Praktiken wie auch der Handel mit Produkten dieser Tiere illegal.“

Es ist zu befürchten, dass solche Maßnahmen zu spät kommen. Denn auf lange Sicht ist der eingeschränkte Lebensraum die bleibende Ursache für die Verringerung der Populationen bis schließlich zum völligen Verschwinden. Die Erhaltung oder gar Erweiterung des Lebensraumes wird so schnell nicht realisiert werden. Dieses Kapitel wird vorerst eines der düstersten bleiben. Entwicklungstrends zum Negativen haben also vielfach stammesgeschichtliche Wurzeln, zu denen noch eine weitere sehr wichtige hinzuzufügen ist, nämlich die, dass die zum Teil sehr destruktiven Folgen unseres Handelns nicht in hinreichender Weise bedacht werden.

Dies zeigt sich etwa hinsichtlich der Belastungen der Biosphäre: Wasser- und Luftverschmutzung, Aufheizung der Atmosphäre, Waldsterben, Vergiftung des Bodens, Strahlenbelastungen durch Atombomben und -versuche usw.
In der Vergangenheit konnte die Mutter Natur ohne weiteres mit den Spuren, die unsere herumziehenden Vorfahren allenthalben hinterlassen haben, fertig werden. Heute gelingt ihr dies nicht mehr wegen der übergroßen Zahl an Menschen und der gesteigerten Effizienz unserer Handlungen. Gleichwohl wird weiterhin ein ziemlich unbekümmertes Verhalten an den Tag gelegt. So wie ein Müller in früherer Zeit alles nicht Verwertbare demselben Gewässer, das die Mühle antrieb, bedenkenlos überließ, verfahren heute Großindustrien an fast allen Flüssen der Erde. In den Ballungsräumen türmt sich der Müll zu riesigen Bergen, zu gigantischen Geschwüren in der Landschaft, wie auch der Weltraummüll mittlerweile geradezu gigantische Ausmaße angenommen hat. Hierzu ist anzumerken: unsere in Gruppen herumziehenden Vorfahren haben sich seit eh und je herzlich wenig um die Umwelt gekümmert. Sie brauchten es auch nicht, im Gegensatz etwa zu Murmeltieren, die in ihrem beengten Lebensraum sehr auf Umweltschutz achten müssen, im Winter beispielsweise in ihren Bauten Kammern zur Unterbringung ihrer Exkremente anlegen und dergleichen mehr. Hätte die Natur in langen Ausleseprozessen ihnen diese Fähigkeiten nicht gegeben, sie existierten heute nicht mehr. Der Mensch tut sich in der Vermeidung möglicher negativer Auswirkungen seiner Tätigkeiten *sub spczie evolutionis* sehr schwer. Er ist offenbar erst durch schlimme Erfahrungen zu den notwendigen Maßnahmen zu bewegen. Oft ist es dann zu spät. So täte es gut, wenn die Einsicht in solche stammesgeschichtlichen Hintergründe unsere Vernunft stärker mobilisieren würde, denn mit Blick auf die dadurch ermöglichte Vermeidung von Folgelasten wäre dies nicht nur weniger destruktiv sondern auch sehr viel ökonomischer. Es erscheint nicht übertrieben, von einer Krise der Menschheit zu sprechen. Im Evolutionsgeschehen ist dies nichts Besonderes. Unzählige Arten sind schon ausgestorben. Warum sollte ausgerechnet der *Homo sapiens* von einem solchen Schicksal verschont bleiben? Sterben, Aussterben ist etwas Natürliches. Warum können wir nach solcher Feststellung dennoch nicht zur Tagesordnung übergehen? Deshalb nicht, weil wir uns eingestehen müssten, dass das baldige Verschwinden unserer Art von diesem Globus eine vorzeitige, weitgehend selbstverschuldete Auslöschung bedeuten würde. Dies gehört eben auch zum Bild des Menschen, dass er als einziges Geschöpf unter der Sonne für sein Tun persönlich verantwortlich gemacht werden kann.
Nach dem Gesagten bleibt nur die Hoffnung, dass der Blick in die Vergangenheit unsere Sinne für die Probleme der Gegenwart schärfen und darüber hinaus Visionen für eine gedeihliche Zukunft erschließen möge. Die kulturelle Evolution, stammesgeschichtliches Produkt eines so ungemein effizienten Verfahrens der Gewinnung von Information und ihrer Weitergabe auf dem Verhaltenswege, hat offensichtlich auch ihre Schattenseite. Bleibt zu hoffen, dass sich zu den grandiosen Möglichkeiten des Kulturwesens Mensch noch die verhaltensbiologischen Rahmenbedingungen hinzugesellen, die den *Homo sapiens* vielleicht doch noch vor der selbstverschuldeten Ausrottung zu bewahren vermögen.

Die Probleme unserer Zeit weisen aber auch, wie einzugestehen ist, tragische Züge in bemerkenswerter Häufung auf. Viele menschliche Triebfedern, die ursprünglich naturhaft und sinnvoll waren und sich auch in der bisherigen Geschichte der Menschheit überwiegend segensreich ausgewirkt haben, entfalten in der heutigen Zivilisation unheilvolle Konsequenzen: das Verlangen nach Wachstum, die Funktionslust, also die Freude am Tun und Teilhaben am aktiven Geschehen, das Streben nach Arbeitsteilung und übersichtlicher Ordnung, die Begeisterung für das Erreichen begehrter Ziele im Wettstreit. Diese vitalen, zum vollen Menschsein gehörenden Verhaltensrichtungen führen heute dazu, dass Wachstum und Vermehrung der Wirtschaft und der Bevölkerung die Kapazität der Umwelt überfordern. Die Funktionslust verführt zum Selbstgenuss. Die Arbeitsteilung tendiert zu abnehmender Vielfalt der Arbeit des Einzelnen, zu deren Sinnentleerung und zu geistiger Enge des Spezialistentums. Das Streben nach Ordnung endet in erstickender Überorganisation. So verkehrt sich Gutes zum Verhängnis.

Wortsprache und Schrift, diese beiden allein dem Menschen zukommenden Möglichkeiten der Weitergabe und Speicherung von Information, haben, wie schon gesagt, das Tempo seiner kulturellen Evolution in ständig zunehmender Weise gesteigert, während die weitere biologische Evolution langsamer verlief. Dies ist der Grund dafür, dass alle in der heutige Zeit lebenden Menschen in ihren biologischen Eigenschaften weitgehend übereinstimmen, sieht man von Klima bedingten Anpassungen wie unterschiedlichen Pigmentierungsgraden der Haut ab, die im wahrsten Sinne des Wortes nur sehr oberflächliche Merkmalsunterschiede darstellen. Im Hinblick auf die Produkte ihrer kulturellen Evolution dagegen bestehen bedeutende Unterschiede. Neben hoch entwickelten Kulturen sind auch ursprünglichere Verhältnisse bei geographisch isolierten „Naturvölkern“ erhalten geblieben, wie z.B. bei der Urbevölkerung in entlegenen Bergtälern Neuguineas, die in manchem noch eine Steinzeitkultur besitzen. Die kulturelle Differenzierung stellt ein Analogon zur biologischen Differenzierung dar, die über die Aufspaltung in verschiedene biologische Arten, über Artbildung (Speziation) verläuft. Sie tritt gewissermaßen als kulturelle „Pseudospeziation“ (Scheinartbildung) an die Stelle biologischer Artbildung.

4.7. Altruismus – Diskriminierung und Pseudospeziation

Die Sprache ist ein hoch differenziertes Mittel, den Artgenossen Gedanken und Erfahrungen mitzuteilen; sie setzt die Bereitschaft voraus, miteinander zu teilen, sich „mitzuteilen“, also Altruismus.

Für die Entwicklung wichtiger Sozialstrukturen des Menschen hat das Teilen von Nahrung sehr wahrscheinlich eine entscheidende Rolle gespielt. Neuere Funde von Werkzeugen und Beuteknochenansammlungen am Turkana-See in Ostafrika, die zum Teil über 2 Millionen Jahre alt sind, weisen darauf hin, dass unsere Vorfahren damals schon mit ihrer Beute zu einem Heimplatz zurückgekehrt sind und sie dort mit den Gruppenmitgliedern geteilt haben, also eine Verhaltensweise übten, die es ansonsten

bei den Primaten nicht gibt. Eine solche Nahrungsteilung hat zwanglos eine entsprechende Teilung der Arbeit zur Folge. Frauen, die durch Schwangerschaft und Kinderpflege mehr an den Heimplatz gebunden waren, und die älteren Mitglieder der Gruppe konnten Kleintiere und Pflanzen sammeln, während die jüngeren Männer Beutezüge unternahmen. Die unterschiedliche Rolle der Geschlechter mag hierin eine ihrer Wurzeln haben. Arbeitsteilung ist auch in der Gegenwart noch sinnvoll und unerlässlich für ein gutes Zusammenleben in der Gesellschaft, vorausgesetzt, die Bereitschaft hierzu ist das Ergebnis einer freien Willensentscheidung. All zu oft aber ist dieses vernünftige Prinzip der Teilung innerhalb weite Bereiche der Gesellschaft zum Rollenzwang mutiert, der insbesondere im weiblichen Geschlecht mitunter extrem menschenunwürdige Formen angenommen hat.
Der Mensch lebte von seinem Entstehen an in Sozialverbänden, innerhalb derer sich ein Gruppen-Altruismus entwickelt hat, also Selbstlosigkeit im Dienste der Gruppeninteressen. Normiertes Verhalten und damit die Berechenbarkeit, letztlich die Verlässlichkeit des Gruppenmitgliedes hat die Gruppe maßgeblich gefestigt. Wertvolle Erfahrungen blieben aus verständlichen Gründen stets auf die Mitglieder der Gruppe beschränkt. Diesem Altruismus der eigenen Gruppe gegenüber entsprach die Ablehnung anderer Gruppen. Unter solchen Gegebenheiten sind Isolationsmechanismen entwickelt und wirksam geworden, die zur Bildung der verschiedenen Kulturen geführt haben. Hier liegt die Ursache dafür, dass sich neben dem Altruismus gegenüber der eigenen Gruppe ein gruppenegoistisches Verhalten anderen Gruppen gegenüber herausschälte. Auch die Ursache der sog. Ausstoßreaktion ist hier zu suchen. Individuen, die sich den allgemeinen Spielregeln nicht unterwarfen oder sich ihnen gar widersetzten, wurden von der Gruppe als untragbar verbannt. Eine milde Form der Ausstoßreaktion liegt im Verspotten vor. Im Spotten belegt man ein Gruppenmitglied mit Namen, die ihn zum lächerlichen Außenseiter stempeln. Diese Verhaltenstendenz, die in früheren Zeiten das Überleben der Gruppe sicherte, ist heute wohl noch in jedem Menschen als ein archaisches Verhaltensmuster verankert. Seiner im heutigen Sinne oftmals inhumanen Manifestation kann nur durch entsprechende Erziehung abgeholfen werden. Mit anderen Worten: Toleranz ist eng verknüpft mit der Kulturfähigkeit des Menschen. In diesen verhaltensbiologischen Rahmen passt auch das sog. „Mobbing" (aus dem Englischen "*to mob*" = anpöbeln, schikanieren). Mobbing bedeutet, dass eine Person oder Gruppe am Arbeitsplatz von gleichgestellten, vorgesetzten oder untergeordneten Mitarbeitern schikaniert, belästigt, beleidigt, ausgegrenzt oder mit kränkenden Arbeitsaufgaben bedacht wird. Die „gemobbten" Personen fühlen sich mit der Zeit unterlegen, nicht selten erkranken sie. Mobbing existiert jedoch nicht nur in der Arbeitswelt, sondern geschieht auch im Bildungsbereich, in Freizeit-Institutionen, in der Nachbarschaft oder innerhalb von Familien und Sippen.
Im unmittelbaren Vergleich biologischer Speziation und kultureller Pseudospeziation zeigen sich verblüffende Parallelen (Analogien). Hier wie dort sind beispielsweise Isolationsmechanismen am Werke. In der biologischen Evolution beschränken sie bei der Differenzierung in verschiedene Arten den Austausch von genetischer Informati-

on auf Artgenossen und geben somit Barrieren zur Aufrechterhaltung der Arttrennung ab. In gleicher Art und Weise tendiert auch die kulturelle Evolution zur Errichtung von Barrieren gegen einen Austausch, in diesem Falle einer durch Erfahrung bedingten Information. In diesem Zusammenhang ist von besonderem Interesse, dass die menschliche Sprache als gelernte Sprache in den Gruppen besonders schnell spezifische evolutionäre Abwandlungen erfuhr und somit (entgegen ihrer ursprünglichen kommunizierenden Funktion) zu einem besonders wirkungsvollen Isolationsmechanismus zwischen den Gruppen wurde. Es kam zu der „babylonischen Sprachverwirrung", zu den über 3000 verschiedenen Sprachen, die heute gesprochen werden, sieht man von den zahllosen Dialekten ab. Hieran wird erkennbar, wie aus einem effektiven Kommunikationsmittel ein ebenso effektives Kommunikationshindernis werden kann. Die Sprache, die man nicht versteht, wird als Fremdsprache empfunden, und derjenige, der sie spricht als „andersartig". In der Tat bedeuten eine ganze Reihe der Stammesnamen von Naturvölkern, wie z.B. Massai und Innuit einfach *Mensch*, ein Prädikat, das zuvorderst nur der eigenen Gruppe zugestanden wurde. Darauf beruht es vielleicht auch, dass der Mensch zu den wenigen hoch entwickelten Säugern gehört, bei denen Kannibalismus in der Vergangenheit (erstmals nachgewiesen beim Pekingmenschen) vorgekommen ist. Geht man davon aus, dass der Mensch schon in seiner Frühphase Reviere verteidigt hat, also gruppenterritorial war, so könnte in der Pseudospeziation eine der Wurzeln für sein kriegerisches Verhalten liegen, vor allem im Hinblick darauf, dass die im Menschen angelegte intraspezifische Tötungshemmung zwischen den Kulturen nicht mehr in ausreichender Weise zum Tragen kommt. *„Der Kampf der Kulturen"* (so ein Buchtitel) kann auf dieser eng gewordenen Erde durchaus ernste Formen annehmen, in manchen Teilbereichen scheint er schon in vollem Gange.

Abschließend ist festzustellen: so wie heute lebten auch früher die Menschen in Gruppen, die durch ein Gefühl der Zusammengehörigkeit gekennzeichnet waren. Sie setzten sich dadurch von anderen ab. Normiertes Verhalten gewährleistete die Berechenbarkeit des Partners in der Gruppe, zugleich stellte es ein Mittel der Absetzung gegenüber anderen Gruppen dar. Eine solche Verhaltensweise war umso dringlicher, je weniger abgeschlossen die Gruppen untereinander waren, denn früher wie heute dürften die Familien verschiedener Gruppen miteinander verschwägert gewesen sein. Von daher galt es, ständig drohender Überfremdung zu begegnen, was umso besser gelang, je stärker die gruppeneigenen Verhaltenseigentümlichkeiten, die von Zugewanderten übernommen werden mussten, ausgebildet waren. So hat die Neigung resp. die Notwendigkeit zur Kontrastbetonung bezüglich der Gruppennormen wie Sprache, Brauchtum, Kleidung, Eingriffe am Körper, Schmuck (bei Beharren auf dem Eigenen) zur raschen kulturellen Differenzierung, zur Pseudospeziation geführt und es dem Menschen insofern auch gestattet, sich rasch an verschiedene Lebensräume anzupassen. Phänomene wie Bemalung der Haut, Tätowierungen, Stammestrachten, Eingriffe am Körper wie Zähneabfeilen und Unterlippenvergrößerung können als optische Pseudospeziesmerkmale gelten. Sie legen beredtes Zeugnis hinsichtlich der angesprochenen Kontrastbetonung ab. Die allbekannte Unauslöschlichkeit von

Tätowierungen wird in diesem Zusammenhang voll verständlich, denn Merkmale dieser Art boten eine besonders nachhaltige Garantie der Einbindung in die eigene Gruppe. Auch heute noch erfüllen Trachten und Uniformen diese Funktion. Ergebnis der Bildung von Kulturarten sind die verschiedenen Religionsgemeinschaften, die verschiedenen Formen des Zusammenlebens in der Welt, die verschiedenen Eheformen, die unterschiedlichen Wirtschaftssysteme, die unterschiedlichen Maßeinheiten und Verkehrsregeln. Die ganze Fülle solcher Differenzierungen ist sicherlich ein Wert. Wer möchte auf die kulturelle Buntheit verzichten? Sie ist aber nur die eine Seite der Medaille ‚Pseudospeziation', denn Abgrenzung beschwört stets auch die Gefahr der Entfremdung und Feindseligkeit herauf, wie man an der augenblicklichen Aufspaltung unserer Gesellschaft in immer Reichere und immer Ärmere erkennen kann. Dass in Deutschland alle, bis auf rund 5 Millionen, die inzwischen von der Aufstiegsleiter gefallen sind, ihre Besitzstände auf den verschiedenen Stufen der Leiter verteidigen, wobei die weiter oben Sitzenden den unten Sitzenden zurufen, sie sollten den Gürtel enger schnallen, ist Ausdruck für Pseudospeziation. Dies trifft auch für die Besitzverteilung unter globalen Gesichtspunkten zu. Auch hier geht die Schere zwischen arm und reich immer weiter auseinander. Es ist höchste Zeit, die Völker dieser Erde wirtschaftspolitisch einander anzunähern, um das Konfliktpotenzial für kriegerische Auseinadersetzungen zu minimieren. Über 50% der Erdbevölkerung leben in Armut, ein besonders düsteres Ergebnis von Pseudospeziation. Generell führt Pseudospeziation zur Ignorierung von Informationen und Abwehr von Emotionen, vor allem, wenn sie negativ und für die eigene Gruppe belastend sind. Dies hat verschärfende Wirkung und kann den sozialen Frieden in höchste Gefahr bringen.

Fazit: Die Tendenz zur Speziation steht der generellen Verbrüderung entgegen. Dieser Zwiespalt menschlichen Wesens ist nur sehr schwer aufhebbar. Allenfalls kann durch Erziehung zur Toleranz und zur Vernunft, z.B. zur Vernünftigkeit des Teilens, dem Prozess der Abgrenzung die Schärfe genommen werden. Auf dieser Basis könnte es vielleicht gelingen, z.B. Rassismus und Fremdenfeindlichkeit abzubauen, des weiteren, den Weg zur Integration von Ausländern zu ebnen, um somit die Voraussetzung für eine wünschenswerte Assimilation zu schaffen, die indessen nur im Verlaufe von Generationen möglich sein dürfte. So ist die Assimilation der Hugenotten in Preußen zu Zeiten Friedrich des Großen nicht von heute auf morgen erfolgt. Toleranz ist also eine Grundvoraussetzung dafür, Konflikte der angesprochenen Art zu lösen. Damit aber nicht genug; aus Toleranz sollte Akzeptanz werden, so wie sich heute mit Blick auf Ökumene Christen verschiedener Glaubensrichtungen nicht mehr nur tolerieren sondern auch akzeptieren. Ob indessen die Einsicht in die Notwendigkeit zu gemeinsamem Planen und Handeln ausreichen wird, die geschilderten pseudospezifischen Verhaltenseigentümlichkeiten zu überwinden und modernen Überlebensstrategien (Nachtigall, 1983) zu weltweiter Geltung zu verhelfen, d.h. ob die Gratwanderung zwischen der Bewahrung eigener (Kultur bedingter) Identität und ihrer Preisgabe, z.B. zugunsten überregionaler Interessen, auf Dauer gelingt, ist ungewiss. Gewiss aber trifft zu:

„Die Menschheit der Zukunft wird eine friedliche, sich vertrauende Gemeinschaft der Völker sein – oder es wird keine Menschheit mehr geben. Auf lange Sicht ist unser Steinzeitcharakter, unsere Angst, unsere Bereitschaft zu töten unvereinbar mit den ins Uferlose wachsenden Möglichkeiten unserer Technik" (Voigt, 1984, S.180).

5. Aspekte zu stammesgeschichtlich alten Verhaltensmustern und ihrer Tauglichkeit in unserer Zeit

Beim Menschen gibt es Verhaltensmuster, die sich ursprünglich, über lange Zeiträume, adaptiv entwickelt haben, in der gegenwärtigen Welt sich aber nicht mehr zu bewähren scheinen. Solche Verhaltensweisen sind Besitz- und Profitstreben, Revierverhalten, Hierarchieverhalten, Autoritätsgläubigkeit, Aggressionsverhalten und noch weitere.

5.1. Besitz- und Profitstreben

Erich Fromm (1900 - 1980), der berühmte deutsch – amerikanische Psychoanalytiker, Philosoph und Sozialpsychologe, vertrat die Meinung, wir würden in einer Gesellschaft leben, die sich fast ausschließlich dem Besitz- und Profitstreben verschrieben hätte. Die meisten Menschen sähen die auf das Haben gerichtete Existenz als die natürliche, ja die einzig denkbare Art zu leben an. Bedenklich stimmte Fromm nicht der Wille zum Besitz, sondern seine Ausschließlichkeit resp. Maßlosigkeit.
Selbstredend kommt uns eine zum Leben notwendige Mindestausstattung zu. Auch gegen Dinge, die unsere Umgebung kulturell bereichern, ist nichts einzuwenden. Es geht allein um das Sammeln und Horten in einem Umfange, der die aktuellen persönlichen Bedürfnisse bei weitem übersteigt. Viele Menschen werden durch Sonderangebote dazu verleitet, Dinge zu kaufen, die sie gar nicht brauchen. Den Reiz, auf dem Flohmarkt ein „Schnäppchen" gemacht zu haben, kennt jeder von uns. Darum geht es nicht.
Das Besitzgefälle zwischen Reichsten und Ärmsten dieser Welt hat ein unvorstellbares Ausmaß angenommen. Die Hälfte des Besitzes und des Einkommens der ganzen Menschheit verteilt sich auf weniger als 500 (!) Menschen, das sind angesichts von rund 7 Milliarden (6,8 Milliarden) Erdenbürgern etwa 0,00000001 %. Es dürfte nur noch eine Frage der Zeit sein, dass es bei Beibehaltung dieser Entwicklung zum gewaltsamen Ausgleich kommt, und zwar auf eine plötzliche, unerwartete, erdrutschartige Weise. Die gegenwärtige globale Wirtschafts- und Finanzkrise könnte ein Vorbote sein. Oder befinden wir uns schon inmitten der eben beschworenen Apokalypse? Die Disproportionierung in arm und reich hängt wesentlich mit exponentiellen Wachstums- und Vermehrungsprozessen unserer Wirtschaft zusammen.
Der Mensch ist ein Wachstumsfanatiker, wahrscheinlich aus Dummheit. Uns fehlt vielfach die Vorstellungskraft, welche Konsequenzen beharrliches Wachstum hat. Wir haben im Allgemeinen keine Schwierigkeiten mit arithmetischen Vermehrungsreihen nach der Art der Zahlenreihe 2…4…6…8…10 und so weiter, was die Aufeinanderfolge identischer Vermehrungsschritte bedeutet. Unser Gehirn versagt aber total, wenn es sich um sog. geometrische Reihen handelt, also um Vermehrungsschritte, bei denen ein jeder einzelne einen bestimmten Mehrbetrag gegenüber dem vorangegangenen enthält, der Verlauf also beispielsweise der Zahlenreihe 2…4…8…16…32 und

so weiter entspricht. Bei diesem Beispiel folgen jeweils Verdopplungsschritte aufeinander.
Der folgenden Scherzfrage liegt eine solche sog. geometrische Progression zugrunde. Nehmen wir an, auf einem See wüchsen Seerosen, deren Zahl sich mit jedem Tag verdoppelt. Nehmen wir weiter an, dass diese Seerosen nach 99 Tagen die Seeoberfläche zur Hälfte zu gewuchert hätten. Die Frage lautet dann: Wie viele Tage müssten wir danach noch warten, bis der See ganz von den Rosen bedeckt ist? Antwort: nur einen einzigen weiteren Tag. Wer die Frage zum ersten Mal hört, stellt in der Regel fest, dass es doch einige Augenblicke braucht, um sie zu durchschauen.
Das Seerosenbeispiel weist mit Blick auf unsere (zuweilen überforderte) Vorstellungskraft noch eine zusätzliche, überraschende Facette auf. Es sprengt in dieser Darstellung den Rahmen alles realistisch Denkbaren. Nach 100 Verdopplungsschritten würden die Seerosen nämlich eine Seeoberfläche bedecken, die rund 1000 mal größer wäre als die gesamte Oberfläche der Erde, und – bei einem angenommenen Gewicht von einem Gramm pro Einzelblüte – ein Gesamtgewicht haben, das größer wäre als von 100 Erdkugeln.

„Viele Probleme der Menschheit basieren auf einer Maximierungsstrategie, die sich bislang mehr oder weniger gut bewährt hat, nun aber nach dem Optimalitätsprinzip zu dem Punkt führt, an dem ein rein quantitatives Wachstum dem Gemeinwohl abträglich ist. In Staaten wie Indien ist mit Blick auf die dortige Bevölkerungsexplosion dieser Punkt erreicht. Dieses Land wird nicht, wie dies in der Vergangenheit noch zutraf, stärker, wenn es jährlich um mehrere Millionen Bürger zunimmt, vielmehr schwächt es sich auf diese Weise. Länder wie China haben dies erkannt und bevölkerungspolitische Maßnahmen ergriffen, die – etwa mit Blick auf die Familienpolitik – unvorstellbar hart erscheinen, die aber größeres und staatsgefährdendes Elend verhindern“ (Steitz, 2006).

5.2. Revierverhalten

Eine besondere Form von Besitz ist der Besitz eines Reviers. Ihm kommt in der Natur eine wichtige biologische Bedeutung zu. Der berühmte Verhaltensbiologe Tinbergen (1907-1988) hat sich mit dem Revierverhalten der Tiere wissenschaftlich beschäftigt und zwei bedeutende Kriterien erkannt: Ortbindung und Feindseligkeit gegen andere. Die Ortbindung sichert dem Individuum bestimmte Vorteile. Es lernt den Lebensraum genau kennen und kann sofort in Deckung gehen, wenn ein Räuber auftaucht. Aus dem gleichen Grunde wird die Nahrungssuche erleichtert. Die Feindseligkeit richtet sich gegen Fremde. Sie ist für diese ein Hemmnis, an den Vorteilen des schon besetzten Reviers zu partizipieren. Dadurch wird die nötige Störungsfreiheit für Paarbildung und Fortpflanzung gesichert.
Revierverhalten bewirkt eine optimale Verteilung der Individuen innerhalb einer Population und wirkt in dieser Weise einer Überbevölkerung entgegen. Revierverhalten sichert dem Revierinhaber eine ausreichende Nahrungsmenge, was letztendlich auch die grundlegende Voraussetzung für die Aufzucht der Nachkommen ist. Revierver-

halten stellt möglicherweise den ursprünglichen Anlass der Entwicklung von Aggression dar. Revierverhalten zeigt sich auch beim Menschen, und zwar unabhängig von Bildungsniveau und sozialer Stellung. Auch Erwachsene beeilen sich, am Strand, ihr Revier, ein bestimmtes Territorium, abzustecken, eine Strandburg zu bauen, Grenzgräben zu ziehen und dergleichen mehr, und sie ärgern sich über jeden „Eindringling". Man nimmt am Familientisch, in der Kneipe, im Hörsaal, auf dem Campingplatz, in der Kirche oder im Reisebus seinen „Stammplatz" ein. Man errichtet Gartenzäune und stellt Schilder auf: „Vorsicht, bissiger Hund" oder „Betreten verboten".

Das alles mögen viele von uns belächeln, verwunderlich ist es indessen nicht. Revierverhalten hat sich nämlich auch bei unseren Vorfahren notwendigerweise entwickelt. Wir können davon ausgehen, dass der Frühmensch in kleinen, überschaubaren Horden gelebt hat, also in sozialen Gemeinschaften, wo jeder jeden kannte, sich Kampf- und Schutzgemeinschaften gebildet haben, die dem Frühmenschen Sicherheit, Nahrung und Überlebenschancen boten. Ein Verband von etwa drei oder vier Familien lebte in einem abgegrenzten „Streifgebiet", einem Jagd- und Sammelrevier, das ihm Lebensunterhalt bot. Im Zuge der Sesshaftwerdung haben sich dann größere Gruppenterritorien gebildet, Stammesgebiete und Ähnliches. Aus diesen wurde dann das „Vaterland", ein Superterritorium, in dem man sich ‚zuhause' fühlen kann, wenngleich ein persönliches Kennenlernen aller Bewohner untereinander nicht mehr möglich ist. Dies wird kompensiert durch ein Phänomen, das mehr und mehr an Bedeutung gewinnt, nämlich durch die menschliche Kultur. Sie gewährleistet nunmehr den sozialen Zusammenhalt, wozu die Erkenntnis gleicher kulturhistorischer Wurzeln in steigendem Maße beiträgt. Mit Blick auf die in historischer Zeit gewachsene Kultur des Abendlandes ist man gegenwärtig bestrebt, ein Europa der Vaterländer zu schaffen, also eine Union europäischer Nationen, ohne Verlust derer jeweiligen eigenen Identität.

Die Entwicklung zum Weltbürger ist noch Vision. Aber auch hier sind die Chancen nicht schlecht, vertraut man darauf, dass z. B. alle großen Religionen bei allen Unterschieden im Detail viele Gemeinsamkeiten erkennen lassen. Hierzu Bernd Lindemann, 2004:

„Als gemeinsam zu nennen ist an erster Stelle etwas, das aus den Einzelbeschreibungen freilich nur erahnt werden kann: die große kulturelle Leistung, die jede der Religionen erbracht hat. Millionen von Menschen wurde in schweren Zeiten eine Alternative geboten. Dem Kampf ums Überleben, dem Ringen um den persönlichen Vorteil, der Ausbreitung von Gewalt und Egoismus entgegengestellt wurden Lehren vom Menschen als einem geistigen, einem spirituellen Wesen mit besonderer Verantwortung für sich und Andere. Für lange Zeiten waren es vor allem die Religionen, die zu Nachdenklichkeit und Verantwortung ermutigten, die naive Selbstbezogenheit der Menschen in Frage zu stellen. Sie waren es auch, die Kulturtechniken wie Lesen und Schreiben förderten, die Sammelbecken für Begabungen darstellen. Und natürlich waren sie es, die den Verzweifelten Trost und Hoffnung geben konnten.[...]Schließlich geben alle Weltregionen ethische Gebote, die das Zusam-

menleben der Menschen regeln und unseren zivilisatorischen Prozess ermöglichen. Die Gebote und Weisungen sind aber nicht in äußerer Observanz zu befolgen, sondern aus Einsicht".

Angesichts solcher Sachverhalte, auch des Umstandes, dass die stammesgeschichtlichen Wurzeln der heutigen Menschheit relativ flach sind –wir sind die Nachfahren einer kleinen Population, die vor rund 100000 Jahren in Ostafrika lebte – erscheint der Weg zum Weltbürgertum gangbar. In den Zeiten der geschriebenen Geschichte legen gewaltige, zum Teil monströse Festungswerke beredtes Zeugnis menschlichen Revierverhaltens ab: die chinesische Mauer, der Limes, die Maginot-Linie, der Westwall, der Atlantikwall.

Am 9. 11. 1989 fiel die Berliner Mauer, ein in seiner Art unvergleichlicher Grenzwall, kam ihm doch eine umgekehrte Aufgabe zu, nicht vor Eindringlingen zu schützen, sondern zu verhindern, dass jemand das von ihm begrenzte Territorium verlässt. Dergleichen ist aus dem Tierreich nicht bekannt.

5.3. Hierarchieverhalten

Das Wort Hierarchie ist aus dem Griechischen abgeleitet: *hieros*, heilig und *archein*, herrschen. Es stellt ein Ordnungsprinzip innerhalb eines Systems dar, bei dem es ein oberstes Element über vertikal gestaffelten Subelementen gibt. Dass eine solche Ordnung als „heilig" tituliert wird, spricht für eine gewisse Unantastbarkeit der Ordnung. Was ist konkret darunter zu verstehen?
Es hat mit dem „Wichtig-sein-wollen" zu tun, mit dem Streben nach Macht und Rang. Die Ethologie (Verhaltensforschung) hat herausgefunden, dass es in jeder sozial strukturierten Gruppe von Säugetieren stets ein Ringen um die soziale Vorherrschaft gibt. Dieses Verhalten gehört zu den Überlebensstrategien von Gruppen. Indem jedes erwachsene Individuum sich an dem Ringen um den Rang beteiligt, erwirbt es eine bestimmte soziale Ranghöhe, die ihm in der Gruppe zu einer herausgehobenen Stellung, seinem Status, verhilft. Das zwangsläufige Ergebnis solcher Verhaltensweise ist das Herausschälen eines obersten Ranginhabers. So dürften die frühen in sozialen Verbänden lebenden Vorfahren durchgehend einen „Häuptling" gehabt haben, der die Tradition sicherte und für Ordnung in der Gruppe sorgte.
Die Überlebenschancen einer Gruppe waren am größten, wenn der beste Häuptling wurde. Das konnte nur gelingen, wenn jeder Einzelne Häuptling werden wollte, nur so konnte das Gruppenziel erreicht werden. Tief in uns allen ist dieses Bestreben angelegt. Jeder ‚normale' Zeitgenosse will in der Regel immer eine Stufe höher kommen, ob im Sportverein, in der Gehaltsgruppe, im Stadtrat, eigentlich in allen Bereichen des Lebens. Ist die Rangordnung einmal hergestellt, hat sie eine Weile Bestand, bis etwa der Ranghöchste altersbedingt ausscheidet oder Mitglieder der Gruppe unerwartet durch Krankheit oder Unfalltod ausfallen und so Lücken hinterlassen, die schnell geschlossen werden müssen.

Der moderne Mensch lebt in ständig wechselnden Gruppen: in der Schule, im Beruf, beim Sport, beim Einkauf, im Freundeskreis, im Verein. Immer wieder ist er mit anderen Menschen zusammen, und immer wieder, in unterschiedlichem Ausmaß, wird Rangstreben mobilisiert. Dies bedingt permanente Unruhe, bietet aber auch die Möglichkeit, die Chance des Einzelnen zu erhöhen, in wenigstens einer der vielen Gruppen ganz nach oben zu gelangen. Hat man es im Beruf oder in der Politik nicht geschafft, ist es vielleicht ein Trost, Landesvorsitzender der Briefmarkensammler zu sein oder Boss des Schützenvereins. Die permanente Unruhe bringt indessen oftmals mit sich, dass der Ehrgeiz der Zeitgenossen immer wieder, mal mehr mal weniger, angestachelt wird und deshalb viele andauernd daran arbeiten, in der Gesellschaft eine bedeutsame und wichtige Rolle zu spielen.
Manche Menschen werden mit solchen Erwartungen und Zielsetzungen nur schwer fertig und geraten in eine Lebenskrise, wenn es mit dem Aufwärtsstreben nicht klappt. Der Fall eines amerikanischen Direktors liefert hierzu ein Beispiel. Er wurde befördert. Nach Tagen stellte sich heraus, dass eine Namensverwechslung vorlag, man stufte ihn wieder zurück. Er starb am nächsten Tag vor Gram.
In menschlichen Gesellschaften manifestierten sich infolge Rangstrebens Rangordnungsstrukturen mit autoritärem Charakter. Das heißt: Ranghohe übernehmen meist gewisse Führungsfunktionen, indem sie sich Autorität, sei es durch Rangkämpfe oder besondere Leistungen, verschaffen. Das würde indessen nicht immer zum gewünschten Erfolg führen. Eine zusätzliche Bedingung muss erfüllt sein: die Untergeordneten müssen bereit sein, diese Ränge anzuerkennen, sie gegebenenfalls mehr als notwendig zu respektieren, wenn nicht gar zu bewundern.
Hierin liegt ein Gefahrenpotenzial. Es können aufgrund eines solchen Hierarchieverhaltens Menschen unter verbrecherischer Führung leicht zu Verbrechen verführt werden. Der Mensch wehrt sich erfahrungsgemäß gegen die Herrschaft brutaler Gewalt, einer freiwillig anerkannten Autorität ordnet er sich indessen (aufgrund deutlicher Disposition) bereitwillig unter. Dieser Autorität hat er sich gewissermaßen ausgeliefert.
Was Autoritäten an Negativem bewirken können, zeigt die weltweite Diskriminierung der Frauen. Überwiegend sind es Männer, die dafür verantwortlich zu machen sind. Sexuelle Folter, Vergewaltigung, Verstümmelung, Verstoßung, Deklassierung und Demütigung ist in vielen Staaten üblich, ja häufig sogar rechtlich erlaubt. Die Weltreligionen müssen sich diesbezüglich Vorwürfe gefallen lassen. In weitem Umfang sind sie die geistigen Urheber des frauenfeindlichen Klimas in großen Teilen der Welt. Die monotheistischen Religionen haben als Ausgangspunkt der Diskriminierung die Behauptung, Eva habe den Einflüsterungen der Schlange Gehör geschenkt, habe den unschuldigen Mann dazu verführt, vom Baum der Erkenntnis zu essen. *„Von einer Frau nahm die Sünde ihren Anfang; ihretwegen müssen wir alle sterben“*, so Jesus Sirach, einer der Propheten des Alten Testaments.
Der Verhaltensforscher St.Milgram (USA) konnte Anfang der 1960er Jahre in Versuchen in geradezu bestürzender Weise zeigen, wie ganz normale Menschen, die er auf der Straße angesprochen hat, in Scheinexperimenten (über deren Absichten sie also

nicht informiert waren, in der ihnen zugewiesenen Rolle von Lehrern unter dem autoritären Druck des Versuchsleiters zu Strafmaßnahmen in Form von Elektroschocks griffen, die ohne weiteres zum Tod der in der Scheinrolle von Schülern agierenden Personen geführt hätten.
Die Nachschrift, die Milgram seiner Arbeit 1966 anfügte, gibt zu denken.

„Mit betäubender Regelmäßigkeit sah man gute Leute sich den Forderungen der Autorität unterwerfen und Handlungen ausführen, die gefühllos und hart waren. Menschen, die im Alltagsleben verantwortungsbewusst und anständig waren, wurden durch die Aufmachung der Autorität (oft genügte schon der weiße Kittel des Versuchsleiters) und von der kritiklosen Übernahme der vom Versuchsleiter gesetzten Definition der Situation dazu gebracht, grausame Taten zu begehen."

Bürger sind demgemäß gehalten, Autoritäten in der Gesellschaft stets kritisch zu beurteilen. Dies ist durchaus positiv zu verstehen. Es geht nicht darum, alles herunterzureißen, doch wären mehr Bürger, die sich wachsamen Auges mit konstruktiver Kritik in das öffentlicher Leben einmischen, wünschenswert. Insbesondere vor Wahlen sollten solche Aktivitäten Bürgerpflicht sein.
In der Auseinandersetzung mit dem Mitmenschen bedeuten neben ethischen und ästhetischen Werten auch minderwertige moralische Grundhaltungen eine Chance. Ein Menschentyp, der nicht offen verbrecherisch, aber von unedler Hemmungslosigkeit im Kleinen ist, kommt mitunter besonders schnell zum Erfolg. Er wird zu einer gefährlichen Autorität. Die große Gefahr besteht darin, dass ein solcher Typ in der Regel die Gesellschaftsordnung, in der er sich hoch gerangelt hat, nicht aufrechterhalten kann. Gelangt er zur Herrschaft, bricht das Machtgebäude zusammen. Vermutlich liegen darin im Wesentlichen die Ursachen des Auf- und Untergangs menschlicher Kulturen in historischer Zeit. Demokratisch geführte Gesellschaften bieten aufgrund der immer wiederkehrenden Möglichkeit des Hinterfragens der Kandidaten bei Wahlen (bei allen Mängeln) eine gewisse Gewähr, solche Menschen zu entlarven und ihnen rechtzeitig das Handwerk zu legen.

5.4. Aggression

Aggression leitet sich von dem lateinischen Verb *aggredi,* herangehen, sich zuwenden ab. Der ursprüngliche Begriff bezeichnet somit ein prosoziales Verhalten, während er heute weitgehend negativ besetzt ist. Der Begriff wird im Sinne von ‚Angreifen', mit positivem Akzent aber auch als ‚Sich einer Herausforderung stellen' verstanden. Es handelt sich dabei um das Durchsetzen von Wünschen gegen Widerstände anderer, um das Einwirken einer sog. repressiven Dominanzbeziehung. In Fällen, in denen man sich einer *Herausforderung stellt,* können auch Widerstände gemeint sein, die von einer bestimmten Sache, einer bestimmten Lebenssituation ausgehen, man denke an Prüfungen und an wissenschaftlich schwierige Forschungsprojekte.

Tier und Mensch setzen Aggression instrumental in sehr verschiedenen Funktionszusammenhängen ein, zum Beispiel, um Zutritt zu Ressourcen zu erzwingen, zur Verteidigung von Besitz, Territorium und sozialen Bindungen, zur Erhaltung von Normen, zur Verteidigung von Rangpositionen und Nachkommenschaft, zur Ausschaltung von Rivalen und dergleichen mehr. Auch Hindernisse, die sich einem zielstrebigen Verhalten entgegenstellen, bewirken Aggressionen mit dem Ziel, diese Hindernisse zu beseitigen. So wird beispielsweise ein wissenschaftliches Problem, wie angedeutet, in ‚Angriff genommen'. Aggression erscheint uns somit als ein fürs Überleben notwendiges, temporär auftretendes Verhaltensmuster zur Bewältigung der verschiedensten Lebensaufgaben. Destruktiv negative, gar pathologische Aspekte gehören prinzipiell nicht zum Repertoire aggressiven Verhaltens.

Das aggressive Verhalten von Tier und Mensch ist das Resultat stammesgeschichtlicher Anpassung. Konrad Lorenz (1903-1989) hat in seinem Werk *„Das so genannte Böse"* (1963) diesen Aspekt in den Mittelpunkt der Diskussion gerückt. Er vertrat die Auffassung, dass Aggressionsverhalten als arterhaltende Anpassung zu verstehen sei und als solche auf eine sehr lange stammesgeschichtliche Entwicklung zurückgehe.

Was das Hervorbringen von Aggression anbelangt, gibt es eine Reihe von Theorien. So spricht Lorenz von einem Aggressions-Trieb, der, wie Triebe allgemein, spontan auftritt und nach Befriedigung drängt. Andere vertreten dagegen die Hypothese, dass aggressives Verhalten durch äußere Umstände ausgelöst werde und somit als reaktiv zu beurteilen sei. Es geht also um die Kontroverse der so genannten exogenen versus endogenen Verursachung aggressiven Verhaltens und um das daraus resultierende Problem der Aggressionsbewältigung. Beide Positionen kommen, im Extrem vertreten, der Wahrheit nur wenig nahe. In der Lerntheorie zum Beispiel lässt sich zeigen, dass Aggressionsbereitschaft nicht immer triebhaft sein muss, sondern durchaus erworben werden kann.

In einer Untersuchung von A. Bandura und R.H. Walters (1963) wurden Kinder eines Kindergartens in verschiedene Gruppen eingeteilt. Eine Gruppe sah dabei zu, wie ein Erwachsener eine Gummipuppe misshandelte. Eine andere Gruppe bekam dies weniger unmittelbar über einen Fernsehschirm demonstriert. Eine dritte Gruppe bekam einen Zeichentrickfilm zu sehen, in dem eine Katze eine Puppe misshandelte. Eine vierte Gruppe schließlich wurde in der Vorführung mit keinerlei aggressiver Handlung konfrontiert. Nach der Vorführung wurden die Kinder auf gleiche Weise frustriert, indem man ihnen versprochene Süßigkeiten verwehrte. Danach beobachtete man ihr Spiel mit Puppen. Alle Kinder, die Zeuge aggressiven Geschehens waren, verhielten sich ihren Puppen gegenüber aggressiver als jene Kinder, die kein Modell aggressiven Verhaltens wahrgenommen hatten. Diese und andere Untersuchungen belegen die Bedeutung des Lernens am Modell für die Ausbildung aggressiver Einstellungen. Dieses Beispiel steht für exogene Verursachung aggressiven Verhaltens.

Das folgende Beispiel zeigt, dass auch endogene Faktoren im Spiel sein können.

Von besonderer gesellschaftlicher Bedeutung ist für den heranwachsenden Menschen die erkundende oder explorative Aggression (B. Hassenstein, 1973), die die Funktion

hat, den sozialen Handlungsspielraum auszuloten. Die Frage ist hierbei: „Was darf ich tun, wo liegen die Grenzen?“
Durch aggressives Vorgehen fordert das Kind eine Antwort heraus, etwa indem es ein anderes Kind schlägt, ihm etwas wegnimmt, es hänselt und dabei darauf achtet, was die anderen und was die direkt Betroffenen sagen. Unterbleibt die Antwort, wird die nächste „Frage“ eindringlicher. Das kann auch gar nicht anders sein, denn das Kind setzt ja seine Aggressionen instrumental ein, um Antworten darüber zu bekommen, welchen sozialen Normen es genügen muss. Es liegt deshalb im Wesen der explorativen Aggression, dass sie zur Eskalation neigt, wenn keine Grenzen gesetzt werden. „Bis hierher und nicht weiter!“ muss daher die Devise guter Erziehung sein. Eltern, die diesen Mechanismus durchschaut haben, werden den Explorationstrieb zu steuern versuchen, indem sie dem Kind hilfreich zur Seite stehen und es einsichtsvoll, ohne selbst aggressiv zu werden, in die notwendigen Schranken verweisen.
Es ist also höchst positiv zu bewerten, dass sich ein Kind aktiv mit seiner Umwelt auseinandersetzt und dadurch den Partner, ob Elternteil oder Lehrer, zum Dialog auffordert. Dabei stellt es das Verhalten der andern in Frage und kann somit eventuelle Neuanpassungen erzwingen. Dies gilt insbesondere für den Dialog der Generationen, in dem sich Traditionen zu bewähren haben.
Die Bedeutung der Aggression besteht darin, einen Konflikt zwischen Individuen offensiv zu schlichten. Tiere bewältigen dies in den meisten Fällen durch Imponiergehabe, Drohungen und Gegendrohungen. Blut fließt dabei selten. Tierische Aggression ist alltäglich, ernsthafte Kämpfe kommen selten vor. Und wenn es doch mal zu harten Gefechten, etwa unter Männchen zur Fortpflanzungszeit kommt, wird das Geschehen, zumeist durch Rituale, reglementiert. Tiere halten sich in der Regel zurück. Man kann sogar sagen, dass bei Tieren die Anwendung von roher Gewalt das Versagen eines aggressionsgesteuerten Verhaltens bedeutet.
Beim Menschen ist Aggression ebenfalls alltäglich anzutreffen. Ein Streit zwischen den Nachbarn, in der Familie oder zwischen Autofahrern verläuft nicht anders als bei Tieren. Es zeigen sich die gleichen typischen Merkmale: Drohen, Gegendrohen, unter Einsatz eines oftmals beeindruckenden Arsenals von bedrohlichen Gesichtsausdrücken und Gebärden, bis die Meinungsverschiedenheit beigelegt ist.
Ernsthafte Gewalttätigkeit hat mit solcher Alltagsaggression wenig zu tun. Ob eine Straßenbande einen Passanten zusammenschlägt, oder ob Terroristen nach Belieben Menschen in die Luft sprengen, hat mit Alltagsaggression nichts zu tun. Ja, hat es überhaupt mit Aggression zu tun? Dies werden wir später noch zu klären haben. Desmond Morris führt diese Exzesse auf das in der Steinzeit entwickelte Jagdverhalten zurück, das in unserer Gesellschaft in dieser Weise ein „destruktives Ventil“ findet.
Die Reglementierung der Aggression durch Rituale zeigt sich besonders deutlich in Zweikämpfen. Diese können sportlich oder ernst ablaufen. Sie finden überwiegend zwischen Männern statt. Bei Ring- und Faustkämpfen wird unter Einhaltung bestimmter Regeln vermieden, dem Kampfpartner ernsthafte Beschädigungen zuzufügen. Dabei sinkt auch das Risiko, selbst zu Tode zu kommen. Bei den Ringkämpfern

ist es das vorrangige Anliegen der Kontrahenten, den anderen zu Boden zu zwingen, d. h. ihn „unterlegen“ zu machen, womit der Kampf beendet ist und der „Überlegene“ sich als Sieger fühlen kann.

Das Wortgefecht wird unter Verhaltensbiologen als die höchste Form möglicher Ritualisierung angesehen. Es kommt zum Beispiel zu keinen Handgreiflichkeiten oder gar tödlichen Duellen. Wortgefechte in Parlamenten haben den Vorzug, unblutig über die Bühne zu gehen. Wortgefechte können indessen durchaus verletzend sein, ehrverletzend. Es können Stolz und Prestige Schaden nehmen. Die große Angst besteht darin, das Gesicht zu verlieren. So kann man in Deutschland einen anderen provozieren, indem man ihn mit „Du“ anredet und damit den nötigen respektvollen Abstand vermissen lässt.

Die Figur repräsentiert Homo sapiens in der Gegenwart, wacker voranschreitend. Der obere Körperbereich mit Herz und Verstand ist indessen gespalten, Sinnbild für eine extrem therapiebedürftige Schizophrenie. Zeichnung von Erwin Steitz.

6. Selbstzerstörerische Entwicklungstrends

Das nachfolgende Kapitel möchte in Gegenüberstellung ausgewählter Sachlagen für den Zeitraum von 20 Jahren (1989-2009) verschiedene Entwicklungen nachführen und zeigen, ob und was sich in diesen Feldern verändert hat.

6.1. Bevölkerungsexplosion

(1989): Statistisch gesehen sterben weltweit täglich etwa 300000 Menschen, dafür erblicken etwa 400000 Kinder im selben Zeitraum das Licht der Welt, pro Sekunde bedeutet dies: Auf drei Sterbefälle kommen vier Geburten. Die Vermehrungsquote des *Homo sapiens* ist ungewöhnlich hoch, sie beschert uns Probleme. Dies war nicht immer so. Welches sind die Hintergründe?
Zwischen 1970 und 1980 wuchs die Weltbevölkerung von 3,7 auf 4,4 Milliarden und dürfte um das Jahr 2000 etwa 6,1 Milliarden erreichen. Es gibt Hochrechnungen, nach denen sich die Erdbevölkerung am Ende des 21. Jahrhunderts bei etwa 10.5 Milliarden einpendeln wird.

(2009): „Die Weltbevölkerung umfasste zu Beginn des Jahres 2009 rund 6,75 Milliarden Menschen. Die UNO geht von einem Wachstum von 78 Millionen Menschen pro Jahr aus, andere Quellen von fast 82 Millionen“ (aus Wikipedia, der freien Enzyklopädie vom 7. 7. 2009). Der überwiegende Anteil des Bevölkerungswachstums findet derzeit in den Entwicklungsländern bzw. in den wenig entwickelten und ärmeren Staaten der Welt statt. In höher entwickelten Ländern, insbesondere in den ehemaligen Ostblockstaaten, nimmt dagegen die Bevölkerung ab.
Der aktuelle Bevölkerungsstand nach Kontinenten stellt sich wie folgt dar:
Asien: 4052 Millionen (60,5%)
Afrika: 957 Millionen (14,4%)
Amerika: 915 Millionen (13,6%)
Europa: 736 Millionen (11,0%)
Ozeanien: 35 Millionen (0,9%)

Werfen wir noch einen Blick auf die 15 bevölkerungsreichsten Staaten. Die Angaben sind dem DSW-Datenreport 2008 der Deutschen Stiftung Weltbevölkerung vom August 2008 entnommen und entsprechen der Publikation des Population Reference Bureau 2008 World Population Data Sheet:
1. Volksrepublik China: 1 332 Millionen (etwa 19,9% der Weltbevölkerung)
2. Indien: 1 149 Millionen (etwa 17,1%)
3. USA: 305 Millionen (etwa 4,5%)
4. Indonesien: 240 Millionen (etwa 3,6%)
5. Brasilien: 195 Millionen (etwa 2,9%)

6. Pakistan: 173 Millionen (etwa 2,6%)
7. Nigeria: 148 Millionen (etwa 2,2%)
8. Bangladesch: 147 Millionen (etwa 2,2%)
9. Russland: 142 Millionen (etwa 2,1%)
1o. Japan: 128 Millionen (etwa 1,9%)
11 Mexiko 108 Millionen (etwa 1,6%)
12. Philippinen: 91 Millionen (etwa 1, %)
13. Vietnam: 86 Millionen (etwa 1,3%)
14. Deutschland: 82 Millionen (etwa 1,2%)
15. Äthiopien: 79 Millionen (etwa 1,2%)

In diesen 15 Staaten leben 4405 Millionen Menschen und somit rund 66% der gesamten Weltbevölkerung. In China, Indien, EU und USA lebt fast die Hälfte der Weltbevölkerung.

(1989): In der Gegenwart wächst die Bevölkerung vieler Entwicklungsländer schneller als die Nahrungsmittelproduktion. Zwischen 1974 und 1976 waren weltweit 438 Millionen Menschen unterernährt. Im Jahre 2000 werden mindestens 65 Entwicklungsländer nicht in der Lage sein, ihre Bevölkerung ausreichend zu ernähren. Heute (1989) sterben täglich etwa 40000 Kinder an Hunger und Infektionskrankheiten. Von 125 Millionen Neugeborenen erleben zurzeit etwa 17 Millionen ihren fünften Geburtstag nicht.

(2009): Wie stellt sich im Jahre 2009 die Situation dar, dass es hunderte Millionen Menschen auf dieser Erde gibt, die hungern, obwohl genug Nahrung für alle vorhanden zu sein scheint? Die Zahl der hungernden Menschen ist in den letzten Jahren gestiegen, jedoch langsamer als die Bevölkerung insgesamt. Im Jahre 1990 waren es etwa 822 Millionen, im Jahr 2008 etwa 963 Millionen hungernder Menschen. Das ist etwa jeder sechste Mensch auf der Erde. Jedes Jahr sterben etwa 8,8 Millionen Menschen an Hunger, über 24000 am Tag, also etwa 17 Menschen pro Minute. Die meisten Hungernden leben in Asien und der Pazifikregion, gefolgt von Afrika südlich der Sahara. Auch in Lateinamerika, dem Nahen Osten und vielen osteuropäischen Ländern ist Hunger ein Problem. Die meisten Hungernden leben in Entwicklungsländern. Aber auch in den Schwellenländern und den Industrieländern gibt es Hungernde. Hunger hat verschiedene Ursachen. Rein mengenmäßig fehlt es, oberflächlich betrachtet und lässt man z. B. die Vernichtung tropischer Regenwälder zur Gewinnung landwirtschaftlich nutzbarer Flächen außer Acht, nicht an Nahrung. Verantwortlich dafür, dass die Nahrung zuweilen nicht zu denjenigen gelangt, die sie brauchen, sind verschiedene soziale, politische und ökonomische Faktoren. Es darf aber auch nicht verkannt werden, dass unsere Probleme letztendlich doch wesentlich darauf zurückzuführen sind, dass sich die Vermehrung der Menschen mit Blick auf die bestmögliche Entfaltung der Artgenossen in vernünftigen familiären Strukturen nicht in optimalen Bahnen bewegt. Wir werden darauf noch näher einzugehen haben.

(1989): Zunehmend kommt es zur Bildung von Riesenstädten. So betrug die Bevölkerung von Kalkutta 1975 8,1 Millionen, seitdem steigt sie beharrlich an und wird zum Jahr 2000 nach Hochrechnung etwa 20 Millionen betragen. In Mexiko City wird der Anstieg im selben Zeitraum von 10,7 auf 31,6 Millionen gestiegen sein, in Seoul von 7,3 auf 18,7 und in Groß Bombay von 7,1 auf 19,1 Millionen Menschen (Global 2000). Die daraus resultierenden Probleme der Wasserversorgung, der Abwasserbeseitigung, der Gesundheitspflege, der Nahrungsmittelversorgung, sowie die Versorgung mit Wohnraum sind gewaltig. Unsere Phantasie reicht nicht aus, sie in vollem Ausmaß zu erfassen, geschweige denn, Patentlösungen für ein halbwegs menschenwürdiges Dasein der Betroffenen aufzuspüren.

(2009): Riesenstädte werden auch als Megastädte bezeichnet. Es handelt sich um eine rein quantitative Einordnung, im Gegensatz zum Begriff *Weltstadt*, wo ein qualitativer Aspekt im Vordergrund steht. Eine Weltstadt ist zwar oft, aber nicht immer eine Megastadt. Welches sind die größten Städte auf der Erde im Jahre 2009? Die Definition der Größe einer Stadt ist weltweit nicht einheitlich festgelegt. Das mahnt zur Vorsicht bei Größenvergleichen nach der Anzahl der Einwohner. Die chinesische Stadt Chongqing ist z. B., sofern man ausschließlich die administrativen Stadtgrenzen heranzieht, die größte Stadt der Welt. Sie stellt als „regierungsunmittelbare" Stadt eine eigenständige Verwaltungseinheit mit 31,7 Millionen Einwohnern dar. Die Fläche des Verwaltungsgebietes der Stadt ist mit 82403 Quadratkilometern so groß wie der Staat Österreich und besteht überwiegend aus Gebieten mit ländlicher Siedlungsstruktur.
Nimmt man das geographische Stadtgebiet, also hohe Bebauungsdichte und eine geschlossene urbane Form als Grundlage, ist die indische Stadt Mumbai mit 13,7 Millionen Einwohnern die größte Stadt der Welt.
Im Jahre 2005 listeten die Vereinten Nationen zum ersten Mal 20 Megastädte weltweit, von Tokio bis Moskau, auf. Diese urbanen Riesen bieten Heimat, Zukunft, Chance auf Arbeit, bedeuten aber auch vielfach Elend und Moloch. Die urbane Entwicklung verläuft je nach Klima, geographischer Lage, politischer und urbaner Kultur verschieden. Immer häufiger wachsen die Metropolen im Süden zu Megastädten heran. Folgend eine kleine Auswahl von Megastädten im Profil.
Delhi, das politische Zentrum Indiens, baut auf sieben Städten auf und ist ein wichtiger Industriestandort.
Dhaka, das Zentrum von Bangladesch, weist einen besonders rasanten Bevölkerungsanstieg auf. Über 30% der Menschen leben in Slums. Dennoch ist die Stadt ein Magnet für die Menschen vom Lande.
Jakarta ist der Wirtschaftsmotor von Indonesien. In der größten Metropole Südostasiens leben 13 Millionen Menschen. Neben Aufschwung und Hochhausarchitektur finden sich Armut und Elendsviertel.
Kairo, größte Metropole Afrikas, ist das politische, wirtschaftliche und kulturelle Zentrum Ägyptens.

Kalkutta: Die breiten Brücken über den Hooghly, Nebenarm des Heiligen Ganges, prägen das Bild der Stadt. Die Millionenstadt am östlichen Rand Indiens war einst politisches Zentrum.
Karatschi, Hafenstadt im Süden Pakistans, zählt 11,6 Millionen Einwohner. Die Megastadt leidet immer wieder unter Gewalt und ethnisch-religiösen Konflikten.
Lagos, die heimliche Hauptstadt Nigerias, weist ein besonders rasches Bevölkerungswachstum auf. Knapp 11 Millionen Menschen leben in der Hafenstadt auf engstem Raum, über die Hälfte in Elendsvierteln.
Manila ist durch Zusammenschluss mehrerer Städte entstanden. In der Hauptstadt leben rund 11 Millionen Menschen. Hier mischen sich Reviere aus Luxus und Wohlstand mit ausufernden Slumvierteln.
Mexiko-Stadt, zweitgrößte Megastadt weltweit, ist geprägt von illegalen Selbstbausiedlungen am Stadtrand. Sie werden wegen fehlenden Wohnraums geduldet.
Peking, Gastgeber der Olympischen Spiele 2008, ist die alte Kaiserstadt und Hauptstadt Chinas. Peking weist 15,5 Millionen Einwohner auf. Wirtschafts- und Bauboom sind unvergleichlich.
Shanghai ist eine Stadt der Superlative. 14,5 Millionen Menschen leben in der Metropole am Jangtse. Sie ist die bedeutendste Industriestadt der Volksrepublik China. Als Kultur- und Bildungszentrum weist Shanghai zahlreiche Universitäten, Hochschulen, Forschungseinrichtungen, Theater und Museen auf. Die Stadt wird „Tor zur Welt", „Paris des Ostens" „Drachenkopf-Metropole" oder „Perle des Ostens" genannt.
Sao Paulo. Mehr als 18 Millionen ‚Paulistanos' leben hier, im größten Ballungsraum auf der Südhalbkugel. Die Stadt ist Brasiliens wirtschaftliches Zentrum. Bemerkenswerterweise ist Sao Paulo auch der größte deutsche Industriestandort außerhalb der Bundesrepublik.

(1989): Angefangen haben die Bevölkerungsprobleme vor rund 12000 Jahren. In den Zeiten davor, so ist die Ansicht der meisten Anthropologen, haben unsere Vorfahren der Alten Steinzeit weitgehend im Einklang mit ihrer Umwelt gelebt. Die Frauen dürften 6 bis 8 Kinder bekommen haben, von denen allerdings die meisten das fortpflanzungsfähige Alter nicht erreicht haben, da sie vorher an Unfällen, durch Raubtiere, bei feindlichen Überfällen, durch Krankheit und Hunger starben. Die Menschen jener Zeit waren Sammler und Jäger. Es bestand ein bevölkerungsdynamisches Fließgleichgewicht. Menschen wurden geboren und starben, und beide Prozesse, Geburten und Sterbefälle, hielten sich im Großen und Ganzen die Waage. Das äußere Gleichgewicht war das Produkt einer – für unsere heutigen Maßstäbe – sehr hohen Sterblichkeit, die durch die entsprechend hohe Geburtenrate ausgeglichen wurde.
In einem solchen Fließgleichgewicht befinden sich in der Regel auch die Populationen der übrigen Organismen, das heißt die Zahl der geborenen Nachkommen ist von der Natur gut abgestimmt auf die vielfältigen Gefahren, die die Jungtiere bedrohen. Die Fortpflanzungsstrategie ist also so beschaffen, dass letztendlich im Verlaufe der Generationenabfolge – so groß oder klein bei den einzelnen Arten die Nachkom-

menziffern auch sein mögen – das Elternpaar durch ein Nachkommenpaar ersetzt wird.

Für den Menschen kam dann eine Epoche, wo er die kontrollierenden Schranken der Natur durchbrach. Es geschah zwischen 12000 und 8000 vor Christus und zwar im Gebiet des fruchtbaren Halbmondes, der im Westen durch die Berge und Vorberge Israels, Jordaniens und Syriens, im Norden durch die Türkei und im Osten die des Irans geschützt wird. Wir nennen den Vorgang heute „Landwirtschaftliche Revolution", und manche Forscher glauben, sie sei, ökologisch gesehen, die wichtigste Ursache unserer heutigen Misere. Damals lernten die Menschen allmählich, Haustiere zu halten, Getreide anzubauen, Pferche und Lagerhäuser zu errichten. Es entstanden die ersten Großdörfer und Städte wie Jericho am Toten Meer. Die Frage nach den Hintergründen der Sesshaftwerdung unserer Vorfahren ist nicht leicht zu beantworten. Eine der Hauptgründe könnte sein, dass postglazial im Mesolithikum durch den drastischen Anstieg des Meeresspiegels um bis zu 100 Metern infolge des Abschmelzens des Eises an den Polen und in den Gebirgen der Lebensraum in den Flussniederungen und an den Meeresstränden durch Überschwemmungen stark eingeschränkt wurde (weltweit um eine Fläche etwa der Größe Afrikas), was nicht nur das bisherige freie Herumwandern infolge gegenseitiger Behinderung, sondern auch die Ernährung allein durch die Jagd erschwert haben dürfte.

Durch den Übergang zur Landwirtschaft erwarben unsere Vorfahren die Fähigkeit, mehr und vor allem regelmäßig Nahrung zu erzeugen, somit mehr Menschen satt zu machen und mehr Nachkommen aufziehen zu können. Es kam zur ersten „Bevölkerungsexplosion", die allerdings zunächst dadurch gebremst wurde, dass in den enger werdenden Städten Seuchen auftraten, die die Bevölkerung dezimierten. Dennoch wuchs die Bevölkerung beharrlich. Betrug sie vor der Revolution weltweit schätzungsweise 2 Millionen, das sind weniger als 0.5 % der heutigen Menschheit, erreichte sie um 8000 vor Christus 10 Millionen. Um 325 vor Christus war sie schon auf 100 Millionen angestiegen und erreichte im 16. Jahrhundert 400-500 Millionen. Dieser Anstieg erfolgte trotz Pest, Cholera, Typhus, trotz der durchgehend relativ hohen Kinder- und Müttersterblichkeit.

Die Errungenschaften der wissenschaftlichen Medizin führten dann zu einer weiteren Beschleunigung des Bevölkerungswachstums, zu einer zweiten Bevölkerungsexplosion. Vor allem durch die Erfindung der Schutzimpfung gegen Schwarze Pocken, Cholera und Pest kam es zu drastischen Senkungen der Sterberate.

Wie lange noch kann es so weitergehen? In den Sog dieser Problematik geraten ja zunehmend andere Probleme: die Versorgung mit Trinkwasser und Nahrung, die Verschmutzung und Vergiftung der Umwelt. Aus Dreck, Hunger, Armut entstehen politische Unruhen, aus Unruhen politische Krisen, aus diesen die Gefahr von Kriegen und in Kriegen die heutige Gefahr des atomaren Holocaust.

Es bedarf keiner gewaltigen Geistesanstrengungen, um zu erkennen, dass das Beibehalten eines ungebrochenen Fortpflanzungs- resp. Vermehrungstriebes bei drastisch gesenkter Sterbequote ruinöse Folgen haben muss. Die Motive, es dennoch zu tun, sind die alten: Kenias Bauern z. B. sehen Kinder als Überlebensstrategie und Statussymbol an. Hier wie in anderen afrikanischen Ländern wird die Hackordnung im politischen Leben von der Größe der einzelnen Stämme bestimmt. Mehr Kinder bedeuten mehr Staatsmacht. Gebären ist Bürgerpflicht. Seit der Revolution der Landwirtschaft vor Jahrtausenden wurde immer wieder eine solche Bevölkerungspolitik praktiziert. Viele Kinder – viel Segen. Angesichts der Tatsache, dass die meisten schon vor Erreichen des Erwachsenenalters starben, konnte man sich gar keine andere Einstellung leisten. In Indien ist das noch heute so: Eine Familie muss im statistischen Durchschnitt mindestens sechs bis sieben Kinder haben, damit gewährleistet ist, dass der Vater nach seinem 65. Lebensjahr von wenigstens einem Sohn überlebt wird.

Die bei uns in Westeuropa bis Ende des 18. Jahrhunderts relativ stabilen Verhältnisse, es gab eine vergleichsweise hohe Geburten- wie Sterberate (Phase I), änderten sich zu Beginn des 19. Jahrhunderts. Mit dem Aufkommen industrieller Produktionsmethoden hob sich der allgemeine Wissens- und Informationsstand. Die ersten Ahnungen von einem Zusammenhang zwischen Verschmutzung und bestimmten Massenerkrankungen erweckte Interesse an öffentlicher und persönlicher Sauberkeit. Die erwähnten Schutzimpfungen taten bereits ihre Wirkung, und als Louis Pasteur und Robert Koch bald darauf die Existenz unsichtbarer Krankheitskeime entdeckten, war das der Anlass zur Entwicklung konkreter hygienischer Empfehlungen, nach denen sich immer mehr Menschen richteten. Das Ergebnis war, lange vor der Erfindung von Sulfonamiden und Antibiotika, vor allem ein drastischer Rückgang der Kindersterblichkeit. Es kam zur schon genannten neuzeitlichen Bevölkerungsexplosion (Phase II). 1850 gab es – vom Atlantik bis zum Ural – erst 26o Millionen Europäer. Beim Ausbruch des ersten Weltkrieges lebten schon 470 Millionen in demselben Gebiet, und heute (1989) sind es 623 Millionen. Im damaligen deutschen Reich schnellte die Einwohnerzahl zwischen den Jahren 1871 und 1913 von 41 auf 67 Millionen nach oben.

Diese Phase II hielt nur kurze Zeit an. Bevor ihr charakteristisches Ungleichgewicht zwischen niedriger Sterberate und anhaltend hoher Geburtenrate die europäische Gesellschaft in ernste Probleme stürzen konnte, ging sie im Verlauf von etwa 50 bis 80 Jahren in eine neue Phase über (Phase III), in der jetzt auch die Geburtenraten rasch fielen, und zwar aufgrund folgender Umstände: Die fortschreitende Industrialisierung verlängerte die durchschnittlichen Ausbildungszeiten, das Entstehen von industriellen Ballungsräumen und der erhöhte Bedarf an Arbeitskräften führten zwangsläufig zu einer erhöhten Mobilität. In Deutschland war die Heiratshäufigkeit in dieser Zeit gering, geringer als heute (1989), denn die Heiratserlaubnis war in der Regel an den Nachweis einer Erwerbsgrundlage gebunden. Mit zunehmendem Heiratsalter vergrößerte sich der Generationenabstand, was einen Rückgang der Geburtenziffer zur Folge hatte. Je höher das Heiratsalter, desto geringer auch die Anzahl der Geburten einer Ehe. Im Verlaufe dieses 50 bis 80 Jahre dauernden Übergangs lernten die Menschen aber auch, dass es nicht mehr nötig war, viele Kinder in die Welt zu setzen, weil viel weniger starben. Eine kleinere Kinderzahl konnte aber auch die Chance für jedes einzelne Kind auf eine bessere und kostspieligere Ausbildung erhöhen.

Damit waren die Voraussetzungen für den Eintritt in die vorerst letzte Phase (Phase IV) gegeben. Sie weist eine neue Stabilität auf. Die Bevölkerung konnte wieder ins

Gleichgewicht kommen, weil nicht nur die Sterberate, sondern auch die Geburtenzahlen abgesunken waren, und beide daher einander wiederum die Waage hielten. Die Welt schien wieder in Ordnung. Doch nur für den kleineren Teil der Welt, für den von den entwickelten Industrienationen besiedelten. Der übrige Teil des Globus wurde dagegen in eine Katastrophe mit noch unabsehbaren Folgen gestürzt. Die Industrienationen, zu denen wir gehören, sehen sich im Rückblick mit dem Fehler konfrontiert, in die Entwicklungsländer einen Industrialisierungseffekt ohne die Industrialisierung exportiert zu haben.

Nach Kolonisatoren, die von der endemischen Bevölkerung ganz selbstverständlich die Pflicht zur Unterwerfung verlangten, folgten die Missionare, die es als ihre vorrangige Aufgabe ansahen, die dortigen Menschen von dem Aberglauben ihrer überlieferten Religionen zu „befreien" und sie zum christlichen Glauben zu bekehren.

Die Missionare kümmerten sich aber nicht nur um das geistige, sondern auch um das leibliche Wohl ihrer Schutzbefohlenen und brachten ihnen die medizinischen Errungenschaften der Industrieländer und die lebensrettenden Grundregeln der Hygiene bei. Das Auftreten des „weißen Mannes" hatte also u. a. einen Rückgang der Sterbefälle zur Folge. Dieser Sachverhalt hat sich durch Transfer der modernsten medizinischen Errungenschaften noch potenziert.

Die Entwicklungsländer wurden innerhalb von kurzer Zeit in die Phase II des demographischen Übergangs katapultiert, die sich in Mitteleuropa ganz allmählich herausgebildet hatte. Die Folge ist ein exponentieller Anstieg der Bevölkerungszahl in den Entwicklungsländern. Der Ausweg durch Eintritt in die Phasen III und IV wird jedoch nicht mit der gleichen Geschwindigkeit folgen. Auch eine Anhebung des Lebensstandards wie in Phase III in Mitteleuropa ist so ohne weiteres nicht möglich. Eine Auswanderung großen Stils in „leere" Räume, vergleichbar mit dem Zug der Europäer insbesondere nach Nordamerika, ist nicht möglich, auch ist das Potenzial zum wirtschaftlichen Aufschwung nicht vorhanden.

Wie groß die in diesem Bevölkerungsanstieg lauernde Gefahr ist, ist inzwischen weltweit erkannt worden. In China hat man reagiert und durch Schaffung der Ein-Kind-Familie mittels drakonischer sozialer Strafandrohungen (Wohnungs- und Arbeitsplatzverlust, Steuerstrafen, gesellschaftliche Ächtung, Entzug von Privilegien) das Steuer herumgeworfen und fast Nullwachstum erreicht. Die Sozialisation des Nachwuchses ist zwar unter diesen Umständen erschwert, es wurde aber die staatsgefährdende Bedrohung durch Überbevölkerung abgewendet. Seit Eintritt dieser bevölkerungsdynamischen Korrektur haben weniger Chinesenkinder das Licht der Welt erblickt, als ganz Europa heute Einwohner zählt.

6.2. Agrarische Tragfähigkeit

(1989): Borchert und Mahnke (1973) definieren die agrarische Tragfähigkeit als diejenige Bevölkerungszahl, *„die von einem unter Berücksichtigung eines dort in naher Zukunft er-*

reichbaren Kultur- und Zivilisationsstandardes auf überwiegend agrarischer Grundlage unterhalten werden kann, ohne dass der Naturhaushalt nachteilig beeinflusst wird.“
Nach dieser Definition ist die Tragfähigkeit der Erde heute schon (1989) weit überschritten. Jedes Jahr sterben 40 Millionen Menschen an Hunger und seinen Folgen. (Der zweite Weltkrieg forderte in sechs Jahren 55 Millionen Tote.)
Für die Bejahenden größerer Menschenmassen ist der Hunger in der Welt wesentlich die Konsequenz ungerechter Weltwirtschaftsordnung, letztlich also ein Verteilungsproblem. Auch die wachsende Geschwindigkeit des Bevölkerungsanstieges scheint für sie wenig Gewicht zu haben. Schätzungen besagen, dass zu der Zeit um Christi Geburt 250 Millionen Menschen auf der Erde lebten. Dann brauchte die Menschheit zur Verdopplung dieser Zahl etwa 1600 Jahre (1650), für die zweite Verdopplung nur noch 200 Jahre (1850), für die dritte 100 (1950) und für die vierte, durch die die Bevölkerungszahl auf 4 Milliarden hochschnellte, nur noch 26 Jahre (1976).
Infolge der Überbevölkerung macht sich auf der Erde mit Blick auf die ständige Schaffung neuen Wohnraums eine zunehmende Desertifikation (Verwüstung) breit. Hinzu kommt, dass der große Schadstoffausstoß (vor allem CO2) und die industrielle Abwärme zusehends zu einer globalen Aufwärmung führen. Dieser Treibhauseffekt führt zu einer Abschmelzung der Polkappen, einer Überflutung der Küstenstädte und Tiefebenen und zu einer Ausbreitung der Wüstengürtel. Die Sahara rückt zum Beispiel jetzt schon im Jahresdurchschnitt um 10 Kilometer südwärts vor auf einer Front von etwa 5000 Kilometern. Die übrigen Wüsten der Erde vergrößern sich alljährlich um 5 bis 7 Millionen Hektar, das ist in jeder Sekunde eine Fläche von der Größe eines Fußballplatzes.
Ist die Katastrophe abwendbar? *Schauen wir mal.* Wenn die Oberfläche der Erde und mit ihr die Ausdehnung der notwendigen Anbaufläche sich nicht vergrößern lässt, dann bleibt immer noch der umgekehrte Weg, die Zahl der hungrigen Münder durch eine Geburtenkontrolle zu reduzieren. Auch auf diese Weise lässt sich das bedrohlich gewordene Missverhältnis zwischen Hunger und Brot aus der Welt schaffen. Ja, auf diese Weise müsste es sogar mit absoluter Gewissheit aus der Welt geschafft werden können. Denn die katastrophenträchtige Überzahl der Menschen wird in jedem Falle mit naturgesetzlicher Notwendigkeit auf das für die Erde erträgliche Maß absinken. Wenn wir nicht mit humanen Mitteln beizeiten dafür sorgen, dann werden globale Hungerkatastrophen das Missverhältnis auf ihre Art korrigieren.
Die Mittel stehen zur Verfügung. Sein angesichts von Notlagen so oft von der Zuversicht beschworener Einfallsreichtum hat den Menschen auch in diesem Falle keineswegs im Stich gelassen. Geburtenkontrolle durch Empfängnisverhütung – allein von ihr ist die Rede und nicht von Abtreibung – ist heute billig, ungefährlich und ohne Lästigkeiten praktikabel. Niemand brauchte durch Hunger oder Gewalt umzukommen. Die potenziellen zukünftigen Opfer würden gar nicht erst geboren.
Das ist so logisch wie selbstgerecht. Die Hauptgefahren, die uns auf den Nägeln brennen, gehen doch, wie oben dargelegt, von der industrialisierten Welt aus. Zunehmende Atmosphärenaufheizung, Verwüstung der Erdoberfläche usw. sind nicht die Folge von Überbevölkerung. Falls allerdings die Menschen der Entwicklungsländer

meinen, genau den gleichen Weg wie wir nehmen zu müssen, dann ist die Katastrophe perfekt.
Es ist die Quadratur des Kreises. Da treffen sich (1989) die Staatsoberhäupter beiderlei Geschlechts im brasilianischen Rio de Janeiro zum größten und teuersten Gipfel aller Zeiten, mit Namen „Umwelt und Entwicklung". Ein Widerspruch in sich selbst. Den Raubbau an der Natur zu stoppen und gleichzeitig die Dritte Welt nach den herkömmlichen Maßstäben zu entwickeln, ist, als wolle man einen Flächenbrand mit Benzin löschen. Denn unter Entwicklung ist in diesem Fall all das zu verstehen, was die Umwelt zerstört.
Vielleicht wird durch solche Treffen immerhin erreicht, in breiterem Maße als bisher eine Änderung des Bewusstseins zu bewirken, so dass immer mehr Menschen immer mehr die Probleme in ihrer globalen Vernetzung begreifen und danach handeln.

(2009): „Auch Schwellenländer bekennen sich zum Kampf gegen Erderwärmung" (Saarbrücker Zeitung vom 9. Juli 2009). Der Klimaschutz scheint zumindest in Absichtserklärungen weltweit voranzukommen. Auf einem Gipfeltreffen in L'Aquila (Italien) haben sich die führenden Industrienationen und Russland (G8) getroffen und sich zu ihrer Vorbereiterrolle im Kampf gegen die Erderwärmung bekannt. Die Staats- und Regierungschefs erzielten gleich zum Auftakt einen ersten Durchbruch. Sie verständigten sich darauf, dass die anthropogene Erderwärmung auf zwei Grad Celsius begrenzt werden soll. Die Bundeskanzlerin Merkel sprach von einem „sehr, sehr wichtigen Tag" für den Klimaschutz. Die Teilnehmer des G8-Gipfels verpflichteten sich, den Anstieg der durchschnittlichen Temperatur weltweit auf zwei Grad im Vergleich zum vorindustriellen Zeitalter zu begrenzen. Alle würden „diesem Ziel entsprechend arbeiten", so die Kanzlerin. In einer Erklärung bekunden die G8 ihren Willen, den CO2- Ausstoß bis zum Jahr 2050 gegenüber 1990 zu halbieren, um das Zwei-Grad-Ziel zu erreichen. Die Schwellenländer wie Indien China und Brasilien hätten, so wurde berichtet, akzeptiert, dass nicht nur die Industrieländer den Ausstoß von Treibhausgasen reduzieren müssten, sondern auch sie selbst.

Kehren wir zurück zum Jahr 1989. Damals schrieb der Autor dieser Zeilen: Es gibt mit Blick auf die den Menschen betreffenden Vermehrungsquoten in der Welt Hoffnungsschimmer. Der Bevölkerungsfond der Uno (UNFPA) schlägt, um die Bevölkerungszahlen in den Griff zu bekommen, in seinem „Weltbevölkerungsbericht 1989" neuartige Wege vor. Es soll mehr auf die Frauen gesetzt werden. Besonders in Entwicklungsländern, so die Argumentation, hätten Frauen außerhalb von Ehe und Kindern wenig Alternativen. Dabei seien gerade sie für Ernährung, Heizstoff und Wasser zuständig. Die Frauen neigten zu großen Familien, weil dies von ihnen erwartet werde und sie im Kinderreichtum eine Absicherung ihrer misslichen Lage sähen. Von dieser Zwangslage, so die UNFPA, könnten Frauen nur befreit werden, wenn sie über die Angelegenheiten ihres Lebens in sehr viel freierer Weise entscheiden können. Dadurch würde das Prinzip der Chancengleichheit stärker zum Tragen kommen.

Die Frau ist nicht nur vollwertig in ihrer Rolle als Ehefrau und Mutter, sondern in allen Rollen, die die Gesellschaft bereithält. Erforderlich dafür sind bessere Ausbildung, mehr Gesundheitsfürsorge, Familienplanung, Zugang zu Landbesitz, Beruf und bezahlter Arbeit sowie Durchsetzung persönlicher und politischer Rechte. Nicht nur Missstände in unkontrolliertem Bevölkerungswachstum oder Armut und die damit zwangsläufig verbundene Kindersterblichkeit sollen auf diese Weise angegangen werden, die Frauen sollen vielmehr verstärkt die gesamte Entwicklung ihrer Umgebung mitgestalten.
Dieser aus dem Jahre 1989 stammende Ansatz lohnt ernsthaftes Nachdenken, denn er verspricht die Durchsetzung elementarer Menschenrechte. Bedenkt man allerdings, wie langwierig es selbst immer noch in westlichen Staaten ist, die sich gerne so aufgeklärt und fortschrittlich gebärden, die Gleichberechtigung von Mann und Frau auf eine selbstverständliche Weise zu praktizieren, so wird die Herausforderung für all jene Staaten deutlich, in denen Frauen gewissermaßen aus Tradition keine Rechte haben. Es wird hier eine enorme Aufklärungs- und Bildungsarbeit notwendig sein, allerdings insbesondere auch bei den Männern. Vielleicht ist es ein gutes Omen, dass der derzeitige Chef des UN-Bevölkerungsfonds (1989) eine Frau ist, Dr. Nafis Sadik. Sie dürfte wissen, welches Potenzial im weiblichen Geschlecht vorliegt, ein Potenzial, das nach Manifestation in einer gerecht denkenden Gesellschaft drängt.

6.3. Vergiftung der Biosphäre

Die Biosphäre (lat. *bios* = Leben; griech. *sphaira* = Kugel) wird zum einen als Teil der obersten Erdkruste (Boden), der Erdoberfläche und der Atmosphäre definiert. Das sind Bereiche, die von lebenden Organismen bewohnt werden bzw. den Organismen einen Lebensraum bieten. Zum andern betrachtet man die Biosphäre als die Gesamtheit der lebenden organischen Substanzen, Pflanzen, Mikroorganismen, der Tiere sowie der Menschen.
Schier unglaublich scheint der Glaube unter den Menschen, das technisch Machbare sei unbegrenzt, unbegrenzt sei auch die Fähigkeit, alles auszugleichen, als unbegrenzt sieht man auch die Reserven an Luft, Land und Wasser.
Doch unsere Welt ist höchst begrenzt und empfindlich. Das wurde vielen Menschen bei uns erst 1963 bewusst, als Rachel Carsons Buch *Der stumme Frühling* auch bei uns eine breite Leserschaft gefunden hatte. Schon vor Jahren machte der amerikanische Ökologe John Mc Hale darauf aufmerksam, dass alle Anwendungen wissenschaftlicher und technischer Errungenschaften Auswirkungen haben, die der Kontrolle bedürfen. Er hielt es für dringend ratsam, Frühwarnsysteme zu entwickeln ähnlich denen, die der rechtzeitigen Erkennung gelenkter Raketen dienen. Ihm schien unerlässlich, eine neue ökologische Ethik zu schaffen, die uns Grundregeln für eine wirksame Kontrolle unserer zum Teil gigantischen technologischen Fähigkeiten in die Hand gibt. 1970 bereits hielt er den Punkt für erreicht, ökologischen Erfordernissen Priori-

tät gegenüber bisherigen Wertsystemen und althergebrachten Privilegien einzuräumen.

Solche und viele weitere Warnungen haben nicht viel gefruchtet. Zu sehr behaupten sich verkrustete Denkstrukturen und Mächtekonstellationen.

Der Biosphäre in ihrer Definition als Lebensraum gehören drei Geosphären an:

- Hydrosphäre (Wasser)
- Oberster Teil der Lithosphäre (Boden)
- Unterster Teil der Atmosphäre

6.3.1. Hydrosphäre (Wasser)

)1989): Auf Wasser sind alle Organismen angewiesen. Es ist folglich eines der kostbarsten Güter, die uns von der Erde zur Verfügung gestellt werden. Das für uns besonders wichtige Süßwasser stellt nur einen Bruchteil des weltweiten Wasservorrats dar und unterliegt im globalen Kreislauf einer ständigen Erneuerung. Der heutige Süßwasserverbrauch liegt weltweit bei 3500 Kubikkilometern. Er ist seit 1950 um das Dreifache angestiegen. Hauptverbraucher ist die Landwirtschaft, die mit 73% des entnommenen Wassers 3 Millionen Quadratkilometer künstlich bewässert. Die jährliche Steigerung beträgt 8%. Zur Behebung von Engpässen werden Flüsse aufgestaut und Grundwasser erschlossen. Durch zu große Grundwasserentnahmen sind die Vorkommen in Indien, China und den USA zum Teil erschöpft. In Russland sinkt der Wasserspiegel beispielsweise von Aral- und Baikalsee dramatisch ab (La Riviere, 1989). Der Aralsee war ehemals der viertgrößte Binnensee der Welt. Zwischen 1969 – 86 ist seine Fläche von 68000 auf 41000 Quadratkilometer geschrumpft. Der Salzgehalt stieg von 1% auf 2,7%. Bis zu Beginn des 21. Jahrhunderts wird der See schätzungsweise auf 8% seiner Fläche geschrumpft sein. Die Ursache ist die exzessive Wasserentnahme aus den Zuflüssen. Die Fischereiindustrie ist vernichtet, die Klimaschwankungen im Umland werden zusehends krasser.

(2009): Der Aralsee, ein abflussloser See, liegt innerhalb der Aral-Kaspi-Senke in einem Becken, dem Tiefland von Turan. Er gehört zur Hälfte zu Kasachstan und Usbekistan. Infolge des kontinentalen Klimas herrschen Halbwüsten- und Wüstenklimate vor. Die oben angesprochene, anthropogene Austrocknung des Sees ist wesentlich die Folge davon, dass seit der Stalin-Ära die Hauptzuflüsse Amudarja und Syrdarja intensiv für die künstliche Bewässerung der riesigen Baumwoll-Anbauflächen in Kasachstan genutzt werden. Seit dieser Zeit sank und sinkt der Wasserspiegel des Sees kontinuierlich. Möglicherweise wird er in absehbarer Zeit nicht mehr existieren.

Mittlerweile ist der See in zwei Teile zerfallen, in den nördlichen Kleinen Aralsee und den südlichen Großen Aralsee. Die noch 1960 am Ufer gelegenen Städte Aral am Nordufer und Mujnak am Südufer liegen heute aufgrund der Verlandung jeweils mehr als 150 km entfernt von der Uferlinie.

Mit der Schrumpfung der Wassermassen stieg der Salzgehalt an, was ein Fischsterben und somit den Niedergang der Fischerei nach sich zog. Der ursprüngliche Salzgehalt des Sees lag bei 0,9% (1960). Bis 1980 hatte er sich auf 1,65% erhöht. Mitte der

Neunziger Jahre betrug der Salzgehalt 3%. 2003 wurde im Großen Aralsee eine durchschnittliche Salinität von mehr als 7,5 % gemessen.
Nach dem Rückzug der Wasserlinie verwandelt sich ursprünglicher Seeboden zu Salz- und Staubwüsten, die durch jahrzehntelange hohe Einträge an künstlichen Düngemitteln, Herbiziden, Pestiziden und anderen Schadstoffen hoch gesundheitsgefährdend sind.
Seit den 1970er Jahren stieg die Zahl der Magen- und Darmerkrankungen sowie die der Atemorgane sprunghaft an. Typhus, Paratyphus, Hepatitis und Tuberkulose breiteten sich aus, Krebserkrankungen nahmen extrem zu. Besonders betroffen sind Kinder und schwangere Frauen. Die Kindersterblichkeit ist viermal höher als in Russland. Sie wird durch verseuchte Nahrungsmittel und der Aufnahme von hohen Anteilen von Pflanzenschutzmitteln in der Muttermilch begünstigt. Einher geht dies mit einer wachsenden Zahl von Missbildungen und Behinderungen Neugeborener wie beispielsweise Hasenscharte und Anenzephalie (angeborenes Fehlen des Gehirns). 2009 besagen Schätzungen, dass etwa 25% der Bevölkerung in den Baumwollanbaugebieten geistig retardiert sind. Fazit: Keine Trendwende zu positiven Lebensbedingungen.

(1989): Der Baikalsee enthält 20% der Trinkwasserreserven der Erde. Um sein Wasser auszutauschen, braucht der See 380 Jahre. Innerhalb weniger Jahrzehnte ist er extrem verschmutzt worden. Viele der dort endemischen Tiere sind vom Aussterben bedroht (Wilson, 1989).

(2009): Der in Sibirien liegende See weist eine Tiefe von 1640 Metern auf. Er ist 25 Millionen Jahre alt und ist somit nicht nur der tiefste sondern auch der älteste Süßwassersee der Erde. Sein einziger Abfluss, die Angara, fließt über den Jenissei in die Karasee des Polarmeeres.
Der Baikalsee, das größte Reservoir flüssigen Süßwassers der Erde, hat ein Volumen von 23000 Kubikkilometern und ist somit größer als die Ostsee und entspricht etwa dem 480-fachen Wasserinhalt des Bodensees. Gespeist wird der See von 336 Flüssen und unzähligen Bächen.
Nach dem 2. Weltkrieg wurde die Industrialisierung in der Umgebung des Sees vorangetrieben, was vor allem durch die Transsibirische Eisenbahn und die Baikal-Amur-Magistrale ermöglicht wurde. Dazu baute man Papier- und Zellstofffabriken bei Baikalsk und Selenginst. Man begann zudem damit, den See exzessiv zu befischen. Die Abwässer der Städte und der Industrie werden ungereinigt in den See geleitet.
Es gibt Hoffnungsschimmer. Um der Zerstörung der Landschaft und der Natur der Baikalregion entgegenzuwirken, wurden vielerorts Naturschutzgebiete und teils auch Nationalparks eingerichtet. Im Jahr 1996 wurde die gesamte Baikal-Region von der UNESCO in die Liste des Welterbes als Weltnaturerbe aufgenommen. Am 15. April 2009 meldete die Internetzeitung *Russland Aktuell*: *„Das Zellulosekombinat am Baikalsee schließt"*. Es tut sich was. Zur Mobilisierung des Umwelt- und Naturschutzes trägt, im Gegensatz zum Aralsee, sicherlich bei, dass wir es, mit Blick auf Fauna und Flora, mit einer einzigartigen Region zu tun haben. Etwa zwei Drittel der rund 1500 Tier- und

1000 Pflanzenarten sind endemisch, kommen also ausschließlich hier vor. Hier lebt eine der beiden Robbenarten, die weltweit im Süßwasser vorkommen. Der Omul, eine Lachsart und der Golomjanka, ein Fettfisch, der am tiefsten vorkommende Süßwasserfisch der Erde, sind hier ebenfalls zuhause.
Günstige natürliche Bedingungen haben die anthropogene Verschmutzung des Sees gebremst, denn das Wasser des Sees wird ständig auf natürliche Weise geklärt, so dass sein Reinheitsgrad extrem hoch ist. Für die Sauberhaltung sorgen winzige Flohkrebse, die 90% der Biomasse des Sees ausmachen. Die Krebse vertilgen die kleinsten Algen und Bakterien. Sie sind in der Lage, im Verlaufe eines Jahres dreimal die oberste Fünfzig-Meter-Wasserschicht zu säubern. Alles Organische wird vernichtet, auch tote Fische, ertrunkene Insekten und sogar verwesende Landwirbeltiere werden vertilgt. Ertrinkt ein Mensch in dem See, so stehen nur sieben Tage zur Verfügung, um die Leiche im See wieder zu finden. Denn danach haben die Selbstreinigungsprozesse des Sees alle Spuren beseitigt.
Fazit: In der Baikal-See-Region ist, mit Blick auf Erhaltung der Natur, eine Trendwende zum Positiven unverkennbar.

(1989): Der zunehmende Bedarf an Flusswasser, dies Nil, Jordan, Ganges oder Brahmaputra betreffend, ist ein Warnzeichen für die zunehmende Wasserknappheit. Einige Nationen werden bis zum Jahr 2000 die Obergrenzen des verfügbaren Wassers erreicht haben Aufgrund des wachsenden Waldverlustes wird sich die Wasserverfügbarkeit auf Dauer noch mehr destabilisieren (Global 2000). Insgesamt werden Wasserknappheit und Verschlechterung der Wasserqualität in beängstigender Weise zunehmen. Bäche und Rinnen werden zu Abwässerrinnen degradiert, Seen eutrophieren oder versauern, und das Grundwasser wird weltweit mit Pestiziden und Nitraten verseucht. Mehr und mehr Brunnen müssen der Trinkwasserversorgung entzogen werden, auch wird, global gesehen, Trinkwasser zu gewinnen und Abwässer zu reinigen, immer schwieriger und teurer. Die Verarmung limnischer Ökosysteme führt zur Artenbedrohung. Die früheren Begradigungen von Fließgewässern verschärfen die Probleme durch gesteigerte Hochwassergefahren, die ihrerseits durch die Erderwärmung eine zusätzliche Steigerung erfahren.

(2009): Die Frage der Wasserverfügbarkeit hat in den letzten 20 Jahren an Brisanz nichts verloren. Die UNESCO spricht präzisierend von verfügbaren Süßwasserressourcen und versteht darunter diejenige Menge an Süßwasser, die einer Person pro Jahr zur Verfügung steht. Je nach Größe dieser Menge und der spezifischen Abhängigkeit von Wasser definieren sich die untergeordneten Begriffe Wasserknappheit, Wassermangel und Wassernotstand.
Die Erdoberfläche verfügt insgesamt über 1,4 Milliarden Kubikkilometer Wasser, davon sind 35 Millionen Kubikkilometer Süßwasser. Hiervon wiederum sind nur etwa 210 Kubikkilometer (weniger als 1%) für den Menschen relativ leicht anzapfbar (in Seen, Flüssen, Großtalsperren). Das meiste (nicht leicht zugängliche) Süßwasser findet sich in Gletschern, in Schnee und Eis, im Grundwasser, im Grundeis, in Dauer-

frostböden, in Bodenfeuchtigkeit und Sumpfwasser. Die Wasserverfügbarkeit nach der Definition der UNESCO bedeutet nicht nur die leicht verfügbare sondern die gesamte Süßwassermenge, unabhängig von deren Zugänglichkeit.

Auf den ersten Blick scheint es an Wasserreserven nicht zu fehlen. Bei genauerem Hinsehen wird aber deutlich, dass für eine längerfristig nachhaltige Wassernutzung nicht die vorhandenen Reserven maßgeblich sind, sondern die erneuerbaren Süßwasser-Ressourcen, die in Form von Niederschlägen auf die Erde fallen. Wird dem Grundwasser und den Seen, was oben thematisiert wurde, mehr Wasser entzogen als durch Regen nachgeliefert wird, versiegen diese Quellen auf längere Frist. Beispiele sind der genannte Aralsee, dessen Volumen seit 1950 um 80% reduziert wurde, weil den Zuflüssen zuviel Wasser für Bewässerung entzogen worden ist. In der libyschen Wüste kommt Jahrtausende altes Grundwasser für Bewässerungszwecke zum Einsatz. Dem Grundwasser wird jährlich 3,8-mal mehr Wasser entzogen, als der Regen nachliefern kann. In Peking und Umgebung fällt der Grundwasserspiegel wegen Übernutzung jährlich um 1-3 Meter.

Wie steht es konkret mit der Wasserverfügbarkeit pro Kopf und Jahr? Jährlich fallen im Durchschnitt etwa 110000 Kubikkilometer Regen auf die Kontinente und Inseln der Erde. Davon verdunsten etwa 56% und weitere 25% fließen in Oberflächengewässern ab, deren Wasser nur zu einem Teil unmittelbar genutzt werden kann. Weltweit stehen somit an Süßwasser für die Gewinnung von Trinkwasser, für die Bewässerung in der Landwirtschaft oder für den Einsatz von Brauchwasser in der Industrie jährlich 9000 bis 12000 Kubikkilometer zur Verfügung. Bei einer Weltbevölkerung von 6,5 Milliarden entspricht dies einer Menge von 1500 bis 2000 Kubikmetern Süßwasser pro Kopf und Jahr. Nun darf nicht übersehen werden: Niederschläge fallen zeitlich und regional höchst unregelmäßig. Einige Gebiete dieser Erde erhalten regelmäßig sehr große Mengen, wie z. B. die pazifischen Inseln oder Orte in Indien mit über 10 Metern Niederschlagshöhe, in Trockengebieten ist die Niederschlagshöhe extrem niedrig, so z. B. 41 mm in Lima, 50 mm in El Golea (Algerien) oder 160 mm in Khartoum (Sudan).

Im Jahre 2009 stehen wir erst am Anfang möglicher Maßnahmen, solchen naturgegebenen Ungleichgewichten wirksam entgegenzutreten. In erster Priorität wird es nötig sein, in Regionen mit knappen erneuerbaren Wasserressourcen mittels technischer und wirtschaftlicher Verfahren zur effizienten Verteilung und Nutzung des zur Verfügung stehenden Wassers beizutragen. Zur Lösung der globalen Wasserknappheit wird es mittel- und langfristig aber auch nötig sein, die geographische Verteilung der Nahrungsmittelproduktion unter dem Aspekt der Wasserverfügbarkeit neu zu organisieren. Zum besseren Verständnis des letzten Aspektes bedarf es einer erklärenden Anmerkung.

Weltweit wird der größte Teil des genutzten Wassers für die Nahrungsmittelproduktion benötigt. Als Faustregel gilt, dass für die Produktion von 1 kg Brot mindestens 1 Kubikmeter Regen- bzw. Bewässerungswasser benötigt wird. In der Praxis reicht das in der Regel nicht aus. Amerikanische Farmer brauchen beispielsweise pro 1 kg

„Brotäquivalent" etwa 4 Kubikmeter Wasser. Für den Ertrag von 1 kg Reiskörner benötigen die Bauern in den Tropen 5 Kubikmeter Wasser.
Tiere setzen nur 10% der Nahrung in Fleisch um. Dies bedeutet, dass für die Produktion von einem kg Fleisch per Tiermast bis zu 50 (!) Kubikmeter Wasser zum Einsatz kommen müssen.
Die Importstatistik von Israel zeigt, dass das Wassermanko in diesem wüstenreichen Land im Wesentlichen durch den Import von Wasser in Form von Lebensmitteln ausgeglichen wird.
Die Frage *„wie viel Wasser braucht der Mensch?"* birgt in sich die Frage *„wie viel Wasser verbraucht der Mensch?"* Von allen bisher angesprochenen Problemen vielleicht das wichtigste.
Rund drei Milliarden Menschen leben ohne hygienische sanitäre Einrichtungen, und kaum die Hälfte des in den großen städtischen Agglomerationen anfallenden Abfalls wird überhaupt eingesammelt, geschweige denn umweltgerecht entsorgt. Die ärmeren Bevölkerungsschichten in den ländlichen und halbstädtischen Gebieten der Entwicklungsländer sind von dieser Situation am stärksten betroffen. Die Konsequenzen sind dramatisch. Einerseits sterben jedes Jahr Millionen von Menschen (vor allem Kinder) an Durchfallerkrankungen, Cholera und Typhus, welche durch Fäkalien und mangels einer genügenden Wasserversorgung übertragen werden. Zudem leiden hunderte Millionen Menschen an auf Abwasser und Fäkalien zurückzuführende Infektions- und Parasitenkrankheiten und sind damit in ihrer wirtschaftlichen Produktivität stark eingeschränkt. Wirtschaftliche Defizite kommen auch dadurch zustande, dass Frauen und vielfach auch Kinder oft jeden Tag Stunden aufwenden müssen, um Wasser von einer weit entfernten Wasserstelle, von einem Bach oder einem Brunnen, in den Haushalt zu transportieren. Dies ist nicht nur mühsam, es gehen damit insbesondere wertvolle Stunden für die Produktion von Nahrungsmitteln verloren. Entsprechend kommt auch die Ausbildung der Kinder zu kurz. Dass in solchen Sachverhalten ein wesentliches Hindernis für die allgemeine wirtschaftliche Entwicklung ist, liegt auf der Hand.
Es stellt sich die Frage, weshalb sich die geschilderte Situation in den letzten 20 Jahren nicht wesentlich verbessert hat, denn an Anstrengungen hat es nicht gefehlt. Die Gründe sind vielfältig:
1. Viele Jahre herrschte die Meinung vor, bei der Entwicklungshilfe gehe es primär um einen möglichst effizienten Transfer der im Norden entwickelten und erfolgreich angewandten Technologien. Es wurde aber außer Acht gelassen, dass es nicht nur in ökonomischen und klimatischen Belangen Unterschiede gibt, sondern auch soziokulturell bedingte Unterschiede zwischen uns und den Menschen in den Entwicklungsländern vorliegen.
2. Die wichtigsten Entwicklungsorganisationen konzentrierten sich bis vor kurzem auf die Finanzierung von Wasserversorgungsprojekten. Die Entsorgung der Fäkalien bzw. des Abwassers wurde dabei aber weitgehend vernachlässigt. Es ließ sich leicht nachweisen, dass die Verbesserung der Wasserversorgung allein nicht eine Verbesserung der Gesundheitssituation bewirkt. Es bedarf hierzu der Verbesserung des Hy-

gieneverhaltens der Bevölkerung durch Hygieneerziehung und der Abwasserentsorgung durch angepasste Maßnahmen.
3. Die Menschen in den Entwicklungsländern mussten erst lernen, dass Wasser ein ökonomisches Gut ist und einen wirtschaftlichen Wert in all seinen Nutzungsformen hat. Das hierzu zunächst noch unterentwickelte Bewusstsein hatte zur Folge, dass aufwendige Technologien zwar importiert, deren Betrieb und Unterhalt von den Nutznießern aber bereits kurze Zeit nach Inbetriebnahme nicht mehr finanziert wurden, sei es, dass man nicht konnte, sei es, dass man nicht wollte.
4. Die Versorgungs- und Entsorgungsbetriebe in Entwicklungsländern werden in den meisten Fällen durch Institutionen der Zentralregierung betrieben. Es hat sich aber immer wieder gezeigt, dass staatliche Behörden generell schlecht geeignet sind, effiziente Dienstleistungen in den angesprochenen Bereichen anzubieten und selbst zu leisten. Häufig mangelt es an der Befolgung betriebswirtschaftlicher Kriterien. Zudem fehlt es an Motivation, Versorgungs- und Entsorgungssysteme für die ärmeren Bevölkerungsschichten einzurichten und zu betreiben.
5. Ein weiterer (letzter) Grund liegt schließlich darin, dass viele Anstrengungen durch das starke Bevölkerungswachstum, vor allem in den Städten, wieder zunichte gemacht werden.
Dies führt uns wieder an den Anfang unserer Betrachtungen: Not lässt die Bevölkerungszahlen wachsen, dieses wiederum vergrößert die Not. Dieser Circulus vitiosus kann nur durch beharrliches Verfolgen der angesprochenen ökonomischen, ökologischen und humanitären Ziele aufgelöst werden.

(1989): Gigantische Staudammprojekte, die die Wasserverfügbarkeit erhöhen sollen, zerstören riesige Flächen mit zum Teil einzigartigen ökologischen Systemen. Faulgase bilden sich, Krankheiten wie Malaria, Flussblindheit und Bilharziose breiten sich, wie etwa am ägyptischen Assuanstausee, aus. Die regionalen klimatischen Bedingungen werden verändert. Die Lebensdauer der Staudämme wird durch Verschlammung infolge erhöhter Erosion drastisch verkürzt. Die Wirtschaftlichkeit dieser kapitalintensiven Dämme ist daher mehr als fraglich (Vogt, 1989 und Schmidt-Kallert, 1988).

(2009): Die heutzutage zumeist angewandte Methode der Wasserkraftnutzung ist, mittels eines Staudammes ein großes Gefälle zu erzielen, wobei die Turbinen und Generatoren innerhalb des Dammes Platz finden. Staudämme gibt es so gut wie in allen Ländern, allerdings in sehr unterschiedlichen Dimensionen. Ein Großteil dieser weltweit vorhandenen Dämme wird jedoch nur zur Speicherung von Nutz- und Regenwasser für die Landwirtschaft und zu Trinkzwecken genutzt. Nur die größten Staudämme dienen der Stromversorgung; sie weisen einen durchschnittlichen Wirkungsgrad von 85% auf. Der erste Staudamm, der nachweislich aus hydrodynamischen Erwägungen gebaut wurde, wurde 1894 am Willamette-River bei Oregon City, Oregon errichtet.
Im Jahre 1997 wurden weltweit rund 38000 Staudämme gezählt, davon befinden sich allein in China etwa 18000. Alle Kraftwasserreservoire bedecken insgesamt eine Flä-

che von einer halben Million Quadratkilometern – was etwa der Größe Frankreichs entspricht.

Nach einer Zählung im Jahre 2005 gibt es mehr als 45000 Staudämme. Die weltweite Planung sieht noch 46 große Staudämme vor, so in China am Jangtsekiang, in Südamerika am Rio de la Plata, im Mittleren Osten am Euphrat-Tigris und in Indien am Gangessystem.

Diese biberartige Freudigkeit des *Homo sapiens*, Wasser zu stauen, hat nicht nur positive Aspekte. Die meisten der bisher durchgeführten Projekte sind in ihrer Werteinschätzung äußerst kontrovers diskutiert worden. Gewiss: es kann mitunter viel Energie gewonnen werden. Aber zu welchem Preis? Die beste diesbezügliche ambivalente Bilanz liefert der Assuan-Staudamm in Ägypten. Man kann nur hoffen, dass daraus Lehren für die Zukunft gezogen werden. Der Blick nach China gibt solchen Hoffnungen kaum Nahrung. Dabei ist prinzipiell gegen den Bau von Staudämmen nichts einzuwenden. Dies führen uns die Biber seit Jahrmillionen vor Augen. Es ist der Gigantismus, der allenthalben sich austobt. Aus Dummheit? Prestige-Denken? Größenwahn? Seit den Zeiten Babylons haben die Menschen offenbar nichts hinzugelernt.

Werfen wir einen Blick auf die Geschichte des Assuan-Staudammes.

Zwischen 1892 und 1902 baute der britische Ingenieur Sir William Willcocks 6 km südlich von Assuan einen Staudamm, um die Wassermassen des Nils vor allem beim jährlichen Hochwasser regulieren zu können. Der Damm, bestehend aus Granitblöcken, ist an der Sohle 35 m und an der Krone 12 m breit. Seine Länge beträgt etwa 2100 m. In den Jahren 1907 bis 1912 und 1929 bis 1933 wurde der Damm auf 54 m erhöht. 180 Schleusentore ermöglichten die Regulierung des Wasserstandes, wobei der für die Landwirtschaft extrem wichtige, sehr fruchtbare Nilschlamm die Schleusen passieren konnte.

Zwischen 1960 und 1970 wurde dann 7 km südlich des alten Dammes mit sowjetischer Hilfe der neue „Assuan-Staudamm“ als Prestigeobjekt des damaligen Staatspräsidenten Gamal Abdel Nasser erbaut. Das Wehr besteht aus einer gewaltigen Schotteraufschüttung mit einem Lehmdichtungskern und einem Betonmantel. Die Staumauer ist mehr als 3,6 km lang und 111 m hoch, an der Sohle 960 m und an der Krone etwa 100 m breit. Etwa 100000 Menschen, mehrheitlich Nubier, mussten wegen des Projekts umgesiedelt werden. Die Füllung des Sees dauerte 26 Jahre.

Der neue Staudamm trägt zur Stromgewinnung bei, auch erfüllt er, wie der alte Damm, eine regulierende Funktion mit Blick auf die Wassermassen. Aber: der Assuan-Stausee hält den fruchtbaren Nilschlamm zurück, was die Zweischneidigkeit dieses Projektes bezeugt. Die Bauern des nördlichen Nilgebiets sind wegen mangelnder Düngung ihrer Felder in eine schlimme Krise katapultiert worden. Teurer Kunstdünger muss importiert werden, die Töpfer- und Ziegelindustrien in den betroffenen Gegenden haben ihren Grundstoff verloren, wie auch den Fischen an der Flussmündung die Nahrung ausgegangen ist, was wiederum die Existenz der Fischer bedroht.

Die Verschlammung des Stausees bewegt sich in der Größenordnung von 90 Millionen Tonnen pro Jahr, die nur unter sehr hohem Kostenaufwand in ökologisch vertretbaren Grenzen gehalten werden kann. In den stehenden Gewässern des Stausees

breiten sich Malaria und Bilharziose aus, was das Schwimmen im See zu einem lebensbedrohlichen Unterfangen macht.
Wir wollen es bei diesen Negativbeispielen bewenden lassen. Viele Staudamm-Großprojekte weisen ähnliche spezifische Probleme auf. Nicht zu überbietende Dramatik begleitet indessen die ‚Schaffung' des Jangtsekiang Stausee in China. *„Für den größten Energiespeicher der Welt leiden Natur, Kultur und die Menschen. 1,3 Millionen werden zwangsweise evakuiert.* (Focus Nr. 8, 1996). Noch in diesem Jahr sollen, bei planmäßigem Verlauf, die Arbeiten abgeschlossen werden. Wie stellen sich die von Anfang an äußerst kontrovers diskutierten Stellungnahmen in diesem Falle dar?
Am größten Wasserkraftwerk der Welt bauen die Chinesen seit 1993. Durch die Aufstauung des Jangtsekiang (oder Yangtze) wird ein 663 km langes Binnenmeer entstehen, dem dann 1,3 Millionen Menschen gewichen sein müssen. Insgesamt 20 Landkreise mit 140 Städten, 1352 Dörfern, 1600 Fabriken und 32000 Hektar Ackerland versinken, während der Wasserstand die geplante Höhe von 175 m erreicht.
Dafür wird der Volksrepublik China nach Fertigstellung des Drei-Schluchten-Dammes mit seiner 185 Meter hohen und 2309 Meter langen Staumauer sowie der Inbetriebnahme aller der insgesamt 26 Riesenturbinen am Ende der Fertigstellung eine elektrische Leistung von 18200 MW zur Verfügung stehen.
Vorauszusehen sind Verschlammungsprobleme ähnlich denen im Assuanstau-See. Klimatische Veränderungen sind jetzt schon spürbar, und zwar in einem 10mal größeren geographischen Bereich als ursprünglich vermutet. Nach einer jüngsten Nachricht (Juli 2009) sollen noch einmal bis vier Millionen Anwohner des Drei-Schluchten-Staudamms zwangsweise umgesiedelt werden. Manche Familien nun schon zum zweiten Mal. Die neue Massenumsiedlung sei notwendig, um die Umwelt in dem Gebiet um das Wasserreservoir zu schützen. Die Menschen aus nordöstlichen und südwestlichen Regionen von Chongqing entlang des 600 km langen Stausees sollen dazu ermutigt werden, in Vororte der Metropole umzuziehen.

(1989): Die Küstenzonen und ihre Flussmündungen sind sehr artenreich und enthalten wertvolle Lebensräume wie 240000 Quadratkilometer Mangrovenwald, der für viele wirtschaftlich bedeutende Fischarten unentbehrlicher Lebensraum ist, das Große Barriere-Riff vor Australien, Schilf- und Zypressensümpfe sowie die europäischen Wattlandschaften.
Doch gerade diese Küstenzonen sind durch die schon großen und noch zunehmenden Schlammablagerungen sehr gefährdet, wozu auch beiträgt, dass der Schlamm zum Teil sehr stark belastet ist. Insgesamt gelangen jährlich über 20 Milliarden Tonnen an gelösten oder suspendierten Schadstoffen ins Meer. Die Hauptquellen sind Einleitungen durch Flüsse, Regenwasserabläufe, atmosphärischer Eintrag, Verkappung und Verbrennung von Sondermüll, defekte Bohrplattformen und havarierende Schiffe.
Neben radioaktiven Abfällen gelangen jährlich ca. 5 Millionen Tonnen Erdöl ins Meer. Dies entspricht einem Gramm je 100 Quadratmeter Meeresoberfläche. Bei Ökokatastrophen sterben Myriaden von Kleinstlebewesen, Jungfischen, Schalentie-

ren, Vögeln und Meeressäugern ab. Diese letztendlich vom Menschen verursachten Katastrophen erscheinen indessen vergleichsweise harmlos angesichts des hemmungslosen Abschlachtens der größten Meeressäuger wie Glatt- und Blauwale, die vom Aussterben bedroht sind. Welche Auswirkungen dies wiederum auf die vielfältigen Ökosysteme der Meere und Ozeane haben wird, ist eine offene Frage.

(2009): Der Autor dieser Zeilen ist Biologe. Die folgende Nachricht vom 26. Juni 2009 in allen Medien hat ihn besonders gefreut: *„Entscheidung der UNESCO: Wattenmeer der Nordsee als einzigartiges Ökosystem zum Weltnaturerbe erhoben"*. Der deutsche Umweltminister Gabriel sprach von einem großen Tag für den Naturschutz in Deutschland. Das Wattenmeer an der Nordseeküste steht somit in einer Reihe mit Naturwundern wie dem Grand Canyon, den Galapagosinseln oder der Serengeti in Afrika. Das Wattenmeer sei *„eines der größten küstennahen und gezeitenabhängigen Feuchtgebiete der Erde"* hieß es in der Entscheidung, die das Gremium in Sevilla traf.
Das Wattenmeer hat eine Fläche von 9555 Quadratkilometern. Kennzeichnendes Merkmal: Bei Hochwasser ist es überflutet, bei Niedrigwasser reicht es kilometerweit vom Ufer bis zur offenen See. Es bietet Lebensraum für rund 10000 Arten von Tieren, Pflanzen und Kleinstlebewesen. Kein anderes Gebiet der Erde hat eine größere zusammenhängende Sand- und Schlickfläche. Jedes Jahr rasten zehn bis zwölf Millionen Zugvögel im Wattenmeer und machen einen Zwischenstopp auf dem Weg von Südafrika nach Nordsibirien und Kanada. Brutvögel sind an der Nordsee ebenso zu finden wie Wattwürmer, Kegelrobben und Schweinswale.
Beharrlichkeit führt zum Ziel. Es ist noch einiges zu tun. Vertreter von Greenpeace meinen: „Obwohl das Wattenmeer schon seit 23 Jahren Nationalpark sei, werde die Ölförderung weiterhin geplant und es werde gefischt, was das Netz hergebe." Richtig! Die Freude über den Schritt der UNESCO in die richtige Richtung lässt sich der Autor dieser Zeilen dennoch nicht nehmen.

6.3.2. Lithosphäre (Boden)

(1989): „Ob man es wahrhaben will oder nicht: Der deutsche Wald liegt im Sterben".
So kann man es nachlesen in der Zusammenfassung der Ergebnisse eines Gesprächs, zu dem sich 1982 ein Dutzend namhafter deutscher Forstwissenschaftler mit Energiefachleuten in Kaiserslautern trafen. In der Tat ist nicht zu übersehen: Die Kronen der Bäume werden durchsichtig, die Nadeln rieseln, die Zweige brechen. Betroffen sind zunächst die Tannen, Fichten, Kiefern, Lärchen, dann die Buchen; Ulmen, Roteichen und Linden. Ein stiller Tod. Er kam alles andere als überraschend. Seit über drei Jahrzehnten ist er Fachleuten bekannt. Alles Mahnen war aber vergeblich. Die Politik erwies sich als machtlos gegenüber der Lobby der Industrie. Vorgeschoben wird die Sorge um die Arbeitsplätze, die Abhängigkeit vom Export und dergleichen mehr.
Eine Zeitbombe tickt, sie heißt *saurer* Regen oder auch *saurer* Nebel. 1959 starben in London binnen drei Tagen 4000 und während der nächsten Monate 8000 Menschen am Smog. Ursache sind Schwefelverbindungen, die als Staub und saurer Regen nie-

dergehen. Schwefeldioxid (SO2) aus Kraftfahrzeugen Ölheizungen, Kraftwerken und Raffinerien ist hauptverantwortlich. Seit den sechziger Jahren beträgt der Jahresausstoß allein in Deutschland unverändert rund 3,5 Millionen Tonnen. Das sind mehr als ein Zentner pro Kopf der Bevölkerung.

In den siebziger Jahren wurden die Industrieschornsteine daher in die Höhe getrieben, um die Giftfracht auf ein größeres Gebiet zu verteilen, eine als frivol zu bezeichnende Maßnahme.

Regen fällt heute nicht als Wasser, vielmehr als verdünnte Lösung von Säuren des Schwefels und des Stickstoffs auf die Erde. Er vermag Eisen zu korrodieren, Marmor, Stein, sogar Beton zu zerfressen. Der Kölner Dom ist in den letzten 30 Jahren schneller verwittert als in den 300 Jahren zuvor. Für die Westminster Abby in London wurden bis zum Jahre 1989 ungefähr 10 Millionen Pfund ausgegeben, um Schäden des sauren Regens zu beseitigen. Marmor löst sich in Säuren. Er besteht aus Calciumcarbonat, dessen Verschwinden zu vielfältigen Schäden führt: Angeraute Oberflächen, Abtragung von Material wie der Verlust gemeißelter Feinstrukturen, punktueller Gesteinsfraß oder die Zerstörung größerer Gesteinsflächen. Reagieren die Sulfat-Ionen der Schwefelsäure mit den Calcium-Ionen des Marmors oder Kalksteins, so bildet sich eine weiße sich über das Mauerwerk ziehende Schicht von Gips.

Niederschlag, dessen pH-Wert niedriger ist als der pH-Wert, der sich in reinem Wasser durch den natürlichen Kohlenstoffdioxidgehalt der Atmosphäre einstellt (pH-Wert = 5,5), wird als saurer Regen bezeichnet. Saurer Regen wird durch Emissionen häufig in weit entfernten Regionen hervorgerufen. Das bedeutet, dass der Verursacher und der Empfänger von saurem Regen oft verschiedene Staaten sind. Derartige transnationale Umweltverschmutzung findet sich häufig in Ostasien.

Wer meint, auf Wald und Dome verzichten zu können, wird spätestens dann sich umbesinnen müssen, wenn es um den eigenen Körper geht. Hier nur ein Beispiel von vielen.

Statistisch belegt ist der Zusammenhang zwischen Luftverschmutzung und einer der bedrohlichsten Atemwegserkrankungen bei Kleinkindern. Es handelt sich um den meist nachts auftretenden Erstickungstod, den sog. Pseudokrupp. Er wird ausgelöst durch eine Schwellung des Kehlkopfes, der engsten Stelle in den Luftwegen. Das Kind stirbt innerhalb von Sekunden.

Wie steht es mit Ackerboden und Kulturpflanzen?

Schwefeldioxid im sauren Regen erhöht die Pflanzenverfügbarkeit des im Boden gespeicherten giftigen Cadmiums. In den Boden gelangt das Schwermetall zur Hälfte aus der Luft, zur anderen aus Kunstdünger, insbesondere Phosphatdünger und Klärschlamm. Die Blatt- und Wurzelgemüse nehmen Cadmium sehr leicht auf und geben es weiter an den Menschen. Das Metall sammelt sich im Laufe der Jahre im Körper an und schädigt Nieren und Knochen, ein Selbstmord in homöopathischen Dosen von 20-30 Millionstel Gramm täglich. Ursache und Wirkung liegen in der Regel so weit auseinander, dass eine klare Diagnose oft nicht möglich ist.

Es bedurfte erst einer dramatischen Massenvergiftung wie der japanischen Itai-Itai-Katastrophe (Aua Aua), hervorgerufen durch Cadmium, um nachzuweisen, dass ein

bestimmter Schadstoff aus einem bestimmten Industriewerk einen bestimmten Menschen geschädigt hat. Japan hat aus dieser und noch weiteren Epidemien seine harten Lehren gezogen und gilt heute als das Mekka erfolgreichen Umweltschutzes.
Gewässer werden zunehmend durch Säureeintrag belastet, weniger durch die sauren Niederschläge direkt als indirekt über die Zuflüsse. Hierbei reichern sich im Wasser Metall-Kationen, z. B. Al^{3+}, an, die als Zellgifte wirken und zu einer Artenverarmung führen können.

(2009): Wie sieht es gegenwärtig mit Gegenmaßnahmen aus? Immer noch spielt die Bekämpfung der Symptome eine wesentliche Rolle. So versucht man in vielen Gegenden Europas mit Kalk die Übersäuerung zu neutralisieren, eine Maßnahme, die in der Schweiz verboten ist. Große Mengen Kalk werden in sanierungsbedürftigen Gebieten per Hubschrauber verstreut.
Neben dieser Bekämpfung der Symptome ist mehr und mehr die Bekämpfung der Ursachen festzustellen. Seit den 1980er Jahren ist man dazu übergegangen, Rauchgase zu entschwefeln (und nicht nur die Schornsteine zu erhöhen). Es wird das SO_2 aus dem Abgas entfernt und meist zu Gips verarbeitet, welches sich nutzen oder deponieren lässt. Aus Kraftstoffen wie Benzin, Diesel, Kerosin und Erdgas wird der Schwefel mittels spezieller Verfahren entfernt, wodurch in der Tat, zumindest in den Industrieländern, die Belastung der Atmosphäre durch SO_2 erheblich verringert werden konnte.
Die Entfernung der Stickstoffoxide ist nicht so einfach. Sie entstehen nämlich ab einer bestimmten Temperatur in allen Verbrennungsprozessen, sofern diese sich, was die Regel ist, in stickstoffhaltiger Atmosphäre vollziehen. Die Atmosphäre besteht zu 78% aus Stickstoff, weswegen jedes Auto beispielsweise Stickstoffoxide produziert. Diese werden aus dem Abgas mittels Autokatalysatoren entfernt, jedoch gelingt dies nicht zu 100%. Der Rest bildet zusammen mit der UV-Strahlung der Sonne bodennahes Ozon, ein Gift der Atemwege. Somit wären andere Katalysatoren erforderlich, oder man müsste den Verbrennungsmotor durch einen anderen Motortyp, etwa durch einen Elektromotor, ersetzen. Die diesbezüglichen Bemühungen sind gegenwärtig erfreulich intensiv.

(1989): Wir kennen mittlerweile 50000 Umweltgifte. Man spricht auch von umweltgefährlichen Stoffen oder Umweltschadstoffen. Es sind Stoffe, die selbst oder deren Umwandlungsprodukte geeignet sind, die Beschaffenheit des Naturhaushaltes, von Wasser, Boden oder Luft, Klima, Tieren, Pflanzen oder Mikroorganismen, derart zu verändern, dass dadurch sofort oder später Gefahren für die Umwelt entstehen können. Es ist zu vermuten, dass viele Gifte ihre Wirkung nicht nur addieren, sondern aufgrund synergistischer Effekte multiplizieren. Das Ausmaß ist gegenwärtig (1989) nicht abzuschätzen. Hin und wieder geben Katastrophen Anlass, gründlich zu recherchieren. 1976 war Seveso in aller Munde, es folgten die Dioxin-Skandale. Dioxin kann für sich verbuchen, der giftigste Stoff zu sein, der je synthetisiert wurde. Ende 1986

erlebten wir eine Rheinvergiftung höchstens Ausmaßes. Danach machten Plutoniumabfälle in den Händen Krimineller Schlagzeilen.
Eine besonders düstere Stoffgruppe ist die der chlorierten Kohlenwasserstoffe (auch Chlororganika). Diese chemischen Verbindungen besitzen ein Kohlen-Wasserstoff-Grundgerüst, bei dem eines oder mehrere Wasserstoffatome durch Chlor ersetzt sind. Durch ihre chemischen Eigenschaften scheinen sie für die Industrie unverzichtbar zu sein, gleichzeitig verfügen sie über ein großes Umwelt schädigendes Potenzial. Führt man ein Chloratom in das Kohlengerüst einer chemischen Verbindung ein, so bewirkt es eine Verringerung der Brennbarkeit. Chlorierte Kohlenwasserstoffe werden deshalb häufig als nicht brennbare organische Lösungsmittel, Kältemittel und Hydrauliköle eingesetzt und finden auch als Pflanzenschutzmittel Verwendung. Mit zunehmendem Chlorierungsgrad der Chlororganika wächst ihre Stabilität und Fettlöslichkeit. Abbauende Mikroorganismen haben deshalb Schwierigkeiten, sie in ihr Zellinneres aufzunehmen. Zudem erhöht sich die zum Abbau erforderliche Aktivierungsenergie. Auf Chlororganika zurückzuführende Alarmsymptome sind von besonders bedenklicher Brisanz. Im Regierungspräsidium Freiburg im Breisgau trafen in der Zeit eines knappen Jahres neun Meldungen über das Auftauchen chlorierter Kohlenwasserstoffverbindungen im Grundwasser ein. Geradezu teuflisch an dieser Stoffgruppe ist, dass sie im Boden aufgrund der oben dargelegten chemischen Beschaffenheit, im Gegensatz zu den meisten anderen Stoffen, nicht zurückgehalten wird. Die Chlororganika durchdringen die Gesteinsformationen bis in größte Tiefen und landen schließlich im Grundwasser. Chlorierte Kohlenwasserstoffe sind krebserregend, das Erbgut schädigend und hochgradig lebertoxisch. Sie sind Produkte der Industrie, kommen also in der Natur a priori nicht vor. Sie widerstehen fast allen natürlichen Abbauvorgängen und sind bei der Trinkwasserzubereitung nur schwer zu beseitigen.
„Wir haben die Aufgabe übernommen, die Stoffe zu synthetisieren, die der liebe Gott bei der Schöpfung mitzuschaffen vergaß“ ließ der Autor eines Spielfilms einen Industriechemiker sagen. Wer weiß, vielleicht hatte Gott dafür seine guten Gründe.

(2009): In den letzten Jahren gelang es, natürlich vorkommende chlorierte Kohlenwasserstoffe, wie das Bipyrrol Q 1 nachzuweisen. Als besonders ergiebige natürliche Quelle von natürlich gebildeten, chlorierten aromatischen Verbindungen sind Holz abbauende Pilze. Inzwischen sind über 3 800 Chlororganica natürlichen Ursprungs bekannt. Ihre Konzentrationen liegen aber in den meisten Fällen weit unterhalb denen anthropogenen Ursprungs. Mit Blick auf die große Vielfalt der natürlich vorkommenden chlorierten Kohlenwasserstoffe und ihre natürlich bedingte Abbaubedürftigkeit und ihre weite Verbreitung kann man davon ausgehen, dass der Abbau auch der anthropogenen Schadstoffe von der Natur, wenn auch vielleicht nur in sehr langsamen Schritten, bewerkstelligt werden kann.

(1989): Was wir als Boden bezeichnen ist eine nur relativ dünne Erdschicht über leblosem Gestein. Er ist ein komplexes Gemenge aus Lebewesen, abgestorbener organi-

scher Materie und anorganischen Mineralien. Die wichtigste Komponente hierbei sind die im Boden lebenden Organismen, das sog. Edaphon. Sie machen das Entstehen von Boden erst möglich, denn sie zersetzen organisches Material und scheiden es aus. Das Bodenvolumen wird je zu einem Viertel von Wasser und Luft eingenommen. Diesen nicht mit festem Material verfüllten Anteil des Bodens nennt man Porenraum. Er ist mit Blick auf Gas- und Wasseraustausch letztendlich für das Gedeihen des Bodenlebens von herausragender Bedeutung. Boden ist also nicht nur verwittertes Gestein, das sich ansammelt, sondern er wächst wie ein lebender Organismus.
Ist der Boden einmal abgetragen, sei es durch Erosion, oder unfruchtbar, sei es durch Vergiftung, bleibt nichts, worauf etwas wachsen könnte. Die Erde weist etwa 146 Millionen Quadratkilometer Landfläche auf. Vernachlässigen wir Gebirge und Wüsten, dann bleibt gerade ein Drittel übrig, das für die Kultivierung zur Verfügung steht. Jedoch schrumpft dieses Drittel unaufhaltsam, während die Weltbevölkerung wächst und wächst.
Die Bodenschrumpfung hat allein der Mensch zu verantworten. Er ist die Ursache für Verwüstung, Erosion, Versalzung, Vergiftung, Überbauung, Zersiedlung. Das ist nicht nur kennzeichnend für die Länder der zweiten und dritten Welt, die aus Mangel an Brennholz oder zur Gewinnung von Ackerland die tropischen und subtropischen Wälder, jede Minute in der Größe von 50 Fußballfeldern, abholzen, die ihr Grasland durch Überweidung in Wüsten verwandeln. Hierzulande ist der Raubbau mit unserem Boden nicht minder gravierend. Man bedenke, dass in der Bundesrepublik jährlich eine Bodenfläche so groß wie der Bodensee unter Straßen, Häusern, Parkplätzen und Fabriken von der Bildfläche verschwindet. Innerhalb von 24 Stunden, Tag für Tag, gehen auf diese Weise 164 Hektar – das ist ein größeres Bauerngut – an landwirtschaftlich nutzbarer Fläche verloren.
Ein anderes Problem ist das der Übersalzung. Es lässt sich am Beispiel von Riverside in Kalifornien demonstrieren. Je 1000 Kubikmeter des zur Bewässerung verwendeten Wassers enthalten 3,5 Tonnen Salz. Je Hektar sind 6000-9300 Kubikmeter Wasser pro Jahr nötig, wodurch pro Jahr bis zu 30 Tonnen Salz auf jedes Hektar Land verfrachtet werden (Crosson und Rosenberg, 1989).
Die Desertifikation spiegelt sich in der Sedimentfracht der Flüsse wider, die seit 1800 um das Dreifache gestiegen ist. Aus kleineren Flussniederungsbecken wird heute etwa achtmal mehr Bodenkrumme weggeschwemmt als vor 300 Jahren (Clark, 1989).
Die aus alledem resultierende schlechtere Bodenqualität versucht man durch Dünger, Herbizide, Pestizide, künstliche Bewässerung und Hochertragssorten auszugleichen, wenngleich bekannt ist, dass die Abhängigkeit von chemischem Dünger zum Verlust an organischen Bodenbestandteilen und zur Verringerung der Feuchtigkeitserhaltung führt (Global 2000). Wo soll das hinführen? Kann all dem noch Einhalt geboten werden?
Zu bedenken ist auch, dass die Problematik der Erosion sich in manchen Regionen besonders stark auswirkt. In den USA wird bei gleich bleibender Erosion der Ertrag der Kulturpflanzen in 100 Jahren um 3 – 10 % abnehmen. In Regionen wie Indien,

Nepal, den Anden und dem ostafrikanischen Hochland werden die Folgen das Mehrfache betragen (Crosson und Rosenberg, 1989).
In den Alpen lässt Reise- und Vergnügungslust Boden von der Bildfläche verschwinden. *Der Bergwelt droht der Kollaps,* so die Notiz einer Tageszeitung. In der Tat, mit den Alpen geht es bergab. F. Friedemann, der Autor des Artikels, bringt dies so zum Ausdruck:

„Die geschundene Gebirgswelt befindet sich so nahe am schwindelnden Abgrund, dass selbst schnelle Rettungsaktionen den drohenden Absturz kaum noch verhindern können. Die Wunden; die vor allem das Geschäft mit dem Tourismus in die Landschaft geschlagen haben, liegen offen – ohne Chance auf vollständige Heilung. Das Kapital der Alpen, ihre Schönheit, wurde durch den Menschen zu ihrem Fluch."

Jahr um Jahr machen sich über 100 Millionen Urlauber und Wandersleute auf den Weg in die Bergwelt, achtmal so viel als dort leben. 15000 Seilbahnen und Lifte haben gemeinsam mit Skipisten in einer Gesamtlänge von 12000 Kilometern einen Kahlschlag in die Berge gerissen, der die Natur an den Rand des Kollaps bringt. Zweitwohnungen und vermeintliche Hüttenromantik in Neubausiedlungen bescheren einstmals verschlafenen Gebirgstälern städtische Errungenschaften wie Asphaltstraßen, Abfallhalden, Abwasserfluten und Abgaswolken. Die Alpen sind nach dem Tropenwald das am meisten belastete Ökosystem der Erde. Der Transitverkehr droht der Bergwelt vollends die Luft zum Atmen zu nehmen. Jede Minute donnern statistisch vier Lastwagen und 17 Personenautos über den Brennerpass. Immer neue Straßen haben Schneisen durchs Gebirge geschlagen. Der Berg ruft indessen schon lange nicht mehr. Er schlägt zurück. Mit verheerendem Hochwasser, rutschenden Berghütten, Lawinen und Muren, die ganze Siedlungen gefährden und die Alpen als Trinkwasserspeicher und Klimaregler Europas aufs Spiel setzen.

(2009): Was hat sich mit Blick auf die globale Bodenzerstörung und all ihren Folgen in den letzten 20 Jahren getan? Probleme erkannt? - Probleme gebannt?
Werfen wir einen Blick in den *„Entwurf einer Entschließung des Europäischen Parlaments aus dem Jahre 2008(2008/2219 (INI)) zu der Zerstörung von landwirtschaftlich genutzten Flächen in der Europäischen Union und insbesondere in Südeuropa als Herausforderung: Reaktionen mit Hilfe von Instrumenten der EU-Agrarpolitik."*
„Das Europäische Parlament artikuliert seine Entschließung
A. in der Erwägung, dass die Landwirtschaft ein Wirtschaftszweig ist, der sehr stark von Naturereignissen abhängig ist und zugleich ein breites Feld an Interventionsmöglichkeiten bietet,
B. in der Erwägung, dass die Landwirtschaft das beste Mittel ist, um die Bodenzerstörung zu verhindern, und daher eine geeignete Strategie zur Förderung der Erhaltung dieser Tätigkeit notwendig ist,
C. in der Erwägung, dass die europäische Landbevölkerung eine wichtige Rolle bei der Eindämmung der Versteppung spielt und dass die europäischen Erzeuger wesent-

lich zur Erhaltung der Pflanzendecke in Regionen, die von anhaltenden Dürren heimgesucht werden, beitragen, sowie in der Erwägung, dass insbesondere Dauerkulturen, Wiesen und Wälder sich äußerst vorteilhaft auf den Wasserrückhalt auswirken,

D. in der Erwägung, dass besonders in Südeuropa, aber auch in anderen Regionen der EU-Mitgliedsstaaten die landwirtschaftlich genutzten Böden wachsender Umweltzerstörung ausgesetzt sind, die auf schädliche Wechselbeziehungen zwischen menschlichen Tätigkeiten und Witterungsbedingungen zurückzuführen ist,

E. in der Erwägung, dass auch die zu intensive Kultivierung von Flächen zur Erosion der Böden beitragen kann, die dann keinen Ertrag mehr bringen,

F. in der Erwägung, dass die Versteppung gegenwärtig als eine der schwersten Bedrohungen zu betrachten ist, die zu den Bodenzerstörungen in den Mittelmeerländern führen,

G. in der Erwägung, dass der Boden die Grundlage für die Produktion von menschlicher Nahrung, Futtermitteln, Textilien und Brennstoffen ist und eine wichtige Rolle bei der Abscheidung von CO2 spielt, dass der Boden heute jedoch mehr denn je irreversiblen Schäden durch Wind- und Laminarerosion, Verschmutzung, Versalzung, Versiegelung, den Verlust organischer Stoffe und den Rückgang der biologischen Vielfalt in den Böden ausgesetzt ist,

H. in der Erwägung, dass zu den bereits erfassten negativen Auswirkungen hydrogeologische Störungen, das Eindringen von Meerwasser in das Grundwasser in Küstengebieten, die Versalzung der Böden, der Schwund landwirtschaftlich genutzter Flächen, der Rückgang der biologischen Vielfalt und die größere Anfälligkeit gegenüber Bränden, Pflanzenkrankheiten und Tierseuchen zählen,

I. in der Erwägung, dass diese Änderungen bei den Wechselbeziehungen zwischen der natürlich-anthropomorphen Umwelt und der für produktive Zwecke genutzten Umwelt erhebliche Auswirkungen auf die Pflanzen- und Tierzucht die Ausrichtung auf den Anbau bestimmter Kulturpflanzen auf den Böden und das Angebot an Lebensmitteln haben, was mit deutlichen Folgen für die Lebensmittelsicherheit und – wegen der Aufgabe von Betrieben – für das soziale, kulturelle und wirtschaftliche Gefüge der betroffenen Gebiete einhergeht und auch hydrogeologische Auswirkungen mit sich bringt,

J. in der Erwägung, dass die Bewässerung auch zur Erhaltung der Bodenfeuchtigkeit und zum Auffüllen der Grundwasserleiter dient und dass diese Faktoren bei der Planung der Gemeinsamen Agrarpolitik (GAP) berücksichtigt werden sollen,

K. in der Erwägung, dass Wasserknappheit und Dürre den Preisanstieg für landwirtschaftliche Rohstoffe noch verschärfen, dass aber gleichzeitig eine kontinuierliche Versorgung der Bevölkerung mit Lebensmittel gewährleistet sein muss,

L. in der Erwägung, dass bei land- und forstwirtschaftlichen Tätigkeiten Möglichkeiten der Verbesserung der CO2- Gesamtbilanz bestehen, wodurch ein Beitrag zur Verringerung der Treibhausgasemissionen geleistet werden könnte,

M. unter Hinweis auf das 1994 verabschiedete Übereinkommen der Vereinten Nationen zur Eindämmung der Desertifikation in den von Trockenheit und/oder Desertifikation stark betroffenen Ländern, vor allem in Afrika, dessen Ziel die Bekämpfung der Verschlechterung der Bodenqualität von Anbauflächen und der Trockenheit ist, sowie auf die Unterstützung dieses Übereinkommens durch das Europäische Parlament,

N. in der Erwägung, dass die Wasserrahmenrichtlinie als grundlegendes Instrument den Regelungsrahmen für den Schutz der Böden darstellt, indem sie die Zusammenarbeit zwischen den Regionen, die nachhaltige Nutzung von Wasser und den Schutz der verfügbaren Wasserressourcen fördert und gleichzeitig zur Milderung von Hochwasser und Dürre beiträgt,

O. in der Erwägung, dass ein integrierter und multidisziplinärer Ansatz verfolgt werden muss, damit nicht erst im Ernstfall nach Lösungen gesucht wird, was weitere negative Auswirkungen und schädliche Kettenreaktionen auslösen könnte,

P. in der Erwägung, dass die Situation eingehend beobachtet werden sollte, damit bestehende Phänomene neuer Risikosituationen erfasst werden können, indem Satellitenbeobachtungssysteme und geo-biochemische (kartografische) Methoden hierfür gezielt zum Einsatz kommen,

Q. in der Erwägung, dass extreme Witterungsbedingungen immer häufiger auftreten und sich dabei Dürreperioden und starke Niederschläge abwechseln, wodurch die Lithosphäre zusehends beeinträchtigt wird, insbesondere in Gebieten in Nord- und Südeuropa, in denen die Böden aufgrund ihrer Struktur stärker gefährdet sind,

R. in der Erwägung, dass weltweit ein Anstieg der Nachfrage nach Lebensmitteln und der Lebensmittelpreise zu verzeichnen war.“

Diese Auflistung notwendig erscheinender politischer Handlungsziele ist so grandios wie ernüchternd. Für Ihre Erstellung wurde eine Bewertung der derzeitigen Situation vorgenommen, wobei die landwirtschaftlichen Gebiete in Südeuropa besonders berücksichtigt wurden, weil es dort Indizien für eine Verschlechterung der Bodenqualität gibt. Das ist der ernüchternde Aspekt der vorliegenden Bemühungen. Denn seit rund 20 Jahren hat sich an den oben dargestellte selbstzerstörerischen Entwicklungstrends unter besonderer Berücksichtigung des Bodens so gut wie nichts geändert, sie haben sich eher beharrlich verschlimmert. Dennoch ist es als großer Fortschritt zu bezeichnen, dass die Politik sich um klare Analysen bemüht, denn sie sind nun mal die Voraussetzung für politisch sinnvolles Handeln. Was in dieser Hinsicht in der EU geleistet wurde, könnte möglicherweise weltweit Schule machen, auch das wäre höchst begrüßenswert.

Abschließend noch einige Sachverhalte, die mahnend darauf hinweisen, dass wir die Hände wahrlich weiterhin nicht in den Schoß legen dürfen.

Durch die Überbauung und Vergiftung unserer Böden sind rund ein Drittel der insgesamt 45000 in Deutschland vorkommenden Tierarten, darunter 34000 Insekten und Spinnen aufs höchste gefährdet. Von den einheimischen Säugetierarten sind 50 ausgestorben, weitere bedroht. Von den 2474 Farn- und Blütenpflanzen-Arten sind 33% gefährdet, 2% sind verschwunden. In jedem Jahrhundert starb in früheren Zeiten eine Tier- oder Pflanzenart aus, und in demselben Zeitraum gelang es der Evolution, jeweils auch eine neue Art hervorzubringen. Seit etwa 100 Jahren ist diese Aussterberate drastisch angestiegen, um 1900 eine Art pro Jahr heute eine Art pro Tag. Im Jahr 2010 voraussichtlich eine Art pro Stunde. In jeder einzelnen Stunde, 24-mal an jedem Tag, wird sich dann eine Tier- oder Pflanzenart von der Erdoberfläche verabschieden, endgültig und auf Nimmerwiedersehen.

(1989): Was stellt zurzeit die Landwirtschaft bei uns mit ihren verbleibenden Anbauflächen an? Zur Erhaltung der Konkurrenzfähigkeit im Agrarsystem der Europäischen Gemeinschaft müssen immer wieder mineralische Dünger und chemische Pflanzenschutzmittel eingesetzt werden. Die Massen an Stickstoffdünger werden im Boden in Nitrat umgewandelt, das ins Trinkwasser gelangt. Bei Erwachsenen wird das Nitrat im Speichel weiter in Krebs fördernde Nitrosamine umgewandelt. Bei Säuglingen besteht das Risiko des Auftretens von Blausucht. In höheren Konzentrationen als 25 Milligramm Nitrat pro Liter reduzieren diese die in den ersten Lebensmonaten noch nicht voll ausgereifte Fähigkeit des Blutfarbstoffes zur Sauerstoffbindung in solchem Maße, dass Kleinkinder von Erstickungsanfällen bedroht sind. In Südbaden, am Kaiserstuhl, im schwäbischen Schussenried, im fränkischen Marktbreit, in Loilar (Hessen), in vielen Gemeinden des Großraums Frankfurt/Main und im Stadtstaat Hamburg sind teilweise 50 oder gar 100 Milligramm im Trinkwasser nachgewiesen worden. Das Bürgermeisteramt des südbadischen Heitersheim sah sich 1983 genötigt, die Bürger bei Geburt eines Kindes per Rundschreiben auf die Gefahr hinzuweisen und u. a. die Zubereitung der Babynahrung mit Mineralwasser zu empfehlen.

(2009): Nitrate, Salze und Esther der Salpetersäure kommen, im Gegensatz etwa zu den chlorierten Kohlenwasserstoffen, in der Natur verbreitet vor. Sie sind gut löslich in Wasser und spielen eine wichtige Rolle als Nährstoffe für Pflanzen. Ihre Giftigkeit für den Menschen basiert allein auf ihrer übermäßig hohen Konzentration in der Natur infolge des massiven Einsatzes von Stickstoffdüngern. Im Boden und in Gewässern werden Nitrate durch bakterielle Nitrifikation gebildet, in der Regel in Stufen: Die Bakterien der Gattung *Nitrosomonas* bilden durch Oxydation Nitrit, das durch Bakterien der Gattung *Nitrobacter* zum Nitrat weiteroxidiert wird. Als Folge der Güllewirtschaft, insbesondere auch durch übermäßige Düngung, z. B. beim Anbau verschiedener Gemüsearten, haben die Nitratgehalte des Grundwassers in den vergangenen Jahrzehnten zugenommen. Seit 20 Jahren hat sich an dieser Situation nur wenig geändert. Verbessert wurden die Analyseverfahren, so dass schneller auf Gefahren hingewiesen und Schaden minimiert werden kann.

Der aktuelle Grenzwert für Nitrate in Trinkwasser liegt laut der deutschen Trinkwasserverordnung bei 50 Milligramm pro Liter, nach der schweizerischen Gewässerschutzverordnung bei 25 Milligramm pro Liter. Wässer, die diesen Grenzwert überschreiten, werden von Wasserversorgern oft mit nitratärmerem Wasser vermischt, um den Grenzwert einzuhalten. In jüngster Zeit werden erste Wasseraufbereitungen mit Umkehrosmose oder Nanofiltration gebaut, um durch Teilentsalzung den Nitratwert im Trinkwasser abzusenken.

6.4. Atmosphäre

(1989): Werfen wir noch einen Blick auf die Erdatmosphäre, auf die der Mensch mittlerweile gleichfalls Einfluss nimmt, ohne dass allerdings jemand genau sagen könnte, wohin die Entwicklung führen wird. Die Orkane und weitere Wetterunbildungen der jüngsten Zeit werden von immer mehr Klimaforschern als Vorboten eines globalen, vom Menschen verursachten Klimaumschwungs gehalten, gesteuert von einer schon immer vorhanden gewesenen, heute aber vom Menschen gesteigerten Kraft: dem Treibhauseffekt.

Bestimmte Spurengase in der Erdatmosphäre bewirken diesen Effekt. Sie lassen einfallende Sonnenstrahlen passieren, halten jedoch die von der Erde ausgestrahlte Wärme zurück und heizen auf diese Weise unseren Planeten auf. Dadurch liegt die Oberflächentemperatur 33°C über derjenigen, die ohne den Treibhauseffekt herrschen würde, eine Grundvoraussetzung dafür, dass es Leben auf der Erde gibt. Es ist also besonders zu beachten, dass die Erwärmung der Erdoberfläche nicht durch zusätzliche Absorption des Sonnenlichtes in der Atmosphäre, sondern hauptsächlich durch Strahlung, die die Erdoberfläche erreicht, bewirkt wird.

Strahlung aus größeren Höhen wird von den Treibhausgasen weitgehend absorbiert. Da mit zunehmender Konzentration der Treibhausgase der Höhenbereich, aus dem die Strahlung die Erdoberfläche erreicht, immer niedriger wird, wird die Strahlung, die die Erdoberfläche erreicht, immer stärker. Dieser Sachverhalt ist von Relevanz, weil in niedrigeren Höhen die Temperatur höher ist und die Strahlstärke mit der Temperatur steigt. Rund 20 Treibhausgase sind bekannt. In erster Linie tragen Kohlendioxid (CO2), Fluor-Chlor-Kohlen-Wasserstoffe (FCKW), Methan (CH4), Ozon, Lachgas, Wasserdampf sowie Distickstoffoxid (N2O) zur globalen Erwärmung bei. Bei weitem wichtigstes Treibhausgas ist das CO2. Es bewirkt an die 50% der Aufheizung. Zurzeit (1989) schleudert die Menschheit weltweit jährlich rund 23 Milliarden Tonnen davon in die Luft. Selbst bei gebremstem Anstieg werden es im Jahr 2020 etwa 32,6 Milliarden Tonnen sein. Hinzu kommen die FCKW (Fluorchlorkohlenwasserstoffe). In der Bundesrepublik werden derzeit jährlich 112000 Tonnen produziert.

Die FCKW sind von Chemikern künstlich hergestellte Stoffe, die seit den 1930er Jahren in der Industrie eine vielfältige Verwendung finden. Als Treibgas werden sie in Sprühdosen und zum Aufblähen von Schäumen benutzt, als Kühlmittel werden sie in Eisschränken, Kühltruhen und Klimaanlagen eingesetzt und als Reinigungsmittel für Textilien und die empfindlichen Teile in der elektronischen Industrie verwendet. Für den technischen Gebrauch besitzen FCKWs ausgezeichnete Eigenschaften. Sie sind unbrennbar, ungiftig und chemisch inert, d. h. sie gehen keine Reaktionen mit anderen Stoffen ein. Das bedeutet aber auch, dass sie, einmal freigesetzt, sehr lange in der Atmosphäre verbleiben, 45 bis 100 Jahre. Aus der langen Verweilzeit und der starken Absorption im infraroten Spektralbereich resultiert ein hohes Treibhauspotential. Jedes Molekül trägt etwa 10000-mal stärker zum Treibhauseffekt bei als ein CO2-Molekül. Daher ist der Beitrag der FCKWs am anthropogenen Treibhauseffekt im Ver-

gleich zu ihrer geringen Konzentration sehr hoch. Das bedeutet, dass eine einzige Jahresproduktion dem Klima so sehr zusetzt wie 700 Millionen Tonnen CO2.
Die FCKW gelten zudem als Hauptverursacher des Abbaus des als Strahlenschutz unentbehrlichen Ozons, das in seiner Hauptmenge in Höhen zwischen 20 bis 50 Kilometern konzentriert ist. Es ist dort in Schichten wechselnder Mächtigkeit und Höhenlage angereichert und absorbiert bis auf einen kleinen Rest zwischen 0,29 bis 0,32 Mikrometer Wellenlänge aus der Sonnenstrahlung.
Bereits 1956/57 hat Dobson entdeckt, dass es im antarktischen Frühling (September/Oktober zur Ausbildung eines Ozonloches über der Antarktis kommt. Diese Entdeckung wurde wieder stärker beachtet, als man in den 1980er Jahren erkannte, dass die arktische Ozonsäule zwischen 1977 und 1984 um 40% abgenommen hat, was Alarm auslöste und die Ursachenforschung stärker vorantrieb. Heute (1989) wissen wir, dass die FCKW als stabile, chemisch träge Substanzen bis in die Stratosphäre aufsteigen. Hier erst werden ihnen durch die harte UV-Strahlung Chlorradikale abgespalten, die in der Lage sind, Ozon in normalen Sauerstoff umzuwandeln. Die Chlorradikale wirken bei diesem Prozess als Katalysator, was bedeutet, dass sie chemisch unverändert bleiben und somit Ozon fortwährend abbauen können, mit dem Ergebnis des sich beschleunigt vergrößernden Ozonlochs. Der Hinweis auf die von den FCKW ausgehende Gefahr könnte kaum dramatischer sein. Deren rasche, möglichst umgehende totale Beseitigung müsste das Gebot der Stunde sein. Umso bestürzender ist die Nachricht (1989), dass die Volksrepublik China beispielsweise beschlossen hat, ihre FCKW-Emissionen noch zu verzehnfachen, um auf das Niveau der Industrienationen zu kommen. Und dies angesichts einer Lebensdauer der FCKW von etwa 100 Jahren.

(2009): Am 16. September dieses Jahres hat das Montreal- Protokoll 22. Geburtstag. Mit diesem Abkommen wurden die Zerstörer der Ozonschicht, die Fluorchlorkohlenwasserstoffe (FCKW) verboten. Was hat das Protokoll bisher bewirkt?
Zumindest aus dem Bewusstsein der Öffentlichkeit sind die FCKWs weitgehend verschwunden. Indessen sind bis heute erst ein Drittel der FCKW durch andere Stoffe ersetzt. Sie dürfen infolge verschiedener Ausnahmeregelungen noch bis zum Jahre 2040 eingesetzt werden. Bis 2050 wird es also noch ein Entweichen in die Atmosphäre geben. Vom Aussprechen des Verbots bis zum Ende des unseligen FCKW-Intermezzos wird es dann fast 70 Jahre gedauert haben. Müssen wir uns an solche Zeiträume gewöhnen? Auch hier liegt wohl die Auswirkung archaischer Verhaltensmuster des *Homo sapiens* vor. Doch darf man vielleicht auch nicht die Geduld verlieren. Beharrlichkeit führt zum Ziel. Hauptsache: es geht in die richtige Richtung.
Zügeln wir also unsere Verwunderung darüber, dass, eine einzige Gruppe chemischer Substanzen in einer einzigen Anwendung (der Kältetechnik) abzuschaffen, die Industrie sich trotz heraufziehender Umweltkatastrophe und trotz eines internationalen Aufschreis fast eine Ewigkeit Zeit lässt. Und das Ozonloch wächst weiter. Aufgrund der Verzögerung wird sich das Ozonloch nicht vor 2070 schließen. Eine Erfolgsgeschichte? Eher nicht.

Eine wirkliche Erfolgsgeschichte ist die des *Greenfreeze,* des FCKW-freien Kühlschranks von Greenpeace.

Klimainfo.ch (Eine Dienstleistung von Greenpeace Schweiz) vom 21. 4. 2008:

„Der Greenfreeze wird 15 – Geschichte eines Sieges. - Es war ein Volltreffer. Am 15. März 1993 verließ der erste Greenfreeze das Werk der Firma Scharfenstein in Sachsen – und trat eine Lawine los, die selbst kühnste Hoffnungen übertraf. Unser jetziges Geburtstagskind, der weltweit erste FCKW- freie Kühlschranktyp, mischte die Kühlschrankindustrie auf."

Seit jenem 15. März 1993 sind 300 Millionen Kühlgeräte nach Greenfreeze-Standard hergestellt worden, eine Zahl, die damals unvorstellbar war. Auf dem Weltmarkt beträgt heute der Anteil fast 40%. Der Atmosphäre blieben Treibhausemissionen unglaublichen Ausmaßes erspart: Der reduzierte FCKW-Ausstoß entspricht in seiner Wirkung der Ausstoßvermeidung von einer Milliarde Tonnen Kohlendioxid. Das ist mehr als der gesamte jährliche CO2-Ausstoß Deutschlands.

Wolfgang Lohbeck hat als Greenpeace-Kampagnenleiter den Greenfreeze auf den Weg gebracht. Er weiß zu berichten, wie die Chemieindustrie sich damals selber den Knock-out verpasst hat:

„Die haben bundesweit Flugblätter gegen Greenpeace verteilt. Darauf haben sie behauptet, Greenpeace nehme den Tod von Kindern in der Dritten Welt in Kauf, weil ohne FCKW zum Beispiel Impfstoffe nicht mehr gekühlt werden könnten. Das war für uns der Punkt, wo wir gesagt haben, wir müssen selber nach Lösungen suchen. Die Industrie tut's nicht."

Drei Jahre lang befassten sich Lohbeck und das Team intensiv mit Kältetechniken. Dann wurden sie auf unerwartete Weise fündig. *„In einem Labor des Dortmunder Hygiene-Instituts trafen wir einen Doktor, der ganz erstaunt fragte: Wo ist das Problem? Ich kühle immer mit Butan/Propan."* Das war's. Nun fehlte nur noch ein Hersteller. Den schenkte die Wiedervereinigung. Der größte ostdeutsche Kühlschrankhersteller, die sächsische Firma DKK Scharfenstein (später Foron) stand damals vor der Liquidierung durch die Treuhand. Von ursprünglich 5000 Arbeitsplätzen waren noch 1700 übrig geblieben. DKK sah im Greenfreeze-Projekt eine Chance und griff zu. Folgend nun ein Lehrstück, mit welchen Mühen technischer Fortschritt gegen eine starke Lobby mitunter erkämpft werden muss.

Lohbeck: *„Der Treuhand gefiel das nicht. Greenpeace und Foron wollten gemeinsam eine Pressekonferenz abhalten. Die Treuhand verbot das schlichtweg. Foron ignorierte das Verbot, die Pressekonferenz fand statt. Und dann kam tatsächlich jemand von der Treuhand eigens per Hubschrauber angereist, drängelte sich aufs Podium und wollte die Veranstaltung an sich reißen. Mit dem Ergebnis, dass er von ungefähr 170 Journalisten ausgebuht wurde. Bessere Werbung konnten wir gar nicht bekommen."*

(1989): Nur ein dreißigstel Prozent der Erdatmosphäre besteht aus Kohlendioxid. In vorindustrieller Zeit betrug der Anteil im Jahresdurchschnitt rund 270 ppm (parts pro million, d. h. Teile pro Million). Seither stieg die CO2-Konzentration um rund 25% an. In der Gegenwart sind es 353 ppm, und für die Zeit zwischen 2030 und 2050 erwarten die Wissenschaftler die Verdopplung des CO2 gegenüber dem vorindustriellen Wert. Dann soll die Durchschnittstemperatur auf der Erdoberfläche um 1,5 bis 4,5° C steigen – das letzte Eiszeitmaximum vor 18000 Jahren war um annähernd die gleichen Celsiusgrade kälter.

Es wird klimatische Veränderungen geben. Darüber sind sich die Klimaforscher einig, doch in welchen Regionen auf welche Weise dies der Fall sein wird, ist, wie gesagt, nicht exakt zu prognostizieren. Allgemeine, auf den gesamten Globus bezogene Aussagen sind da schon eher möglich, wie die, dass es mehr Niederschläge geben wird und dass sich die jetzigen Niederschlagszonen verlagern werden. Die erhöhte Temperatur in der Atmosphäre wird zu geringerer Wasserführung in den Flüssen führen, Böden werden vermehrt austrocknen. Schadstoffe werden stärker konzentriert werden, Ernteerträge werden sinken, die Anbaufläche wird sich verringern und Flächenbrände werden zunehmen. Es wird häufiger und heftiger regnen, es aber andererseits zu mehr ausgeprägten Dürreperioden mit Waldbränden und Wirbelstürmen kommen. Die bisherigen Windströmungen werden wahrscheinlich ihre Richtung ändern, extreme Wetterlagen werden häufiger werden.

Weiträumige Ökosysteme werden durch zu schnellen Klimawechsel bedroht oder gar zerstört werden. Es wird nämlich die Geschwindigkeit des Klimawandels alles Bisherige um ein Vielfaches übertreffen (Hofmann 1989), Pflanzen werden ihren Lebensraum nach Norden auszudehnen versuchen. Doch um gleiche Bedingungen vorzufinden, wird eine Wanderung von 500 bis 1000 Kilometern erforderlich sein. Die schnellste bekannte Pflanzenwanderung vollzieht die Fichte, mit etwa 200 Kilometern in 100 Jahren. Dieses Ausweichen nach Norden wird aber wegen zu großer Wärmeentwicklung in den Städten, durch die Straßen und durch die Landwirtschaft behindert werden. Extremere Spezialisten werden demgemäß aussterben. In besonderem Maße bedroht werden die Kleinbiotope sein, worunter insbesondere Zugvögel und Wandertiere zu leiden haben werden. Die temperaturabhängige Geschlechtsbestimmung einiger Reptilienarten wird zu deren Aussterben führen. Parasiten und Krankheitserreger werden mit den neuen Anpassungszwängen besser fertig werden, was allerdings auch die Ausbreitung von Tropenkrankheiten in den jetzigen gemäßigten Zonen mit sich bringen würde.

Die Atmosphärenaufheizung wird in jedem Falle auch den Meeresspiegel ansteigen lassen. Gegenwärtig (1989) beträgt der Anstieg 2,3 Millimeter pro Jahr. In den nächsten 50 bis 100 Jahren wird mit einem Anstieg zwischen 20 und 150 Zentimetern gerechnet (Schneider 1989). Verursacht wird dieser einmal durch die Wärmeausdehnung der Ozeane, zum andern durch das Abschmelzen der Gletscher, der Polkappen und des Grönländischen Eisschildes. Abgeschwächt wird der Effekt durch vermehrte Schneefälle über der Arktis, was eine Dickenzunahme der arktischen Eiskappe bewirkt. Insgesamt kommt es zu einer Bedrohung küstennaher Siedlungen mit der Gefahr der Grundwasserversalzung im Küstenbereich.

(2009): Unter dem Stichwort „Globale Erwärmung“ findet sich bei Wikipedia (Google), der freien Enzyklopädie, auf 21 DIN A4-Seiten ein äußerst exzellenter Beitrag.

Hier sollen nur solche Aspekte erwähnt werden, die den aktuellen Stand der Wissenschaft beleuchten. Zur näheren Information das Inhaltsverzeichnis:

1. Ursachen
1. 1. Grundlagen des Treibhauseffekts
1. 2. Anthropogener Treibhauseffekt
1. 3. Weitere Einflussfaktoren auf den Strahlungstrieb
2. Gemessene und prognostizierte Erwärmung
2. 1. Bisherige Temperaturerhöhung
2. 2. Prognostizierte Erwärmung
3. Auswirkungen
4. Klimaschutz
4. 1. Politische Maßnahmen
4. 2. Technische und individuelle Möglichkeiten
5. Klimaforschung
5. 1. Geschichte der Wissenschaft über die globalale Erwärmung
5. 2. Das Intergovernment Panel on Climate Change
5. 2. 1. Umfragen
6. siehe auch
7. Literatur
8. Weblinks
9. Einzelnachweise

Hervorzuheben ist das verdienstvolle Bemühen um exaktere Definitionen, als sie bisher gebräuchlich waren.

Bei der Darstellung der Ursachen der globalen Erwärmung ist zu unterscheiden zwischen dem *natürlichen Treibhauseffekt*, der eine unerlässliche Voraussetzung für das Leben auf der Erde ist, und dessen vom Menschen gemachter (anthropogener) Verstärkung durch den Ausstoß von Treibhausgasen, die zum sog. *anthropogenen Treibhauseffekt* führen.

„Im Jahr 2000 machten Kohlendioxidemissionen 78% der anthropogenen Treibhausgasemissionen aus, Methan 14 % und Lachgas 7%. Alle anderen Gase zusammen lediglich 1% bei. Im Jahr 2007 gelangten weltweit 36,7 Gt (Gigatonnen= 1 Milliarde Tonnen) zusätzlich produzierte anthropogene CO2- Äquivalente in die Atmosphäre, davon 8,5 Gt durch fossile Energien und 1,5 Gt durch Entwaldung und andere die Landnutzung betreffende Veränderungen. Dies ist eine deutliche Steigerung gegenüber dem Durchschnitt der Jahre 2000 bis 2006, als 9,1 Gt Kohlenstoffäquivalente oder 33,4 Gt CO2- Äquivalente in die Atmosphäre emittiert wurden. Der Volumenanteil von Methan beträgt statt 730 ppbV heute 1783 ppbV (parts per billion, Teile pro Milliarden-Volumenanteil). Das ist der höchste Stand seit mindestens 800000 (0,8 Millionen) Jahren. Als eine der Ursachen hierfür ist die Massentierhaltung anzuführen, gefolgt von weiteren landwirtschaftlichen Aktivitäten wie dem Anbau von Reis. Der Volumenanteil von Lachgas stieg von 270 ppbV auf mittlerweile 319 ppbV."

Die Klimaforscher sind sich darüber einig, dass diese gestiegene Konzentration der vom Menschen in die Erdatmosphäre freigesetzten Treibhausgase mit hoher Wahrscheinlichkeit die wichtigste Ursache der globalen Erwärmung ist, da ohne sie die gemessenen Temperaturen nicht zu erklären sind.
Nach einer im Jahre 2009 erschienenen Studie wird die gegenwärtig bereits angestoßene Erwärmung noch für mindestens 1000 Jahre irreversibel sein, selbst wenn heute alle Emissionen an Treibhausgas vollständig gestoppt würden. *„Der Wahn ist kurz, die Reue lang.“*
Im Jahre 2003 präsentierte der Klimatologe William Ruddiman die Hypothese, der Mensch habe nicht erst seit der industriellen Revolution, sondern schon vor 5000 bis 8000 Jahren unter anderem durch Abholzung und Reisanbau das Klima verändert und so den Beginn einer neuen Eiszeit verhindert. Zunächst von der Fachwelt skeptisch diskutiert, hat mittlerweile ein Forscherteam der Universität Wisconsin-Madison durch präzise Analysen von Eisbohrkernen und mit Hilfe von Computersimulationen Ruddimans Hypothese gestützt.
Die globale Erwärmung bringt wegen der Auswirkungen auf menschliche Sicherheit, Gesundheit, Wirtschaft und Umwelt große Risiken mit sich. Dass ein Klimawandel stattfindet, scheint belegt zu sein durch die heute wahrnehmbaren Umwelt-Veränderungen wie die verringerte Schneebedeckung, den steigenden Meeresspiegel, die Gletscherschmelze und die zu beobachtenden Wetter-Veränderungen. Dies sind Beispiele für jene Konsequenzen der Erwärmung, die nicht nur die Aktivitäten des einzelnen Menschen beeinflussen, sondern auch diejenigen komplexer Ökosysteme. Die Folgen dürften dabei so vielfältig und umfassend sein, dass dem Versuch, sie hier, im Rahmen dieser Abhandlung, umfassend darzustellen, kein Erfolg beschieden sein kann. Deshalb folgt nur eine kleine Auswahl markanter Beispiele in Ergänzung zu bereits oben gemachten Ausführungen.
Es kann zu einer umfassenderen Verbreitung von Wärme liebenden Schädlingen (z.B. Zecken, Borkenkäfer) und Krankheitserregern (z. B. Malaria) in Regionen kommen, die heute für diese zu kühl sind.
Es kommt zu einem Anstieg des Meeresspiegels. Dieser erhöhte sich in den letzten Jahrzehnten um je 1 cm bis 2 cm und aktuell um 3 cm pro Jahrzehnt, was besonders küstennahe Gebiete und Inseln in den Ländern bedroht, die sich keine Küstenschutzmaßnahmen leisten können. Nach verschiedenen Szenarien des IPPCC (Intergovernmental Panel on Climate Change) sind bis zum Jahr 2100 Erhöhungen des Meersspiegels zwischen 0,19 bis 0,58 m möglich.
Die Ozeane werden nicht nur wärmer, sondern sie nehmen auch mehr Kohlendioxid aus der Atmosphäre auf und versauern dadurch. Korallen können dadurch in der Ausbildung ihrer stützenden Kalkskelette beeinträchtigt sein. Die meisten Kleinstlebewesen am Anfang der ozeanischen Nahrungskette tragen schützende Kalkgehäuse. Deren mangelhafte Ausbildung könnte sich auf das gesamte Ökosystem sehr schädlich auswirken.

Schließlich: Tropische Wirbelstürme nehmen an Heftigkeit zu. Nach einer Studie von Pielke et al. (2008) hätte beispielsweise der „Great Miami Hurricane" von 1926 bei heutigen klimatischen Verhältnissen einen Schaden von 140-157 Milliarden Dollar (doppelt so viel wie Hurrikan Katrina) angerichtet.

Das Ausmaß der möglichen Konsequenzen der globalen Erwärmung führt zur Frage, wie diese verhindert oder ihre Folgen zumindest gemindert werden können. Die Grenze von hinnehmbarem zu „gefährlichem" Klimawandel wird politisch beispielsweise von der EU mit einer Erwärmung um höchstens 2 Grad C veranschlagt. Auch der „Wissenschaftliche Beirat der Bundesregierung Globale Umweltveränderungen (WBGU) empfiehlt die Begrenzung der Erwärmung auf 2 Grad Celsius. Bis zur Mitte des 21. Jahrhunderts müsste dafür der CO2-Ausstoß um etwa 80% bis 90% im Vergleich zu 2005 reduziert werden, damit die CO2-Konzentration nicht über 450 ppm steigt. Bislang zeigt die Entwicklung der weltweiten Emissionen von Treibhausgasen allerdings weiterhin einen deutlichen Anstieg und keine Verminderung an. Da braucht's Mut, nicht zu verzweifeln.

Indessen: Auf globaler, regionaler und lokaler Ebene sind zahlreiche Maßnahmen zum Klimaschutz möglich und teilweise bereits beschlossen. Global stellen die Klimarahmenkonvention (UNFCCC) der Vereinten Nationen und das daran angeschlossene Kyota- Protokoll die einzig völkerrechtlich verbindlichen Regelungen zum Klimaschutz dar. Die Klimarahmenkonvention wurde 1992 in New York City verabschiedet und im gleichen Jahr auf der UN-Konferenz für Umwelt und Entwicklung (UNCED) in Rio de Janeiro von den meisten Staaten unterschrieben. Mit der Rahmenkonvention hat sich ein neues Prinzip innerhalb der Staatengemeinschaft manifestiert: es soll auf eine massive Bedrohung der globalen Umwelt auch ohne endgültige Beweise für ihr genaueres Ausmaß reagiert werden. Auf der Rio- Konferenz wurde auch die Agenda 21 verabschiedet, die seitdem Grundlage für viele lokale Schutzmaßnahmen ist.

Die derzeit 189 Vertragsstaaten der Rahmenkonvention treffen sich jährlich auf der UN- Klimakonferenz. Die bekannteste dieser Konferenzen fand 1997 im japanischen Kyoto statt und brachte als Ergebnis das oben erwähnte sog. Kyoto-Protokoll hervor. In ihm wurde die Reduktion der Treibhausemissionen aller industrialisierten Staaten auf ein bestimmtes Niveau festgeschrieben. Begrenzte Steigerungen ihres Ausstoßes wurden einigen dieser Staaten zugestanden. Die USA, die daran nicht beteiligt waren, haben für den derzeitigen Post-Kyoto-Prozess Reduktionsverpflichtungen und Beiträge zum Emissionsrechte-Handel zugesagt, die denjenigen der EU vergleichbar sind. Die Staats- und Regierungschefs der EU haben sich 2007 auf das Ziel verständigt, den CO2-Ausstoß bis zum Jahre 2020 um mindestens 20% zu senken (im Vergleich zu 1990).

Neben der politischen bestehen auf der technischen Ebene viele Optionen zur Verminderung von Treibhausgasemissionen. Heute schon ließe sich theoretisch effektiver Klimaschutz realisieren. Insbesondere den erneuerbaren Energien kommt hierbei eine Schlüsselrolle zu, und zwar mit Blick auf eine Vermeidungsstrategie, die aus immer wieder vorgeschobenen Kostengründen diese Strategie nicht richtig zum Zuge

kommen lässt. Es lässt sich aber zeigen, dass ein vollständiger Klimaschutz mit einem Aufwand von weniger als 1% des Weltbevölkerungssozialproduktes finanziert werden könnte. Im Gegensatz zu den möglichen Schäden eines ungebremsten Klimawandels würde dieser Vermeidungsansatz unter 30 Billionen Dollar kosten, ein Bruchteil dessen, was die Behebung eingetretener Umweltschäden kosten würde.
Auch auf individuelle Verhaltensumstellungen kann gesetzt werden: Verstärkte Energieeinsparung, Umstieg auf umweltfreundliche Verkehrsmittel, Kauf von Produkten der eigenen Region, Verkürzung der Nahrungskette durch Umstieg von tierischer auf pflanzliche Nahrungsmittel, sowie die Investition in erneuerbare Energieträger im privaten Bereich.

(1989): Schon im Mesolithikum vor rund 12000 Jahren kamen unsere Vorfahren in Bedrängnis durch den Anstieg des Meeresspiegels infolge steigender Temperatur, was zu einem Flächenverlust, wie schon an anderer Stelle erwähnt, der Größe Afrikas führte. Der Lebensraum wurde drastisch eingeengt, was womöglich der Hauptanlass für die Sesshaftwerdung unserer Vorfahren war. Wie dem auch sei. Der Anstieg des Meeresspiegels um nur einen Meter würde genügen, flache Koralleninseln im Ozean verschwinden zu lassen oder durch Versalzen des lebensnotwendigen Grundwassers unbewohnbar zu machen. Am stärksten wären in dieser Hinsicht die Malediven im Indischen Ozean und die Marshall-Inseln im Westpazifik bedroht. Ein Meter Wasseranstieg würde weiterhin genügen, in dem von jeher immer wieder durch Flutkatastrophen verheerten Bangladesch 11,5% des Landes endgültig untergehen zu lassen – heute Heimat von 6,5 Millionen Menschen. Im Nildelta würden bei heutiger Bevölkerungsdichte acht Millionen ihre Heimat verlieren, und Ägypten verlöre 12 bis 15% seines Kulturlandes. Größtenteils unter den Meeresspiegel geraten würde dabei die Küstenstadt Alexandria mit ihren etwa 3 Millionen Einwohnern. In allen Flussdeltas der Erde würden die Menschen schweren Zeiten entgegengehen.
Diese wenigen Beispiele mögen genügen, zu verdeutlichen, was alles durch den unprofessionellen Umgang mit den Gasen, die auf höchst subtile Weise den Wärmehaushalt der Atmosphäre beeinflussen, auf dem Spiele steht.
Solche Entwicklungen waren natürlich niemals unmittelbares Ziel menschlichen Strebens. Sie sind aber die Folgen unbedachten Handelns. Von der komplexen und vielfach verletzbaren Natur der Biosphäre erlangen wir jetzt, eigentlich erst aufgrund der anthropogenen Störungen, eine gewisse Vorstellung. Mit diesem Wissen wachsen Verantwortung und Schuldfähigkeit. Mit einem unbelasteten Gewissen aufgrund der verzeihbaren Ignoranz früherer Zeiten hat es ein Ende.
Nun gibt es Menschen, die meinen, alle bisher angesprochenen Probleme (Klimaanstieg infolge erhöhten CO2-Ausstoßes, der wiederum die Folge der Energiegewinnung mittels Kohlenkraftwerke ist oder Folge der mit Benzin oder Dieselöl betriebenen Automobile usw. usf.) seien zu lösen, wenn unsere Energiebedürfnisse erst einmal befriedigt wären. Gelänge es uns beispielsweise, die Kernverschmelzungsprozesse der Sonne unmittelbar auch auf der Erde nutzbar zu machen, was bedeutete, Energie quasi kostenlos zur Verfügung zu haben, dann wären wir, so die unbefangene

Ansicht, viele unserer jetzigen Sorgen los. Ein Paradies auf Erden. Niemand müsste mehr hungern, alle Konsumwünsche eines jeden Erdenbürgers (Wohnungen, Kleider, Waren für den persönlichen Gebrauch vom superleichten Camcorder bis zum Privatflugzeug) könnten erfüllt werden.
Führen wir uns die weiteren möglichen Folgen vor Augen. Die individuellen Wunsch- oder Bedürfnisbefriedigungen würden zu einem explosionsartigen Wachstum führen, in ihrer Summe würden sie die Rohstoffvorräte noch mehr als heute überfordern, das Artensterben infolge Verdrängung durch den Menschen würde noch rasanter voranschreiten, kurzum, die menschliche Gesellschaft wäre sehr bald dem Untergang geweiht. Es dürfte also gar nicht so ratsam sein, die Energiezuwachsraten weiter mit aller Gewalt in die Höhe zu treiben. Viel vordringlicher muss die Losung gelten: Wo können wir Energie einsparen?
Man möchte es nicht glauben, aber auf eine scheinbar paradoxe Weise werden wir alle unsere Umweltprobleme längerfristig nicht durch erhöhten, sondern (ganz im Gegenteil) verminderten Energieverbrauch in den Griff bekommen. Unter dieser Prämisse wäre es an der Zeit, eine energiepolitische Brücke zum solaren Zeitalter zu schlagen. Drei Pfeiler dazu könnten sein:
- Einsparung von Energie und deren rationelle Verwendung,
- Abwärmenutzung und Kraft-Wärmekopplung sowie
- die systematische Nutzbarmachung und Markteinführung erneuerbarer Energie.

Energieeinsparung muss sich spürbar lohnen. Wären im Energiepreis sowohl die Gewinnungs- als auch Folgekosten, enthalten, so könnte zum Beispiel tatsächlich mit einem relativ raschen Wechsel weg von den unwiederbringlichen fossilen Brennstoffen hin zu „sauberen" Energieformen wie Sonnen-, Wind- und Wasserenergie gerechnet werden.

(2009): In den letzten 20 Jahren hat sich auf einem Gebiet besonders viel getan, nämlich auf dem Gebiet der oben genannten *„Erneuerbaren Energien"*.
Mit ihnen befassen sich mittlerweile alle Parteien, nicht nur „Die Grünen". Es handelt sich um Energien, die sich aus nachhaltigen Quellen ständig erneuern lassen. Deswegen auch die Bezeichnungen *„regenerative Energien"* bzw. *„Alternativenergien"*. Sie bleiben – nach menschlichen Zeiträumen gemessen – kontinuierlich verfügbar, was für fossile Energieträger und die konventionellen Kernbrennstoffe nicht zutrifft. Deren Vorkommen nimmt bei kontinuierlicher Entnahme ständig ab. Darüber hinaus belasten erneuerbare Energien nicht die Umwelt, stellen also„saubere" Energien dar.
Die vom Menschen nutzbaren Energien stammen aus unterschiedlichen Quellen:
- Der Strahlung aufgrund der Kernfusion in der Sonne,
- der Wärme im Erdinnern
- der Erdrotation und den damit verbundenen Effekten (Wind, Gezeiten)
Auf der Erde können diese Energiequellen in Form von Sonnenlicht und Sonnenwärme, Windenergie, Wasserkraft, Biomasse und Erdwärme genutzt werden.

In diesem Zusammenhang verdient ein moderner interdisziplinärer Wissenschaftszweig besondere Beachtung, die ‚Bionik'. Der Begriff ist zusammengesetzt aus ‚Biologie' und ‚Technik'. Die aufstrebende Wissenschaft ‚Bionik' systematisiert das Lernen von der Natur und setzt die Prinzipien biologischer Systeme in intelligente Erfindungen um, die vom Klettverschluss bis zum bionischen Flugzeug reichen. Von Professor Werner Nachtigall, einem weltweit anerkannten Pionier der Bionik, stammt eine kurzgefasste und kompetente Einführung mit dem Titel: *Bionik – Lernen von der Natur (2008).*

Inspiriert von der Fotosynthese der Pflanzen haben Forscher mit Untersuchungen zu Fotovoltaikzellen begonnen, die ohne das Primärenergie aufwendige und sehr teure Silizium auskommen. Michael Grätzel, Chemieprofessor an der TU Lausanne, entwickelte die Grätzel-Zelle, die mit Chlorophyll und dem billigen Titandioxid Solarstrom erzeugt. Der Wirkungsgrad dieser Apparatur nähert sich mit laufender Forschung dem der bisherigen Fotovoltaikanlagen. Besonders bei diffusem Licht, wie wir es in unseren Breitengraden haben, schneidet die Grätzel-Zelle sehr gut ab. Andere Forscher versuchen, die biochemischen Vorgänge der pflanzlichen Fotosynthese direkt zu entschlüsseln, um in analogen technischen Verfahren energiereichen Wasserstoff herzustellen, einen Energieträger „reinsten Wassers".

Energie kann übrigens, physikalisch gesehen (nach dem Energieerhaltungssatz) nicht erneuert oder regeneriert werden. Deshalb ist der Begriff „erneuerbare Energie" streng genommen falsch. Der Begriff meint die Unerschöpflichkeit der Ressourcen. Jedermann weiß, was gemeint ist, und so wird der Begriff weiterhin verwendet werden. Eine ergiebige Quelle zur Thematik „Erneuerbare Energie" findet sich im Internet bei Wikipedia, der freien Enzyklopädie, unter dem Stichwort „Erneuerbare Energie". Auf 14 DIN A4-Seiten werden die wichtigsten Sachverhalte so pointiert wie exzellent dargestellt.

Es folgt das etwas geraffte Inhaltsverzeichnis:

1. Begriff
2. Arten
3. Physikalisches und technisches Potential erneuerbarer Energien
4. Bedeutung
5. Zeitliche Verfügbarkeit
6. Transport von Strom
7. Zentrale und dezentrale Versorgung
8. Umweltauswirkungen durch erneuerbare Energien
9. Politische Betrachtung
10. Arbeitsmarkt
11. Statistik
12. Literatur
13. Einzelnachweise
14. Siehe auch
15. Weblinks

Eine große Zahl hoffnungsvoller Projekte sind mittlerweile weltweit auf den Weg gebracht worden, sie können im Rahmen dieser Abhandlung nicht berücksichtigt werden. Hervorzuheben ist das DESERTEC- Konzept, das im Juli 2009 in den Medien für Schlagzeilen sorgte.
Die weltweit größte technisch zugängliche Quelle für Energie sind die Wüsten im Sonnengürtel. Das DESERTIC- Konzept von TREC (Trans-Mediterranean- Renewable- Energy Cooperation) will Wüsten und Technologie in den Dienst von Energie-, Wasser- und Klimasicherheit stellen. In diesem Sinne wird eine Kooperation zwischen Europa, dem Nahen Osten (the Middle-East) und North-Afrika (EU-MENA) beim Bau von solartechnischen Kraftwerken und Windparks in den Wüsten der MENA-Region vorgeschlagen. Diese Anlagen können den wachsenden Bedarf an Strom in MENA selbst decken und darüber hinaus sauberen Strom erzeugen, der mittels HGÜ-Leitungen (Hochspannungs- Gleichstrom-Übertragung) mit geringen Übertragungsverlusten (10-15%) bis nach Europa geleitet werden kann. In Ländern wie Australien, China, Indien und den USA wäre das DESERTEC-Konzept aus politischer Sicht noch leichter zu realisieren.
Die Technologien sind vorhanden und zum Teil seit Jahrzehnten im Einsatz. Angesichts der (auch paläotechnisch bedingten) Klimasituation scheint es ein Gebot der Stunde, das Konzept zügig zu verwirklichen. Noch fehlen aber der politische Wille sowie die nötigen Rahmenbedingungen.
Die TREC wurde 1993 vom Club of Rome, dem Hamburger Klimaschutz-Fond und dem Jordanischen Nationalen Energieforschungszentrum gegründet. TREC hat zusammen mit dem Deutschen Zentrum für Luft- und Raumfahrt das DESERTEC-Konzept entwickelt und wissenschaftlich untersucht. Nun arbeitet TREC daran, das Konzept zusammen mit Politik, Industrie und Finanzwelt zur Umsetzung zu bringen. Eine DESERTEC-Stiftung wird derzeit gegründet.
Ein internationales Netzwerk von Wissenschaftlern, Politikern und Experten bilden den Kern von TREC. Die rund 60 Mitglieder unterrichten Regierungen und Investoren kontinuierlich über die Chancen der kooperativen Nutzung von Solar- und Windenergie und fördern das Interesse für konkrete Objekte auf diesem Gebiet. Regionale DESERTIC-Netzwerke verfolgen dieselben Ziele in ihren eigenen Ländern.
Solarthermische Kraftwerke bieten interessanterweise aus Energie-Speicherungsgründen Vorteile gegenüber den Kraftwerken auf der Basis der Photo-Voltaic-Technik. Solarthermische Kraftwerke nutzen Spiegel, um Sonnenlicht zu bündeln, in Hitze zu verwandeln und damit Dampfturbinen anzutreiben. In Wärmespeichern (z.B. Flüssigsalztanks) kann am Tage gewonnene Wärme gesammelt werden, die nachts zum Antrieb von Dampfturbinen wieder abgegeben werden kann, was auch bei Nachfragespitzen möglich ist.
Ein interessantes Nebenprodukt (und damit ein großer Nutzen für die regional ansässige Bevölkerung) könnte die Entsalzung von Meerwasser und die Erzeugung von Kälte mittels der bei der Stromproduktion anfallenden Abwärme sein (Kraft-Wärme-Kopplung).
Das hört sich alles sehr bestechend an, wird aber dennoch kontrovers diskutiert. Ge-

genstimmen finden sich auch bei den Befürwortern (nicht nur bei den Gegnern) erneuerbarer Energien. So ist der bekannte Klimaexperte und Politiker Hermann Scheer, Mitglied des Deutschen Bundestages und Träger unzähliger Auszeichnungen von internationalem Rang, skeptisch mit Blick auf Umfang, Finanzierbarkeit (400 Milliarden Euro!) und Rentabilität des Projekts. Vielleicht denkt er an den Gigantismus andernorts, etwa an den größten Staudamm der Welt in China, der in kleinen Portionen (bei gleicher Leistungsfähigkeit) wesentlich billiger zu haben gewesen wäre. *„Warum in die Ferne schweifen, wenn das Gute liegt so nah?“*, so sein Kommentar zu dem DESERTEC-Projekt.

Konkret gibt er zu bedenken, dass der Import von Strom mit einem politischen Risiko behaftet sei, sobald der Anteil einen gewissen Prozentsatz übersteige. Die Energieversorgung eines Staates aus externen Quellen berge die Gefahr politischer Abhängigkeit und – im Falle von Konflikten – Erpressbarkeit. Ferner würden die HGÜ-Verbindungen mögliche Ziele für Terroristen darstellen. Schließlich macht er darauf aufmerksam, dass die Investitionsdynamik für erneuerbare Energien bei dezentraler Anwendung Millionen Investoren auf den Plan rufen würde und nicht nur wenige Stromkonzerne. Man übersehe auch, dass mit der Dezentralisierung der Stromerzeugung überall regionale Wertschöpfung stattfinden könne. In der Hand nur weniger Stromkonzerne stünde dagegen das Bestreben im Vordergrund, unbedingt das Anbietermonopol zu bewahren. Solche Einwände werden immer zu bedenken sein. Sind sie indessen eine hinreichende Begründung dafür, modernen, umweltfreundlichen Technologien in den sonnenreichsten Ländern unserer Erde a priori keine Chance zu geben? Die Menschheit muss sich zu einer weltweiten, einander vertrauenden Solidargemeinschaft zusammen finden, und augenblickliche Einwände der geschilderten Art sollten (wegen vielleicht doch zu gegenwartsnaher Kurzsichtigkeit) nicht überbewertet werden.

Letzte Anmerkung: Am 15. November 2008 wurde das DESERTEC-Konzept zweifach mit dem Utopia- Award ausgezeichnet. Hierbei erfolgten die Auszeichnungen in der Kategorie *Ideen* mit dem Jury- und dem Publikumspreis. Laut Jury wird durch das DESERTEC-Konzept gezeigt, dass es möglich ist, kurzfristig mit einem Investitionspaket und Infrastrukturprogramm Europa in der Welt für die Zukunft energetisch fit zu machen. Neben den ökonomischen Vorteilen für Europa wäre dies ein elementarer Beitrag für die Erreichung der zwingenden Klimaschutzziele der nächsten Jahre, ebenso wie für die Verringerung von nuklearen Potenzialen und der Armutsbekämpfung weltweit.

6.5. Krieg mit Atomwaffen

(1989): Kennzeichnen vieler Lebewesen ist ihre Aggressivität. Da macht der Mensch keine Ausnahme. Sie ist das Produkt stammesgeschichtlicher Entwicklung und erfüllt eine Reihe überlebenswichtiger Funktionen, man denke an die Verteidigung von Re-

vier und Nachkommen, an Konkurrenzausschaltung bei der Fortpflanzung usw. Sie sind oben ausführlich dargestellt worden und sollen hier nicht weiter vertieft werden.
Ausdruck aggressiven Verhaltens ist auch der Krieg. Er lässt sich definieren als bewaffneter Konflikt zwischen Gruppen derselben Art. Auch dem Krieg kommen bestimmte Funktionen zu wie territoriale Abgrenzung und Sicherung der Ressourcen. Es ist nicht Frieden fördernd, ihn nur als pathologische Entartung abzutun. Die moderne Waffentechnik zwingt allerdings dazu, die Aufgaben kriegerischer Auseinandersetzung auf rationalere Weise als in der Vergangenheit wahrzunehmen.
Es ist eine Streitfrage unter den Wissenschaftlern, seit wann Menschen Krieg führen. Ihn gibt es womöglich schon so lange, wie Menschen über selbst hergestellt Waffen verfügen. In der Frühzeit der Menschheit haben wir es noch mit einfachen Waffen zu tun, danach mit zunehmend raffinierten, entsprechend der Entwicklung der materiellen Kultur und mit ihr des technischen Fortschritts. Waffen dürften ursprünglich als Jagdwaffen gedient haben und erst in zweiter Linie als gegen Artgenossen gerichtete Instrumente. In der gegenwärtigen von Waffen strotzenden Welt ist es umgekehrt, denn die gegenseitigen Vernichtungsmittel haben absoluten Vorrang gegenüber sonstigen Verwendungszwecken erlangt.
Knüppeln und roh behauenen Steinen folgen Lanze und Speerschleuder, diesen Pfeil und Bogen. Weittragender Bogen und Pfeil sind wenigstens 15000 Jahre alt. Die Jahrtausende bis 1945 brachten in der Waffentechnik nichts prinzipiell Neues. Pfeil und Bogen wurden verdrängt durch Armbrüste, diese durch Vorderladergewehre, diese durch Hinterlader, diese durch Zündnadelgewehre und schließlich durch Maschinengewehre. Eine zunehmende Effizienz ist unverkennbar. Seit dem 1. Weltkrieg haben auch die Errungenschaften der wissenschaftlichen Chemie, z.B. Kampfgase, das Waffenarsenal erweitert. Von extrem hoher Toxizität sind heute die Nervengase. Vom giftigsten Nervengas reicht das Drittel eines tausendstel Gramms aus, einen Menschen zu töten. Die Angriffspunkte derartiger Gase im Nervensystem sind die Synapsen. So heißen die Kopplungsstellen zwischen den Nervenzellen. Ihre Blockierung lässt augenblicklich alle Körperfunktionen zusammenbrechen, was sofortigen Tod bedeutet. 17 Tonnen des amerikanischen Nervengases VX würden genügen, um die ganze Fläche der alten Bundesrepublik mit einer 100 Meter dicken, absolut tödlichen Wolke zuzudecken.
Etwas grundsätzlich Neues kam 1945 in die Welt: der Strahlentod, die Gefahr des atomaren Holocaust. Diese Superwaffen sind so gewaltig, dass sie im Falle ihrer Anwendung alles zerstören würden – auch den, der sie benutzt. Auch gegen die schlimmsten Nervengase gibt es noch Schutzmöglichkeiten, gegen den Strahlentod nicht. Das ist so radikal neuartig, dass wir ohne ein entsprechend radikales Umdenken uns mit an Sicherheit grenzender Wahrscheinlichkeit – und mit uns alle anderen Lebewesen – sehr bald von diesem Planeten verabschieden werden. Hierin wird erkennbar, dass unsere Krise letztendlich eine geistige Krise ist. Es bedarf der Wertwende.

(2009): Ende des 2. Weltkrieges fielen amerikanische Atombomben auf Japan mit derart katastrophalen Folgen, dass das Abschreckungspotential für weiteren Einsatz bis heute gereicht hat. Während des Kalten Krieges war der Schrecken vor einem Atomkrieg immer gegenwärtig. Das hat sich in den letzten 20 Jahren abgeschwächt, wenngleich die Massen an atomaren Vernichtungswaffen nicht geringer geworden ist.
Pressemittelung vom 24. 07. 2009:
Die Bombe.
Dreiteilige ZDF-Dokumentation beleuchtet Dimensionen der atomaren Gefahr.
„Mit einer der größten Bedrohungen der Menschheit im 21. Jahrhundert, der Rückkehr der atomaren Bedrohung, beschäftigt sich die dreiteilige ZDF-Dokumentation „Die Bombe" von Klaus Kleber und Angela Andersen, die am 29. Juli 09 startet.
Indien-Pakistan, Israel-Iran, danach wahrscheinlich der gesamte Nahe Osten, möglicherweise der West-Pazifik zwischen China, Nordkorea und Japan – rund um den Globus bekommen unberechenbare regionale Konflikte eine nukleare Komponente. Dazu kommen die „non-state-actors" – kriminelle und terroristische Gruppen, die nach Atomwaffen oder einer primitiven Strahlenwaffe aus nuklearem Abfall und konventionellem Sprengsatz streben.
Vor zwei Jahren haben die Autoren mit ihren Recherchen begonnen, als noch kaum jemand öffentlich dieses Thema ansprach. Inzwischen steht es, vor allem auch wegen der Entschlossenheit von Barack Obama, im Brennpunkt des Weltinteresses. Die Autoren haken nach: Warum wollen immer mehr Staaten die Atombombe? Wie versorgen sich Terrorristen mit Material und Know-how? Wie gingen die Atommächte in der Vergangenheit mit der Massenvernichtungswaffe um, und was erwartet uns, wenn alte und neue Besitzer kein gemeinsames Nuklearkonzept entwickeln?
Auf ihren Drehreisen zu den Basaren und zu den Universitäten von Islamabad und Teheran, zu den Militärs in Russland und den USA, auf Reisen nach Brasilien, Israel und Japan und im Gespräch mit verantwortlichen Politikern waren Claus Kleber und Angela Andersen mit ihren Fragen nicht immer willkommen. Dennoch ist es ihnen gelungen, seltene Einblicke zu sammeln und eine strategisch-abstrakte Gefahr „begreiflich" zu machen. Henry Kissinger und Helmut Schmidt, Mohammad el-Baradei (Generaldirektor der internationalen Atomenergiebehörde) und Gaddafi-Sohn Saif Gaddafi kommen in dem Film ebenso zu Wort wie Samar Mubarak Mand, der Vater des pakistanischen Atombombenprogramms, und General Hamid Gul, ehemaliger Chef des pakistanischen Geheimdienstes. Im Gespräch mit Entscheidungsträgern aus der Zeit des Kalten Krieges und Vordenkern der Abrüstungsbewegung kommen die Autoren zu dem Fazit, dass die nukleare Gefahr eines der drängenden Probleme unseres Jahrhunderts ist – und dass es höchste Zeit ist, nach Auswegen zu suchen."
Im anschließenden Kapitel dieses Buches „Suche nach Auswegen" werden wir der Frage nachgehen, ob es denn überhaupt nur die geringste Chance für *Homo sapiens* gibt, den Kopf aus der Schlinge zu ziehen. Als Art sind wir befähigt, bivalentes Wissen ungeheuren Ausmaßes in die Welt zu schaufeln, das, sobald es in der Welt ist, nicht mehr zurückgeholt werden kann. Vermutlich werden wir für dessen Kontrolle im Nachhinein einen größeren Geistesaufwand aufbieten müssen, als zuvor für das

Hervorbringen. *Homo sapiens* muss, mit einem Wort, die selbst geschaffenen Probleme selber lösen. Das ist die maßgebliche Herausforderung kommender Zeiten, die Bewältigung einer in solchem Ausmaß noch nie da gewesenen geistigen Krise.

7. Suche nach Auswegen

Über der Menschheit schwebt drohend das Damoklesschwert der Selbstauslöschung durch die Zerstörung der Biosphäre und durch den atomaren Holocaust. Beide Gefahrenpotenziale enthalten das Ergebnis einer bislang adaptiven stammesgeschichtlichen Entwicklung, die dabei ist, das Optimum zu überschreiten und ins Gegenteil umzuschlagen. Nur ein Umkehrschub der Werte kann zu Auswegen aus der Krise führen.

7.1. Umkehr der Werte

In Kapitel *Entwicklungstrends zum Negativen* wird dargelegt, dass biologische Systeme nach dem Optimalitätsprinzip konzipiert sind, und jedes dieser Systeme einen Umschlagpunkt aufweist, an dem aus dem Guten gewissermaßen ein Zuviel des Guten wird. Auch sehen wir dort, dass jedes organische System die Fähigkeit besitzt, eine Eigendynamik zu entwickeln, die es wachsen, sich vermehren und zunehmend Macht gewinnen lässt, Merkmale, die insbesondere den vom Menschen geschaffenen Organisationen zu Eigen sind. An ihnen liegt es, dass die kulturelle Evolution die stammesgeschichtlichen Prozesse gegenüber denen im biologischen Bereich ungeheuer beschleunigt hat, d. h. dass sich z. B. die Biologie des Menschen seit rund 40000 Jahren vergleichsweise geringfügig verändert hat, was ihn jedoch nicht daran hinderte, sich vom Sammler und Jäger zum Weltraumfahrer emporzuschwingen.

Unsere Gegenwart zeichnet sich durch rasante Entwicklungsgeschwindigkeiten vor allem im Bereich von Wissenschaft und Technik aus, die nun den Kulminationspunkt eines positiven Verlaufs angesichts der Umweltschäden und Existenz alle vernichtender Waffen zu überschreiten drohen bzw. bereits überschritten haben. Zwar sind dies Gefahren, denen biologische Systeme immer schon ausgesetzt waren. Die Auslese hat auch hier das Ihre bewirkt: nur die überlebten, die rechtzeitig selbtzerstörerischen Trends zu begegnen vermochten oder es verstanden haben, auf lebenszuträglichere Bahnen umzuschwenken.

Dem Menschen kommt das einmalige Geschick zu, den roten Faden des Lebens selbst in der Hand zu halten. Unversehens muss er selbst die Verantwortung dafür tragen, wie es mit ihm und allen anderen Geschöpfen weitergehen soll. Da stellt sich die Frage der Zielsetzung. Wohin soll die Reise gehen? Soll ein neuer Mensch geschaffen werden? Nach welchem Katalog wünschenswerter Eigenschaften soll dies vorgenommen werden? Oder wird man den Menschen so belassen müssen, wie „Gott ihn geschaffen" hat, dafür vielleicht aber aus dem umfangreichen Verhaltensprogramm solche Merkmale stärker fördern, die bisher mehr oder weniger unterdrückt worden sind, die aber geeignet erscheinen, ein menschenwürdiges Leben zu garantieren? Oder können wir es so einrichten, dass wir wieder Bedingungen herstellen, die uns humaner erscheinen, mehr im Verbund mit der Natur als gegen sie?

Wie solche Fragen auch beantwortet werden mögen – in jedem Falle brauchen wir zur Erreichung wünschenswerter Veränderungen Normen, die sich nicht am Extremen sondern am Optimum orientieren.
Jeder von uns wird schon die Erfahrung gemacht haben, unreflektiert aus einer spontanen Bewegung des Gemütes heraus helfend eingesprungen zu sein und dabei nur Schaden angerichtet zu haben. Es ist zum Beispiel ein Zeichen hoher Gesinnung, in Katastrophengebiete Medikamente, Decken, Lebensmittel und dergleichen zu schicken. Tut man aber solches zeitlich unbefristet für Länder, in denen die Menschen wegen Überbevölkerung an chronischem Hunger leiden, kann diese Hilfe das Problem verschlimmern, sie ist dann nur geeignet, die Bevölkerung weiter anwachsen zu lassen, die Not zu vergrößern und auch den dringendsten Reformen den Weg zu verbauen. Hilfen dieser Art sind naiv und gut gemeint, aber kontraproduktiv. Die Suche nach Auswegen muss anders beschaffen sein. Ist die „Hilfe zur Selbsthilfe“ eine Erfolg versprechende Maßnahme? Aber sie ist, wie wir sehen werden, nicht so ohne weiters umsetzbar. Zuvor müssen auch hier noch eine Reihe von Klötzen, z. B. archaische Verhaltensmuster, aus dem Wege geräumt werden.
Die Weichen zur Selbsthilfe sind gestellt. Im Juli 2009 besuchte der US-Präsident Barack Obama Ghana (Westafrika). *„Afrikas Zukunft hängt von den Afrikanern selbst ab“* rief er seinen begeisterten Gastgebern zu. Obama hat die afrikanischen Staaten zum Kampf gegen Korruption und Terror aufgerufen. *„Entwicklung hängt von guter Regierungsfähigkeit ab“*, sagte er in seiner Grundsatzrede vor dem Parlament in Accra. Gleichzeitig versprach er Unterstützung bei der Beilegung gewalttätiger Konflikte auf dem Kontinent und Hilfe bei der Bekämpfung von Krankheiten. Obama betonte, die Afrikaner seien für ihren Zustand in erster Linie selbst verantwortlich. Gerade junge Menschen könnten etwas verändern. Die afrikanischen Staaten sollten sich endgültig von antidemokratischen Praktiken und der Korruption abwenden. *„Kein Land kann Wohlstand schaffen, wenn seine Politiker die Wirtschaft ausbeuten, um sich selbst zu bereichern“*. Es sei an der Zeit, der Tyrannei auf dem Kontinent ein Ende zu setzen. Afrika brauche keine autoritären Führer, sondern starke Institutionen. Die Bedeutung guter Regierungsführung sei viel zu lange nicht beachtet worden. Bei der Vergabe von Entwicklungshilfe würden die USA künftig stärker auf eine gute Regierungsführung in den Empfängerländern achten.
In der Rede hob Obama seine Verbindung zum schwarzen Kontinent hervor:

„Ich habe afrikanisches Blut in mir, und die Geschichte meiner Familie umfasst sowohl die Tragödien als auch die Triumphe der afrikanischen Geschichte.“

Warum hat Obama ausgerechnet Ghana für seinen ersten Besuch in Afrika ausgewählt? Ökonomische Aspekte können keine Rolle gespielt haben, denn in dieser Hinsicht ist Ghana ein Zwerg. Obamas Grund ist wohl ein anderer gewesen. Er baut auf die symbolische Bedeutung dieses Besuchs, seine Botschaft ist klar: Er will die Erfolge einer afrikanischen Demokratie würdigen. Wiederholt hat es hier seit den neunziger Jahren friedliche Machtwechsel gegeben. Präsident John Atta Mills, der im Januar

2009 sein Amt antrat, *„ist dem Rechtsstaat verpflichtet"*, erklärte Obama. Der amerikanische Präsident erhofft sich offensichtlich, dass Ghana auch andere Staaten dazu bewegen wird, auf demokratische Regeln zu setzen.
Ähnlich gelagert waren die Probleme in der Endphase der DDR und anderen Ostblockstaaten. Es lagen erhebliche Unterschiede im Lebensstandard gegenüber dem Westen vor. Einseitige Hilfsmaßnahmen waren auf Dauer nicht zu maximieren, sie ließen sich jedoch unter Einführung und Einhaltung demokratischer Spielregeln mit Blick auf unterschiedliche Grundhaltungen und Antriebe optimieren. Man denke an Grundhaltungen wie Veränderungsdrang, Beharrungswille, Heimattreue, Traditionspflege, Vaterlandsliebe, Besitzstreben, Karrieredenken usw. Zeit und Geduld sind vonnöten, dem Ziel näher zu kommen (es ist bis heute nicht erreicht), das wirtschaftliche West-Ost-Gefälle auszugleichen und einer Realität bezogenen Interessenswahrnehmung aller Betroffenen auf demokratischer Basis und humane Weise gerecht zu werden. Welche Leitlinien sind zu befolgen? In den Fällen wie den geschilderten zeigt sich, dass wir immer wieder aufs Neue gehalten sind, die ethischen Grundlagen unserer Entscheidungen bzw. die moralische Wertung unseres Verhaltens zu hinterfragen. Im ursprünglichen Sinn des Wortes (mos = Sitte) heißt *moralisch handeln*, den (guten) Sitten gemäß handeln. Ist dies schon eine hinreichende ethische Grundlage? Denn Sitten haben verschiedene Wurzeln, unterschiedliches Alter, und nicht selten kommt es zu Konflikten, die uns dazu zwingen, abweichend von gängigen Normen individuell zu werten und zu entscheiden.

7.2. Moral

Der Ethologe (Verhaltensforscher) unterscheidet drei Stufen der Moral. Auf der ersten Stufe steht die Moral unserer sog. Ersten Natur. Instinktiv und basierend auf stammesgeschichtlichen Anpassungen ist sie wesensgleich mit dem moralanalogen Verhalten vieler Tiere. Entsprechend handeln wir auf dieser Stufe unreflektiert, spontan, aus Neigung. Wenn wir einem Freunde beistehen oder aus Liebe zu unserem Partner in spontanem Entschluss unser Leben riskieren, handeln wir gewiss moralisch, aber auf einer instinktiven Ebene.
Die zweite Stufe der Moral gibt sich in der Erfüllung kulturell tradierter Normen zu erkennen, wie gruppenkonformes Verhalten und Bereitschaft zur sozialen Imitation. Im Kern ist sie gekennzeichnet durch eine Orientierung an den Erwartungen von Bezugsgruppen (zunächst der Familie, dann der Gesellschaft im Allgemeinen), die um ihrer selbst willen, das heißt unabhängig von ihren Konsequenzen für den Einzelnen, bedeutsam sind. Dies ist in Freudschen Kategorien die Moral des Über-Ichs, die dem Individuum nicht in freien Stücken erwachsen ist und daher auch als infantil bezeichnet wird. In der Tat dient diese der Orientierung der Jugendlichen, aber auch der meisten Erwachsenen. Ein Verhalten auf dieser Stufe wird dann als gut bezeichnet, wenn es den Erwartungen von Bezugsgruppen entspricht, die soziale Ordnung aufrecht erhält und Gesetze achtet, eine Einstellung, die durchaus nicht nur durch bloße

äußerliche Konformität mit der sozialen Ordnung gekennzeichnet ist, sondern sich vielmehr in der Loyalität gegenüber der Ordnung, im Verständnis dieser Ordnung und im Bemühen um ihre Erhaltung manifestiert.

Auf der dritten Stufe haben wir es mit der Vernunft begründeten Moral der ausgereiften, selbständigen Persönlichkeit zu tun. Diese Stufe wird, wenn überhaupt, im mittleren Erwachsenenalter erreicht. Sie ist gekennzeichnet durch das Bemühen, moralische Werte zu begründen und Prinzipien zu bestimmen, die über die eigenen Gefühle und die Gefühle anderer, auch über die Loyalität zu einer Gruppe, zur Gesellschaft hinausgehen. Es handelt sich um Grundsätze, die eine eigene Gültigkeit haben. Auf diesem Niveau wird erkannt, dass Gesetze nicht bereits deshalb moralisch sind, weil sie eine bestimmte soziale Ordnung aufrechterhalten, sondern dass zu ihrer Bewertung ein prinzipieller moralischer Standpunkt notwendig ist.

Für das Lösen zwischenmenschlicher und zwischengesellschaftlicher Konflikte wird das Abschließen von Verträgen als ein geeignetes Mittel angesehen, wozu allerdings das Vertrauen sowohl für ihr Zustandekommen als auch ihre Einhaltung von zentraler Bedeutung ist. Es ist zu vermuten, dass unsere Vorfahren hin und wieder gute Erfahrungen damit gemacht haben, besser friedlich zu kooperieren, statt gewalttätig sich gegenseitig zu schaden, wenigsten für eine Weile.

Menschen haben gleiche Rechte und Pflichten, die unterschiedslos geachtet werden. Auf dieser Basis wägt die autonome Persönlichkeit ihre internalisierten (verinnerlichten) Überlegungen ab und gelangt (erst danach) zur Entscheidung.

Die hier aufgezeigten Moralstufen können von jedem Individuum von Kindheit an der Reihe nach erklommen werden. Dabei ist von entscheidender Bedeutung, dass das Erreichen einer Stufe die notwendige Voraussetzung für das Erreichen der nächsten ist. Keine Stufe kann übersprungen werden. Nur wer beispielsweise gelernt hat, eine Verpflichtung gegenüber seiner Bezugsgruppe einzugehen, kann auf der nächst höheren Stufe über die Grenzen dieser Verpflichtung nachdenken.

Wie weit bringt es der einzelne Mensch in seinem Leben?

Querschnittsstudien zeigen, dass der allgemeine moralische Entwicklungsstand bescheiden ist. Kaum jemand überschreitet das konventionelle, von gängigen Normen diktierte Niveau. Das könnte dazu verleiten, eine neue Ethik für die Menschen auf verschiedenen Entwicklungsstufen je verschieden zu „verpacken“, so dass die Menschen danach handeln könnten. Aber wäre eine solche Manipulation von Menschen ethisch vertretbar? Es bleibt wohl bei der Devise, bewusster als bisher ein gesellschaftliches Klima zu schaffen, in dem die Entwicklung der moralischen Urteilsfähigkeit nicht gestoppt, sondern auf ein höheres (postkonventionelles) Niveau angehoben wird. Unsere Probleme werden umso leichter zu lösen sein, je mehr Menschen sich mutig einer eigenständigen, Vernunft begründeten Moral befleißigen. „Wie soll das gehen?“ wird mancher Leser sich fragen. Dies ist u. a. eine Frage der Bildung (S. 122ff), die die Voraussetzung dafür ist, sich über einen Begriff wie den der Norm sich seine eigenen Gedanken zu machen.

Gibt es für Normen geeignete Auswahlkriterien? Wie verbindlich sind Normen überhaupt?

Die Versuche, die Verbindlichkeit von Normen zu begründen, reichen zurück bis in die Antike. Kant bemühte sich um eine von Vernunft geleitete Moral, indem er fragte, ob man die Leitsätze des persönlichen sittlichen Handelns zum allgemeinen Gesetz erheben könne. Zum allgemeinen Gesetz *wofür und für wen?* muss hier nachgefragt werden. Ist die jeweils eigene Gruppe, das eigene Land, die eigene Nation, die eigene Religion gemeint? Je nachdem kommen wir nämlich zu unterschiedlichen Ergebnissen. Die Antwort auf die Frage nach Normen bezüglich Ihres Gültigkeitsbereiches kann also nur lauten, ihnen in dieser Hinsicht ein möglichst universelles Spektrum zukommen zu lassen, so dass sie für alle Menschen gleichermaßen gelten können *Wie soll das geschehen?*

Steitz (2009): *„So muss es ein Anliegen aller Menschen sein, in der gegenwärtigen Krise alles zu tun, was das Überleben sichert. Hierbei wird es nicht zu vermeiden sein, dass sich Normen widerstreben und zu Konflikten führen. Den Normen, die dem Ganzen (nicht auf Kosten anderer) am dienlichsten sind, ist der Vorzug zu geben. Verdeutlichen wir dies an einem Beispiel. Unsere in früheren Zeiten adaptive Intoleranz gegenüber Außenseitern ist in unserer pluralistischen Gesellschaft keinesfalls mehr von Nutzen. Gerade vom genialen Außenseiter empfängt die Gesellschaft positive Impulse.“*

Was leitet uns bei der Aufstellung von Normen? Kommen hierbei insbesondere Gefühlsregungen oder vielleicht völlig andere Kriterien zum Tragen?
Primär gefühlsbedingte Normen, die vor allem Gesinnungen steuern, kennzeichnen sich dadurch, dass Konsequenzen prinzipiell nicht bedacht werden. Solchen Normen wird oft blindlings gefolgt. Max Weber (1919) unterscheidet daher zwischen Gesinnungsethik und Verantwortungsethik. Der Gesinnungsethiker handelt aus Überzeugung; die Folgen seines Handelns jedoch nicht oder kaum beachtend. Fallen sie nachteilig aus, fühlt er sich nicht verantwortlich, da er sozusagen in *höherem Auftrag, d.h.* nach dogmatischen, nicht antastbaren Prinzipien handelte. Verantwortlich gemacht werden die unvollkommene Welt, die Schwächen der Mitmenschen, ihre mangelnde Einsichtsfähigkeit und dergleichen mehr. So ist das kategorische Verbot der katholischen Kirche, Schutzmaßnahmen gegen die Verbreitung von Aids zu ergreifen, die bittere Frucht von todbringender Gesinnungsethik. Die Verantwortung des Gesinnungsethikers manifestiert sich somit auf einer von der Praxis zwischenmenschlichen Zusammenlebens weiter entfernten, höheren Ebene. Der Verantwortungsethiker bedenkt die Folgen seines Handelns, wälzt sie nicht ab, ist maßvoll in seinen Forderungen, berücksichtigt die natürlichen Voraussetzungen des Menschen, rechnet mit dessen Schwächen, fühlt sich also persönlich verantwortlich. Dies erfordert allerdings Standfestigkeit wie auch ein differenziertes Gewissen, beides das Ergebnis autonomer Entscheidungen und nicht die Frucht von Wertmaßstäben auf der Basis mehr oder weniger kollektiver Zwänge.

Carl Friedrich von Weizsäcker bricht in seinem Werk *"Die Zeit drängt"* (1986) eine Lanze für die Gesinnungsethik. So fragt er, ob der Gesinnungsethik jeder Verantwortungsgehalt abzusprechen sei, denn ihre Normen zielten gerade auf die tieferen, längerfristigen Folgen unserer Handlungen. Sie rational nicht erklären zu können, sei möglicherweise das besonders Positive an ihr.

C. F. von Weizsäcker: *„Man darf behaupten, dass menschliche Gesellschaften nur dann stabil bleiben, wenn ihre fundamentalen sittlichen Normen unerklärt gelten. Tradition und religiöse Weihe garantieren diese unerklärte Geltung. Wer anfängt, Normen durch ihren Nutzen für die Gesellschaft zu erklären, steht in der Versuchung, sie auf sein eigenes Handeln nur nach eigenem Gutdünken anzuwenden. Die Normen verfallen dann allzu leicht dem Missbrauch als Rechtfertigungsideologie privater Interessen. Die großen Philosophen, die den gesellschaftlichen Nutzen der Normen durchdachten, haben auch diese Gefahr gesehen. In Platons Dialog Kriton erklärt Sokrates seinem Freunde, warum er auch das moralisch ungerechte, aber legal zustande gekommene Todesurteil akzeptieren muss: um der Fortdauer der Gesetze willen.“*

Woher bezieht von Weizsäcker sein Vertrauen in tradierte Normen? Ist es nicht legitim, ja notwendig, anstelle blinden Vertrauens Normen immer wieder zu durchdenken, die Folgen ihrer beharrlichen Erfüllung in die Wertungen mit einzubeziehen? Das ist mühsam, zur Bewältigung gegenwärtiger Probleme wohl aber unabdingbar. Hier ist die Verantwortungsethik gefragt. Tradierte Normen brav zu befolgen, bedarf ständiger Überprüfung und stellt womöglich eine überholte Verhaltensweise dar. Auch hier sollte eine Wertumkehr erfolgen, indem sittliches Verhalten nach kritischer Reflexion und bestem Wissen und Gewissen dem gebotenen Handeln zugrunde zu legen ist.

Vernunft ist gefragt. Was ist Vernunft? Rupert Riedl (1925-2005) hat die folgende so anspruchsvolle wie gut verständliche Definition geliefert. Riedl war österreichischer Zoologe, der vor allem durch seine Arbeiten auf dem Gebiet der Meeresforschung, Systemtheorie der Evolution und Evolutionären Erkenntnistheorie bekannt geworden ist. In seinem späteren Leben beschäftigte er sich auch mit Gesellschafts- und Umweltfragen. Er war Gründungspräsident des Club of Vienna.

Riedl: *„Der Begriff Vernunft hat sich gewandelt. Etwa in der Art, wie unsere Achtung vor der Vernunft mit dem Wachstum ihrer Ansprüche gestiegen ist. Im Alt- und Mittelhochdeutschen bezeichnet er die Tätigkeit des Vernehmens, sinnliche Wahrnehmung, Verständnis, Einsicht. Die Scholastik unterschied dann zwischen sensatio, ratio und intellectus, was etwa Wahrnehmung, Begriffsfassung und Ideenbildung entspricht. Eckart übersetzte ratio, Kant dagegen intellectus als Vernunft. Heute verstehen wir darunter Besonnenheit, Einsicht und Intelligenz. Das Vernünftige liegt … im Leben in einer positiven Bilanz von Erfolg und Misserfolg. So ist es, wie jeder weiß, sehr unvernünftig, nur hinter Büchern zu sitzen oder nur Sport zu betreiben (wiewohl ein jeder für sich erfolgreich), weil doch Verdacht besteht, dass es den Lebenserfolg im Ganzen schmälern könnte. Und den Lebenserfolg fördert, was einen Gewinn an Sicherheit, Kraft und Gesundheit, Voraussicht, Wissen und Weisheit, an Reserve, Einfluss und Macht verspricht, um das eigene Leben, und was* *immer das bestimmen mag, das der Gruppe, Gesellschaft, Menschheit und Biosphäre, gedeihlicher oder gewisser zu machen.“*

Die Erkenntnisfortschritte des *Homo sapiens* basieren wesentlich auf seiner Vernunft. Bei diesem Sachverhalt sind zwei Aspekte zu beachten:
1. Was können wir wissen?
2. Was können, was sollen, was dürfen wir tun?

Mit dem zweiten Aspekt befassen sich gegenwärtig prominente Vertreter der Kernphysik, der Naturwissenschaften und Astronomie u. a. Ihr Kernanliegen ist: wie können wir lernen, mit der Macht, die uns die Wissenschaft gibt und die zum Guten und Bösen eingesetzt werden kann, einigermaßen fertig zu werden? Ohne Frage erfordern große Entdeckungen auch besondere moralische und ethische Kräfte. Ohne diese Kräfte dürfen wir Wissenschaft nicht betreiben und ohne sie wäre Wissenschaft für den Menschen nicht akzeptabel. Solche Hinweise geben der Vorstellung Nahrung, der einzelne Forscher habe dafür den Hauptteil der Verantwortung zu tragen. Genügt aber ein solcher Appell lediglich in Richtung der Forschung?
Die Frage, was wir tun sollen, ist eine ethische Frage. Sie ist ein Anliegen aller Menschen, nicht nur der Naturforscher. Handeln nach ethischen Grundsätzen heißt moralisch handeln, also handeln mit dem Wissen um Gut und Böse.
Die Frage nach Ethik und Moral mit Blick auf neue Forschungen und Endeckungen ist so aktuell wie noch nie zuvor. Naturwissenschaft aber allein ist kaum imstande, aus eigenen Methoden ethische Grenzen und Ziele abzuleiten. Daraus ergibt sich allerdings nicht automatisch ein Deutungsmonopol in ethischen Fragen für Gruppierungen außerhalb der Naturwissenschaft.
Was die Sache in der praktischen Umsetzung schwierig macht, ist der Umstand, dass in der angesprochenen Problematik die Urteilskompetenz des Einzelnen gefragt ist. Sie ist die entscheidende Grundvoraussetzung für mehrheitliche Abstimmungen in Fragen der Moral. Diese Urteilskompetenz des Einzelnen steht unter dem Anspruch, dass moralische Aussagen vernünftig begründet sein müssen.
Was trägt zur Urteilskompetenz des Einzelnen bei? Es ist das, was wir Bildung nennen. Am wenigsten sind Spezialkenntnisse gefragt, dafür umso mehr Neugier und Kenntnisvielseitigkeit.

„Ich schwöre bei Apollon dem Arzte und Skleüpios und Hygieia und Panakeia und allen Göttern und Göttinnen als Zeugen, dass ich nach bestem Vermögen und Urteil diesen Eid und die Verpflichtung erfüllen werde. Meine Verordnungen werde ich treffen zum Nutzen und Frommen der Kranken nach bestem Vermögen und Urteil, sie schützen vor allem, was ihnen Schaden und Unrecht zufügen könnte. Wenn ich nun diesen meinen Eid erfülle und nicht verletze, möge mir im Leben und in der Kunst Erfolg beschieden sein, Ruhm und Ansehen bei allen Menschen bis in fernste Zeiten – wenn ich ihn übertrete und meineidig werde – dessen Gegenteil.“

Dieser Hippokratische Eid gilt als beispielhafter Ausdruck ärztlicher Ethik. Immer war es Aufgabe der Ärzte, Kranken mit allen verfügbaren Mitteln zu helfen. Einen Rettungshubschrauber am Himmel nehmen wir mit dem sicheren Gefühl des Einsatzes von Technik für die Rettung von Leben wahr. Dank technischer Möglichkeiten stellt sich aber mehr und mehr die Frage, ob der Tod eines Menschen mit allen Mitteln verhindert, hinausgeschoben werden muss. Der Hippokratische Eid fordert solches nicht. Wird da Leben verlängert – nicht vielmehr das Sterben? Die ethische Debatte, vor Jahrzehnten begonnen, ist in vollem Gange und hat nicht nur Ärzte, sondern auch Theologen, Philosophen, Juristen, Politiker u. a. auf den Plan gerufen. Pointiert mit einbezogen in die Debatte ist die Frage der Verfügbarkeit menschlichen Lebens und damit das Problem der aktiven Sterbehilfe.

Was ist zu tun, wenn ein Mensch, aus welchen Gründen auch immer, nicht mehr weiterleben möchte? Nun, das sollte er in die eigene Hand nehmen können. Das ist allerdings einfacher gesagt als getan, denn die Gesellschaft hat hinsichtlich der moralischen Rechtfertigung einer solchen Handlung keine einhellige Meinung. Die Deutsche Bischofskonferenz etwa beschwört eine „Heiligkeit des Lebens", die jeden Akt der Selbsttötung unbedingt verbiete. Das Leben sei ein Geschenk Gottes, das der Mensch nicht wegwerfen dürfe. Der protestantische Theologe Friedrich Wilhelm Graf hält dem sinngemäß entgegen: „Die existentiellen Grundfragen meines Lebens und Sterbens sind eine unmittelbare Sache zwischen mir und Gott. Wann und wie ich mein Leben in Gottes Hand zurückgebe, habe ich nicht vor Staat und Kirche, sondern allein vor meinem Schöpfer zu verantworten."

Dies alles ist eine Frage persönlicher Entscheidung. Wie aber ist zu verfahren, wenn ein Mensch im Koma liegt und andere für ihn die Verantwortung tragen müssen? Hier gibt es die Möglichkeit, rechtzeitig (unter Zeugen, gegebenenfalls mit Hilfe eines Notars), eine schriftliche Erklärung, eine sog. Patientenverfügung zu verfassen, die festlegt, was in bestimmten Situationen zu tun ist. (Verfügungen dieser Art müssen aus einsichtigen Gründen in bestimmten zeitlichen Abständen aktualisiert werden). Die getroffene Entscheidung macht Sinn, wenn erwartet werden kann, dass am Ende des Lebens der in ihr zum Ausdruck gebrachte Wunsch vom Umfeld und den Ärzten respektiert wird, dass also z. B. bei irreversibler Schädigung des Gehirns, keine das Weiterleben verlängernden Maßnahmen (z. B. künstliche Ernährung) ergriffen werden.

Auch hier unterscheiden sich in der Gesellschaft die Geister. Können Paragraphen weiterhelfen? Im deutschen Bundestag ringt man zurzeit (Mai 2009) um befriedigende gesetzliche Regelungen. Es wird von der Beseitigung einer jetzt bestehenden ‚Grauzone' gesprochen.

Die Süddeutsche Zeitung schreibt am 19.06.2009: *„In Deutschland können Patienten künftig verbindlich entscheiden, ob und wie lange sie durch Ärzte am Leben gehalten werden. Nach sechs Jahren Vorarbeit verabschiedete der Bundestag am Donnerstag eine gesetzliche Regelung der Patientenverfügung. Diese soll in Zukunft für Ärzte verpflichtend sein, wenn sich ein Patient nicht* *mehr selbst äußern kann. Mit klarer Mehrheit setzte sich ein Antrag einer Gruppe um den SPD-Rechtspolitiker Joachim Stünker durch. In dritter Lesung bekam er 327 Ja-Stimmen von 513 .“*

Ein Kernproblem wird immer bestehen bleiben: Darf irgendein Mensch, unter welchen Umständen und in welcher Form auch immer, über das Leben eines anderen verfügen? Wer soll dazu die Legitimation erteilen? Der Autor dieser Zeilen vertritt die Auffassung, dass Entscheidungen dieser Art immer der persönlichen Verantwortung eines einzelnen Menschen (nach umfassender Diskussion mit unabhängigen, von der Gesellschaft dafür ausgewählten Persönlichkeiten) unterliegen müssen und dieser Verantwortungsträger sich fallweise zur Rechenschaft ziehen lassen muss. So ist der Autor der Meinung, dass es einerseits niemals zu einer gesetzlich legitimierten aktiven Sterbehilfe kommen darf, es aber wohl zu einer passiven kommen kann, und zwar in der dargestellten Weise des begleitenden, umsorgenden Sterbenlassens im Sinne der oben zitierten neuen gesetzlichen Regelung.
Eine Wertwende ist auch für den Arbeitsbegriff erkennbar. Der Tagesablauf der Jäger und Sammler der Altsteinzeit war erfüllt von vielen, zum Teil anstrengenden Tätigkeiten, doch war dies nicht Arbeit im heutigen Sinne, nämlich Tätigkeit für Lohn und Gehalt. Tätigkeiten wie Tiere abhäuten, Feuer entfachen, Leder verarbeiten, Hütten bauen, Steine behauen, Waffen konstruieren usw. waren untrennbar mit dem gesamten Leben verbunden, sie bedeuteten eigentlich Leben.
Das änderte sich mit der landwirtschaftlichen Revolution im Mesolithikum. Mit der Sesshaftwerdung entwickelte sich das Privateigentum und mit ihm ein Wohlstandsgefälle unter den Menschen. Die Ärmeren mussten unter Umständen schwere körperliche Leistungen zur Bereitstellung ihres Lebensunterhaltes erbringen, das war die Arbeit im ursprünglichen Sinne: Mühe und Plage. Bezeichnenderweise wurden in der Antike geistige und staatspolitische Tätigkeiten ethisch höher bewertet als körperliche. Letztere ließ man von Sklaven verrichten. Grundsätzlich hat sich hier wenig verändert über die Jahrtausende. Erst Martin Luther begründete die „Ethik der Arbeit“, also Arbeit als berufliches, auf wirtschaftliches Ziel gerichtetes, planmäßiges Tätigsein. Vor mehr als 200 Jahren begann dann eine Entwicklung, die uns heute noch zu schaffen macht: Der Rhythmus der menschlichen Arbeit im Takt der Maschinen mit der kompletten Pervertierung am Fließband.
Nur eine Frage der Zeit war es dann, die technische Entwicklung dahin zu führen, die in die technischen Abläufe integrierte menschliche Arbeit auch noch von Maschinen ausführen zu lassen. Solche Maschinen arbeiten schneller und rund um die Uhr, erkranken nicht, verlangen keinen Urlaub, und brauchen auch keine Altersrente. Die Erfindung des Roboters ist demnach das zwangsläufige Produkt einer sich entwickelnden Industrie, die wesentlich von Gewinnmaximierung geleitet wird. Die Arbeitsroboter werden dauernd verbessert, die Fortschritte in der Elektronik beschleunigen diesen Prozess. Dies hat ganz wesentlich zu der gegenwärtigen Krise der Massenarbeitslosigkeit beigetragen. Werden die maschinellen Sklaven den Menschen vollends aus dem Arbeitsprozess ausgliedern und entmündigen?

Eine groteske Situation. Was in der Vergangenheit so wunderschön erschien, wie im Schlaraffenland wenig oder gar nicht zu arbeiten, ist zu einer dauernden Bedrohung geworden. Und sollte es zwar gelingen, die noch vorhandene Arbeit gleichmäßiger zu verteilen, so bliebe doch das Problem, wie mit der gewonnenen Freiheit umzugehen ist. Geht die daraus resultierende Arbeitszeitverkürzung nicht mit einem Verlust an Lebenssinn einher? Wie könnte das Mehr an Freiheit sinnvoll gestaltet werden, dass jeder Mensch sich bei mehr Muße nach wie vor als nützliches Glied der Gesellschaft fühlen kann und sich nicht als Almosenempfänger vorkommen muss? Wie ist Arbeit überhaupt neu zu definieren? Fallen weiterhin nur bezahlte Arbeiten unter diesen Begriff? Fragen über Fragen. Auch hier eine Wertwende mit dem Erfordernis, dass sich auf diesem Felde Grundsätzliches ändern muss. Klar dürfte sein, dass völlig neue Berufsbilder geschaffen werden müssen, die nur vom Menschen, und sei es auch unter Mitwirkung von Maschinen, aber nicht von Maschinen allein, ausgefüllt werden können. Die Pflege alter hilfsbedürftiger Menschen kann vorerst letztendlich nur von Menschen geleistet werden.

Erinnern wir uns: Zur Sinnerfüllung eines jeden Menschen trägt Bildung bei. Nur durch sie, durch Freilegung kreativen Potenzials, werden die Chancen erhöht, sinnvolle Tätigkeiten zu entwickeln und neue Ausbildungswege zu beschreiten. Bisher war die Leserichtung so, dass zur Sozialisation die Ausbildung der Heranwachsenden im Vordergrund stand, und Bildung, so es einem inneren Bedürfnis entsprang, bei den Mitmenschen (mal mehr, mal weniger) zur Erweiterung der Persönlichkeit beitragen konnte. Mit anderen Worten: Heutzutage sollte Bildung Vorrang vor Ausbildung haben, wie in der Regel ein junger Mensch vernünftigerweise erst nach dem Abitur sich für ein bestimmtes Studium zwecks späterer Berufsausübung entscheidet.

Was ist Bildung? Bildung ist das, was Menschen mit sich und für sich machen. Man bildet sich. Ausbilden können uns andere, doch bilden kann jeder nur sich selbst. Eine Ausbildung durchlaufen wir mit dem Ziel, danach zu etwas Bestimmten befähigt zu sein, etwas Bestimmtes tun zu können, so z.B. ein bestimmtes Handwerk zu beherrschen oder Kinder mit Blick auf ihre optimale Sozialisierung zu unterrichten. Bildung hat dagegen die geistige und innere Formung der eigenen Persönlichkeit in ihrer Gesamtheit zum Ziel, mit dem Bestreben, in einer bestimmten Art und Weise in dieser Welt zuhause zu sein.

Der Begriff *Bildung* findet sich erstmals in der deutschen Sprache in den Schriften des mittelalterlichen Theologen und Philosophen Meister Eckhart in der Bedeutung *„Erlernen von Gelassenheit“*. Damit ist gemeint, dass Bildung „Gottes Sache ist und der Mensch durch Bildung Gott ähnlich werde“. In diesem Sinne ist Bildung ein Prozess, der an den Menschen von außen herangetragen wird und auf den der Einzelne keinen Einfluss hat. Im deutschen Idealismus erfährt der Begriff eine Wendung zum Subjektiven. Bildung wird verstanden als *Bildung des Geistes, der sich selber schafft* (Fichte 1726-1814), mit dem Ziel der Genese einer vollkommenen Persönlichkeit.

Johann Wolfgang von Goethe: *„Höchstes Glück der Erdenkinder ist nur die Persönlichkeit.“*

Menschen, die aufgrund der geschilderten Umstände arbeitslos werden, würden nicht ins Nichts fallen, sondern auf ein Polster bereits vorhandener Bildung, die weiter ausgebaut werden könnte. Auf diesem Felde etwas beizusteuern, wäre gewiss ein besonders nutzbringender Einsatz von Steuergeldern, und die Eingliederung in neue Berufsfelder wäre um ein Vielfaches erleichtert. So fasziniert den Autor die Vorstellung, dass ein arbeitslos gewordener Familienvater seine Familie auch weiterhin ernähren könnte, indem dieser sich weiterbildet.
Vorraussetzung für Bildung ist Neugierde. Sie ist der Wunsch nach Kenntnisvielseitigkeit, also zu erfahren, was es alles in der Welt gibt. Die größte Tugend eines Lehrers besteht darum nicht darin, möglichst viel Wissen zu vermitteln, sondern Neugierde zu wecken. Der Wunsch, Kenntnis zu erlangen kann in verschiedene Richtungen gehen:

Hinaus ins Weltall zu den Gestirnen,
hinunter zu den Atomen,
hinein in die Vielfalt lebender Systeme,
zurück in die Geschichte von Weltall, Erde und Gesellschaft,
nach vorn zu den Fragen optimaler Zukunftsgestaltung.

Führen wir uns nochmals vor Augen: Die Menschen unserer Tage sind nicht mehr in kleinen Gruppen umherwandernde Sammler und Jäger, sie leben vielmehr in hierarchisch gegliederten Gemeinschaften von zum Teil gewaltiger Größe, in denen sich bestimmte Charakterzüge des Steinzeitalters besonders mächtig austoben: Rangordnungsstreben, Besitzstreben, Aggressivität. Andere gleichermaßen das Überleben früherer Gruppen sichernde Verhaltensmerkmale bleiben dabei auf der Strecke wie Solidarität und Verantwortlichkeit des Einzelnen für die Belange des Ganzen.
So vermag zwar der Mensch ein Zugehörigkeitsgefühl zu weit über frühere Dimensionen hinausgehende Gemeinschaften zu entwickeln wie das Vaterlandsgefühl; Verantwortlichkeit in entsprechendem Umfang ist damit nicht verbunden. In dieser Hinsicht endet die Fähigkeit gewissermaßen vor der eigenen Haustür. Dies ist ein altes Primatenerbe. Unsere Mutter Natur vermochte ohne weiters mit den Spuren, die unsere Vorfahren allenthalben hinterlassen haben, fertig zu werden. Heute gelingt ihr das nicht mehr.

7.3. Neugestaltung des Verhältnisses zwischen Mensch und Natur

Oben wurde bereits ein Sachverhalt angesprochen, der von besonderer Bedeutung für die Krisenanfälligkeit des *Homo sapiens* in unserer Zeit sein dürfte, nämlich dass der Mensch ein Wachstumsfetischist ist.
Der Mensch kommt ganz gut zu Rande mit arithmetischen Vermehrungsreihen nach Art der Zahlenreihe 2....4....6....8....10 und so weiter, was die Aufeinanderfolge

identischer Vermehrungsschritte bedeutet. Unser Gehirn versage aber total, wenn es ich um Vermehrungsschritte handelt, bei denen jeder einzelne ein bestimmtes Vielfaches des vorangegangenen beträgt, der Verlauf also beispielsweise der Zahlenreihe 2….4…..8….16….32 und so weiter entspricht, bei der jeweils Verdopplungsschritte aufeinander folgen. Von mehreren zur Veranschaulich dargestellten Beispielen sei eines hier ausgewählt.

Auf welchen Betrag wäre ein Pfennig, hätte es ihn schon zu Christi Geburt gegeben, angewachsen, wenn der Heilige Josef ihn zu 5% Zinseszins festverzinslich angelegt hätte und wenn es seither weder Inflation noch Währungsreform gegeben hätte, und auch keine Erbschafts-, Vermögens- und Zinssteuer, keinen Diebstahl des Vermögens und auch keine Revolution und Enteignung?

Dieser Pfennig wäre schon bis 1990 auf einen Betrag mit so vielen Nullen angewachsen, dass sich niemand mehr diese Zahl vorstellen kann. Deshalb hat sich einer die Mühe gemacht und die Geldsumme in Gold umgerechnet, zum Goldpreis an einem Stichtag 1990. Und wie viel Gold kam dabei heraus? – Goldkugeln vom Gewicht der Erde! Aber nicht zwei, drei oder allenfalls vier. Unter den genannten Bedingungen wären bis 1990 aus einem einzigen Pfennig 134 Milliarden Goldkugeln vom Gewicht der Erde geworden!

Dieses theoretische Beispiel auf der Grundlage einer geometrischen Zinseszinsformel lehrt uns, dass die vom Zinseszins in Gang gesetzte Dynamik auf Dauer nicht funktionieren kann. Die augenblickliche globale Finanzkrise (2009) ist der konkrete Beweis dafür, denn sie hat letztendlich darin ihre Ursache, dass eine Geldvermehrung am Werke ist, dem kein entsprechendes Wachstum der Produktion entspricht. Es ist bemerkenswert, dass in den öffentlichen Medien und Diskussionen seitens der verantwortlichen Politiker, Manager, Bankiers und so weiter dieser doch so einfache Zusammenhang kaum zur Sprache gebracht wird.

Die Finanzkrise repräsentiert nur eine Facette globaler Problematik. Exponentielles Wachstum findet sich auch in der Industrie. Umweltzerstörende Überproduktion unter Vergeudung wichtiger Rohstoffreserven wie Kohle, Gas und Erdöl findet weltweit statt. In diesem Punkte scheint die Menschheit durch die Existenz konkurrierender Blöcke wirtschaftlich in einem Teufelskreis gefangen. Wirtschaftler und Politiker haben sich in den letzten 100 Jahren bedingungslos einer Wachstumsideologie verschrieben, um im Wettstreit, der immer schärfere Formen annimmt, zu bestehen. Gelegentlich wird ja auch von Wirtschaftskriegen gesprochen. Das Zauberwort Wachstum ist immer noch ein zentraler Begriff bei den verantwortlichen Politikern. So kann man sich des Eindrucks nicht erwehren, dass an den verantwortlichen Stellen das Wissen über exponentielle Funktionen in allen Bereichen des Lebens mit ihren jeweiligen Folgen hoffnungslos unterentwickelt ist.

Wie ist der „Circulus vitiosus" aufzulösen? Kann auf Konkurrenz als eine die Entwicklung vorantreibende Kraft verzichtet werden? Die Frage ist, ob Maximierung im quantitativen Ausstoß weiterhin erstrebenswertes Ziel und Maßstab der Leistung sein kann. Als Alternative ist auch ein Wachstum an Qualität möglich. Ein wirtschaftliches Verhalten, das sich an der Wunscherfüllung von Zielgruppen orientiert und im Ser-

vice und in anderen qualitativen Leistungen mit anderen Anbietern wetteifern, wäre eine Alternative.
Maximierungsstrategie basiert als solche immer auf der maßlosen Ausbeutung der Rohstoffquellen. In der Konkurrenz mit anderen scheint dies zumindest kurzfristig vorteilhaft. Der augenblickliche Erfolg zählt. In jüngerer Zeit sind gar Kriege zur Realisierung einer solcher „Philosophie" mit erlogenen Argumenten und fatalen Folgen für Soldaten wie Zivilisten angezettelt worden.
Maximierungsstrategie ist mit großen Risiken behaftet. Den Konjunkturen folgen Krisen, die viele Existenzen vernichten und damit Menschen in Not bringen, von der Zerstörung der Umwelt ganz abgesehen. Erich Fromm sieht in dieser Art egoistischen Auslebens einen Grundzug unseres industriellen Zeitalters:

„Egoismus ist nicht bloß ein Aspekt meines Verhaltens, sondern meines Charakters. Er bedeutet, dass ich alles für mich haben möchte, dass nicht Teilen, sondern Besitzen mir Vergnügen bereitet; dass ich immer habgieriger werden muss, denn wenn Haben mein Ziel ist, bin ich umso mehr, je mehr ich habe; dass ich allen anderen gegenüber feindselig bin – meinen Kunden gegenüber, die ich betrügen, meinen Konkurrenten, die ich ruinieren, meinen Arbeitern, die ich ausbeuten möchte. Ich muss jene beneiden, die mehr haben als ich, und mich vor jenen fürchten, die weniger haben."

Die neue Ethik muss nach F. Vester heißen: *„Aus der Zukunft für die Vergangenheit lernen"*. Damit ist das Verfahren der sog. „Netzplantechnik" gemeint, die – die heutigen Möglichkeiten der Computertechnik nutzend – unter Berücksichtigung aller relevanten Parameter Bedarfsberechnungen für die Zukunft anstellt, um danach den wünschenswerten Sollzustand für die Gegenwart festzulegen, der dann, gewissermaßen als Kontrolle, wieder in die Zukunft hochgerechnet wird. Diese Art der Planung (nicht zu verwechseln mit der Zentralverwaltungswirtschaft absolutistischer Systeme) minimiert die Gefahr der Fehlkalkulationen.
Ein Beispiel (aus Nachtigall, 1984): An der Universität des Saarlandes beginnen jedes Jahr 110 Studenten das Studium der Biologie. Von ihnen werden später nur 10% Biowissenschaften als Beruf ausüben können, eine Quote, die ohne Numerus clausus, der den sonst noch größeren Ansturm dämpft, noch um einige Prozentpunkte niedriger ausfallen würde. Eine entsprechend frühzeitige Aufklärung, sinnvolle Alternativen zu günstigen finanziellen Bedingungen, eine Bildungspolitik, die der Akademikerschwemme rechtzeitig begegnet, könnten dem abhelfen, und zwar mittels der genannten Netzplantechnik. Wissenschaftler und Politiker müssten errechnen, welche Leistungen die Biologie in Zukunft zu erbringen hat und wie viele Biologen man dementsprechend im Jahre x, im Jahre y… und so weiter brauchen wird. Selbstverständlich wäre ein solches Vorgehen nur effizient, wenn man bei Berechnung alle relevanten Parameter, etwa Umweltschutz, Naturschutz, Energie sparende und Umwelt schonende Technologien usw. berücksichtigte.
Diese Forderung soll indessen nicht heißen, dass die Spielregeln der freien Marktwirtschaft außer Kraft gesetzt werden sollen, doch ist wohl der Optimierungskompromiss zwischen freiheitlichen und geplanten Intentionen ein erstrebenswertes Ziel,

also z. B. die Schaffung von Rahmenbedingungen (eine Aufgabe der Politik) soweit nötig und die Gewährleistung von Freiheiten (gleichfalls eine Aufgabe der Politik) soweit wie möglich. Die gegenwärtige Finanzkrise (2009) verdeutlicht exemplarisch, was gemeint ist. *„Experte fordert schärfere Kontrolle der Banken"*, so zu lesen unter dpa/T-Online im Internet vom 28.3.2009. Die Finanzmarktkrise könne schneller zu einem Ende kommen, wenn die Banken ihre Risiken schneller offen legten und sich stärker kontrollieren ließen. Das ist die Ansicht des Finanzexperten Prof. Martin Faust von der Frankfurter *School of Finance and Management.* Sie besagt, dass die oben angesprochenen Rahmenbedingungen gegenwärtig eingeschränkt, d.h. zuungunsten der bisher gewährten Freiheiten zum Wohle des Ganzen verschärft werden müssen.

Dem Menschen ist übrigens früher schon ein der Netzplantechnik vergleichbares Zeit übergreifendes Instrument in die Hand gegeben worden: seine Sprache. Sie macht frei von Objekten und Zeit, frei vom momentanen Geschehen wie auch frei von augenblicklicher Lernbereitschaft. Der Mensch kann über räumliche und zeitliche Dinge sprechen, es können Dinge gesagt werden, die niemals zuvor gesagt worden sind, Vergangenes kann vergegenwärtigt und Zukünftiges vorhergesagt werden. Redend ist man auch vom Zwang unmittelbaren Handelns befreit. Auseinandersetzungen können verbal ausgetragen werden, Konfliktlösungen müssen nicht mit Eskalation ins Tätliche gesucht werden.

Eine dieser Entwicklungsstufen entsprechende, von Computern gestützte weitere Stufe zu erklimmen, ist das Gebot der Stunde, die vorausschauende, intelligente Analyse unter Ausnutzung aller nur möglichen intellektuellen und technologischen Innovationen. Die Erfahrungen am Modell ersparen uns katastrophale Aufwendungen in der Praxis. Diese dürften auch zur Entschärfung von Kriegsgefahren beitragen. Vorausschauende Intelligenz könnte allein schon im bislang noch völlig unterentwickelten Recyclingwesen einen Nutzen ungewohnten Ausmaßes bringen. Bereits bei der Produktion von Waren müsste die weitere Verwendung ihrer Bestandteile bedacht werden. Als Beispiel wäre es denkbar, Autos so zu konstruieren, dass sie sich am Fließband in der gleichen Weise zerlegen lassen, in der sie auch zusammengesetzt wurden. Dem Verfasser dieser Zeilen ist nur ein einziger Fall einer solchen verwesungsanalogen Strategie bekannt: Es gibt Computer-Scanner, in die das dargestellte Zerlegungsprogramm mit Blick auf Neuverwendung für die Zeit „nach getaner Arbeit" bereits bei der Herstellung eingebaut worden ist.

Ein Flachbettscanner besteht aus einem Gehäuseteil, das eine Glasplatte hält. Es gibt verschiedene Möglichkeiten, diese Glasplatte am Scannerdeckel zu befestigen. Die traditionelle Methode war, Schrauben zu verwenden oder Schnappverbindungen. Letztere sind in der Produktion sehr einfach. Der Einschnappvorgang erfolgt sehr schnell. Nur, wenn das mal wieder auseinander genommen werden soll, wird man feststellen, dass der eingeklemmte Gegenstand nicht mehr so ohne weiteres rausschnappt. Daraufhin wurde ein Verfahren entwickelt, wonach der Scannerdeckel mit einem kontrollierten Schlag, es kann auch ein Wurf auf den Boden sein, vom Glas getrennt wird, ohne dass dieses zerstört wird. Diese bedeutet, dass dieses Teil inner-

halb eines Bruchteiles einer Sekunde zerlegt werden kann, was einen unmittelbaren positiven Einfluss auf die Recyclingkosten hat.
Mehr als das Wie ist das Wofür die permanent herausfordernde Frage unserer Zeit. Dies ist das zentrale Anliegen etwa von Fritjof Capra, einem 1939 in Österreich geborenen Physiker, nach dem ein Denkzeitalter zu Ende geht. So sieht er die Ursachen nicht in grauer Vorzeit, sondern relativ gegenwartsnahe. Unser seit 500 Jahren bewährtes kopernikanische Weltbild, von Descartes, Newton und Darwin ausformuliert, reicht seiner Meinung nach nicht mehr als Erklärungsmodell und Handlungsmaxime aus. Die Logik dieses Weltbildes, eine Maschine, die nach Belieben zerleg- und zusammensetzbar ist, lenke noch den technischen Fortschritt, die Volks- und Betriebswirtschaft, die Heilkunde und Ernährung, Bildung und Ausbildung, die Außen- und Verteidigungspolitik.
Rüstungswettläufe seien, so Capra, der augenfälligste Beweis eines von Ratio nicht hinreichend gesteuerten Handelns, das in der angesprochenen Weltanschauung beschlossen liege. Capra sieht den Ausweg in einer anderen „Wahrnehmung“ der Welt, komplex statt linear, in Netzen und Bögen statt in Kurven und Zielgeraden der Statistik. Qualitatives Werten müsse an die Stelle quantitativen Messens treten, dies vor allem in Bereichen, wo auch noch so exaktes Messen (bis zig Stellen hinterm Komma) nichts bringe. Nicht alles Lebenswichtige sei messbar.
Capra plädiert für ein „Neues Denken“, das das Universum als dynamisches Gewebe zusammenhängender Vorgänge betrachtet. Keine der Eigenschaften irgendeines Teiles dieses Gewebes ist fundamental. Alle ergeben sich aus den Eigenschaften der anderen Teile, und die Gesamtübereinstimmung der gegenseitigen Wechselbeziehungen bestimmt die Struktur des ganzen Gewebes. Hier macht auch der Mensch keine Ausnahme. Capra wünscht jedem Erdenbürger die Erfahrung, dass er Bestandteil der Natur ist und eine Versündigung an ihr einer Selbstverstümmelung gleichkommt.
Versucht man, gegenwartsfernere und nähere Ursachen miteinander zu verquicken, so dürfte vor dem Hintergrund weit in der Vergangenheit liegender stammesgeschichtlicher Bedingtheiten zutreffen, dass im Klima eines kartesianischen Weltbildes bestimmte Verhaltenstrukturen des Menschen aus alter Zeit besonders gut gedeihen, dass unsere Krise also das Produkt des sich potenzierenden Zusammenwirkens biologischer, soziologischer und kultureller Gegebenheiten ist.
Der Blick zurück in die Geschichte hat uns in dieser Hinsicht schon manchen Aufschluss gebracht. Wir konnten zur Kenntnis nehmen, wie der Nachhall gewisser Charakterzüge des Steinzeitmenschen uns heute Probleme bereitet. Wir können allerdings auch von der Steinzeit lernen. Darauf hat der bekannte Biologe Hubert Markl hingewiesen, was er sinngemäß in drei Kernsätzen zusammengefasst hat:
Die Entscheidung zur Änderung unseres Handelns darf nicht erst fallen, wenn die blanke ökologische Not uns dazu zwingt.
Heute: Die großen ökologischen Katastrophen unserer Zeit bahnen sich bereits an.
Nur so viel ernten, wie sich im gleichen Zeitraum regenerativ ergänzen lässt.
Heute: Wir plündern die Ressourcen bis zur Erschöpfung. Die großen Meeressäuger z. B. werden bald nicht mehr existieren.

Das Wachstum der Population begrenzen, damit alle die Chance für ihr Auskommen haben.
Dass sich die Bevölkerungsdichte auf diesem Planeten mit der Belastbarkeit der Biosphäre ausrichten muss, war schon vor 1975 der Leitgedanke in Herbert Gruhls aufrüttelnden Buch *„Ein Planet wird geplündert"*.
Solche Ermahnungen dürfen allerdings nicht dazu verleiten, Sachkenntnisse durch moralische Absichten zu ersetzen. Wir brauchen nicht weniger sondern mehr Wissen, allerdings, wie gesagt, mit neuen Akzentsetzungen. Bildung durch Wissenschaft ist mehr denn je gefragt, und es bedarf in dieser Hinsicht nur der Rückbesinnung auf den Philosophen Karl Jaspers. Für ihn bedeutet Bildung durch Wissenschaft

„Sachlichkeit, Hingabe an den Gegenstand, besonnenes Abwägen, Aufsuchen der entgegen gesetzten Möglichkeiten, Selbstkritik, Vorsicht im endgültigen Behaupten, das Prüfen der Grenzen und der Art der Geltung unserer Behauptungen, das Hören auf Gründe, das Verstehen, das Mitdenken auf dem Standpunkt eines jeden anderen."

Wie Gesinnung vor Wissen rangieren kann, läst sich am Beispiel des Naturschutzes aufzeigen. Josef H. Reichholf (2009): *Weg vom Arche-Noah-Prinzip. Unbequeme Wahrheiten im Artenschutz*. SWR2. Aula. Vortrag vom 25. Januar 2009, in freier Wiedergabe:
Wir waren gewöhnt und sind es zum Teil heute noch, von sog. Gleichgewichten in der Natur auszugehen und waren der Überzeugung, dass diese in Naturschutzgebieten gewährleistet seien, in Bereichen also, die, so man sie sich selbst überlässt, automatisch im Gleichgewicht seien. Das war die Natur nie wirklich und wird sie auch aller Wahrscheinlichkeit nach nie sein. Natur ist dynamisch, sie entwickelt und verändert sich, und eine der Grundlagen für diese Veränderung, für diese Dynamik, resultiert aus Ungleichgewichten. Diese bilden im Naturhaushalt den eigentlichen Hintergrund für Veränderungen. Naturschutz minimiert diese Ungleichgewichte mit dem Ergebnis, dass die Vielfalt verschwindet, weil die Arten sich auf die neuen Verhältnisse einstellen. Je weniger Ungleichgewicht vorhanden ist, je weniger Störungen und Eingriffe, umso einförmiger wird das Artenspektrum, umso weniger Arten können überleben.
Hier gilt der Slogan: Gut gemeint ist das Gegenteil von gut. Für den Naturschutz ist dieses eine bittere Lektion gewesen und man musste erkennen, dass es nicht zur Lösung der Probleme beiträgt, wenn man bestimmten Arealen, die man zu Schutzgebieten erklärt hat, eine „Käseglocke" überstülpt.
Der Mensch besitzt glücklicherweise die Fähigkeit, seine Maßstäbe zu ändern, sein Wissen zu komplizieren, sein Bewusstsein zu erweitern, seine Paradigmen (Weltbilder) auszutauschen. Dies scheint ihn von allen anderen Organismen auf der Erde zu unterscheiden. Sein Gehirn befähigt ihn, neue Normen zu entwickeln, neue Einsichten zu gewinnen. Die Nutzung dieses Potenzials tut not. ‚Die Natur braucht den Menschen nicht, aber der Mensch die Natur.'
Was ist ein Weltbild?

Mit dieser Frage stellt sich die Aufgabe geistiger Standortbestimmung, dringen wir in erkenntnistheoretische Bereiche hinein, sind die Unterschiede aufzudecken etwa zwischen Realität und Wirklichkeit, d.h. zwischen objektiver und subjektiver Welt.
Es mag zunächst verblüffen, dass zwischen den Begriffen Realität und Wirklichkeit ein Unterschied bestehen soll, oftmals wird Wirklichkeit als die deutsche Version für Realität gehalten. In der Tat besteht aber ein Unterschied. Realität ist (im Kantschen Sinne) das Sein an sich, die objektive Welt. Die Wirklichkeit dagegen ist subjektiv, die Gesamtheit aller Reize, Einflüsse, Faktoren, die aus der Außenwelt auf ein Individuum wirken, dass es sie mit Hilfe spezifischer Rezeptoren (Sinneszellen, Sinnesorgane) registriert, was (unter Verarbeitung im Nervensystem) zu einem Weltbild, genauer zu einem Inbild der Welt führt. Es handelt sich also um denjenigen Teil der Realität, der auf Organismen einzuwirken vermag. In diesem Sinne hat jedes Einzellebewesen (ob Mensch, Biene oder Regenwurm) seine spezifische Wirklichkeit, je nach stammesgeschichtlicher Entwicklungshöhe, mal reicher, mal ärmer, in jedem Falle aber enger als die Welt, in der es sich jeweils befindet. Der Mensch vermag mit Hilfe seiner vielen technischen Errungenschaften (Mikroskop, Fernglas usw.) sein Inbild der Welt vielfältig erweitern.
Paradigma heißt wörtlich übersetzt Beispiel oder Muster im Sinne von Schablonen, nach der andere Stücke gearbeitet werden. Die Denkmethode der Induktion und Deduktion, mit deren Hilfe Gesetzmäßigkeiten in der Natur ermittelt werden und allgemeine Aussagen über die Natur gemacht werden können, stellen ein Paradigma dar.
Bilanziert man die gesamte wissenschaftliche Forschungsarbeit der Neuzeit, dann ergibt sich das für uns vertraute Weltbild: ein Weltall, ein Sonnensystem, ein Planet Erde mit Atmosphäre, Land und Meer, auf dem alle Gegenstände bestimmte messbare Eigenschaften aufweisen (Maß, Gewicht, Festigkeit, Temperatur, Farbigkeit), auf dem es pflanzliches, tierisches und menschliches Leben gibt, wo nur dem Menschen Vernunft zukommt, von woher es logisch und gerecht erscheint, dass er die Welt sich ‚untertan' macht.
Diese umrisshafte Beschreibung gibt den weltbildlichen Rahmen ab, man kann auch millionenfach ins Detail gehen, es wird sich an der Vollständigkeit des skizzierten Weltbildes nichts ändern, und weitere Erkenntnisse werden nur innerhalb dieses Rahmens aufkommen. So die Situation vor 100 Jahren.
Dann trat die moderne Physik in unser Dasein mit ihren umwälzenden Theorien, der Quantentheorie, in der die Grenze zwischen Materie und Energie aufgehoben wird, Zeit und Raum um schier unvorstellbare Aspekte erweitert werden. Das bisherige Weltbild erweist sich als nicht mehr unbedingt gültig. Im praktischen Alltag kommt man noch ganz gut zurecht damit, doch die Kenntnis ist nicht mehr aus der Welt zu schaffen, dass die bisherige Weltsicht korrekturbedürftig ist. Auch unser heutiges Weltbild wird sich aller Wahrscheinlichkeit nach als ein nur vorläufiges Denkmuster, als Paradigma, erweisen. Alle bisherigen Paradigmen hatten ihre Vorläufer, alle noch kommenden werden ihre Nachfolger haben.

Paradigmenwechsel sind also nichts Besonderes, sie bringen Selbstverständliches im Wissenschaftsbetrieb zum Ausdruck. Paradigmenwechsel haben insofern ein Beharrungsvermögen als sich ihre Repräsentanten bisweilen der erforderlichen Umstellung im Denken widersetzen. Den vertrauten Vorstellungshorizont preiszugeben, bedeutet Verunsicherung und Orientierungslosigkeit, weite Bereiche der Wissenschaft müssen in neue Bahnen gelenkt und Erkenntnisse müssen neu formuliert werden. Das überschreitet mit Blick auf Prestigeverlust und Scheu, Irrtümer einzugestehen, die Kraft mancher in Ehren ergrauter Forscher. Der Autor dieser Zeilen erinnert sich eines sog. Mollusken-Papstes, der die biologische Wissenschaft dominierte und seine eigenen Vorstellungen gleich einem Dogma als nicht hinterfragbar hinstellte. Seine jüngeren Kollegen sahen keinen anderen Ausweg, als zu warten und darauf zu vertrauen, dass sich mit dem natürlichen Ende dieses Wissenschaftlers auch sein Absolutheitsanspruch in wissenschaftlichen Dingen von selbst erledigt.

In der Neuzeit hatten vornehmlich die Paradigmen der Wissenschaft die Weltbilder der jeweiligen Zeit bestimmt. Sie fanden in ihnen ihren stark vereinfachten, für den alltäglichen Gebrauch hergerichteten Niederschlag, Nährboden zeitgenössischen Denkens. Unter dieser Sicht bedeutet Paradigmenwechsel unter Umständen die Umkrempelung einer ganzen Zeit, eine geistige Revolution.

Dergleichen bewirkte Nikolaus Kopernikus zu Beginn der Neuzeit: er brachte das geozentrische Weltbild von Ptolemäus und der Bibel zu Fall, das über 1 000 Jahre lang als Dogma akzeptiert worden war. Nach Kopernikus war die Erde nicht mehr Mittelpunkt des Universums, sondern nur einer von vielen Planeten, die um einen kleinen Fixstern am Rande der Galaxie kreisten, und der Mensch wurde (nach Darstellung der Bibel) seiner Position als zentrale Figur der göttlichen Schöpfung beraubt. Kopernikus war sich durchaus dessen bewusst, dass seine Anschauung das religiöse Bewusstsein seiner Zeit zutiefst verletzen würde. Deshalb verzögerte er ihre Veröffentlichung bis zum Jahre 1543, seinem Todesjahr.

Ähnliche Skrupel hatte Charles Darwin, den Freunde dazu drängen mussten, sein Monumentalwerk *„Die Entstehung der Arten durch natürliche Zuchtwahl“* zu veröffentlichen, in dem er eine überwältigende Anzahl von Beweisen für die biologische Evolution vorlegte. Deren Entdeckung zwang die Wissenschaft zur Aufgabe der kartesianischen Auffassung von Kosmos und Lebewesen als Maschinen, die fix und fertig aus der Hand des Schöpfers hervorgegangen sind. Stattdessen musste man nun das gesamte Universum als ein sich entwickelndes und ständig sich änderndes System beschreiben, in dem sich komplexere Strukturen aus einfachen bilden. Auch dies ist ein Beispiel für Paradigmenwechsel.

Im Phänomen des Paradigmenwechsels liegt die Hoffnung zur Krisenbewältigung begründet. Eine umfassende Darstellung zu dieser Vision findet sich in dem Buch von *Myrell, Schmidt und Voigt (1987): Neues Denken – Alte Geister. New age unter der Lupe“.*

Was gilt es zu überwinden?

1. Altes Paradigma: Geistige und materielle Dinge sind verschiedene Entitäten, sie sind unüberbrückbar voneinander getrennt.

Neues Paradigma: Des Menschen Geist und seine Umwelt sind bis ins Innerste miteinander verwoben.
2. Altes Paradigma: Die materielle Welt funktioniert mechanisch wie ein kompliziertes Uhrwerk.
Neues Paradigma: Die Welt ist ein unteilbares dynamisches Ganzes, dessen Teile wie in einem lebenden Organismus grundsätzlich in Wechselbeziehung zueinander stehen und nur als Muster eines kosmischen Prozesses verstanden werden können.
3. Altes Paradigma: Die Welt steht dem Menschen zur Ausbeutung zur Verfügung.
Neues Paradigma: Die Welt ist ein vernetztes Ganzes und der Mensch eine Masche in ihr. Hemmungslose Ausbeutung bedeutet Zerstörung der eigenen Existenzgrundlage.
4. Altes Paradigma: Wissenschaft potenziert die Möglichkeiten totaler Beherrschung der Natur und ihrer Nutzbarmachung.
Neues Paradigma: Nur auf Zweckmäßigkeit ausgerichtete Wissenschaft führt zu geistiger Verödung, die Natur beherrschen zu wollen, ist Hybris.
5. Altes Paradigma: Wissenschaft sollte nur experimentell betrieben werden, andere Wissenschaften verdienen diesen Namen nicht.
Neues Paradigma: Nicht experimentell betriebene Wissenschaft abzulehnen, ist eine gefährliche Einseitigkeit, bedeutet Inhumanität.
6. Altes Paradigma: Probleme sind in ihre Teile zu zerlegen und nach Ursache und Wirkung zu ordnen. Für jede Wirkung gibt es nur eine Ursache.
Neues Paradigma: Die Welt ist ein Ganzes, das Kausalitätsprinzip manifestiert sich nicht in Ursache-Wirkungs-Ketten, sondern in Ursache-Wirkungs-Vernetzungen, die Ursachen sind vielfältig und gegenseitig, sie sind kontingent.
Das ist ein Ansatz zu einem neuen Paradigma. Alte Denkstrukturen sollen nicht völlig über Bord geworfen werden, es gilt, ein Defizit auszuräumen, die Welt nicht in ihren (scheinbar) zerlegbaren Teilen sondern in ihrer Ganzheit zu sehen.
Die Forscher und Denker unserer Zeit sind gehalten, neben dem analytischen Verstand in gleichem Umfange den Sinn fürs Ganze zu aktivieren. Da ist es schon mal notwendig, hin und wieder von der Forschung im Detail abzulassen, einige Schritte zurückzutreten, um das Ganze zu sehen, nicht zuletzt auch im Hinblick auf die Verantwortlichkeit gegenüber den Folgen eigenen Tuns.

7.4. Aspekte zum Krieg und seiner Überwindung

Kann der Weltfrieden erreicht werden? Sich nur friedlich „gebärden“ reicht mit Sicherheit nicht. Krieg wird definiert als bewaffneter Konflikt zwischen Gruppen. Er zielt unter Einsatz von Waffen auf die Verletzung und Tötung von Feinden. Dies ist ein hervorzuhebendes Kennzeichen, denn in allen anderen Fällen der aggressiven Konfliktaustragung, etwa zwischen Mitgliedern derselben Gruppe, wird durch Einhaltung bestimmter Regeln eine Eskalation ins Destruktive vermieden. Das Kräftemessen ist so weit ritualisiert, dass es nicht tödlich für den Kontrahenten enden muss.

Ganz anders im Krieg, wo Töten beabsichtigt ist. Dazu müssen allerdings die biologischen Aggressionshemmungen innerhalb unserer Art ausgeschaltet werden, die auf Signale der Submission und verschiedene Aspekte der Beschwichtigung, Bandstiftung und Mitleiderweckung ansprechen. Die Ausschaltung geschieht durch den Einsatz schneller und auf Distanz tötender Waffen, ferner durch Indoktrinierung, die die Auseinandersetzung im Sinne der Pseudospeziation (kulturelle Scheinartbildung) auf das Niveau der Aggression zwischen verschiedenen Arten abschiebt. Man erniedrigt dazu den Gegner zum Menschen minderer Art, er wird behandelt wie Jagdwild oder wird zum Ungeziefer degradiert. Dies sind Verhaltensweisen, die alle ethnischen Gruppen dieser Welt kennzeichnen.

In neuerer Zeit erfolgt der Beginn eines Krieges in ritueller Form: er wird ‚erklärt'. Bei der Kriegserklärung handelt es sich um die gewohnheitsrechtliche und nach dem III. Haager Abkommen von 1907 über den Beginn der Feindseligkeiten erforderliche Erklärung eines Staates über den Beginn des Kriegszustands. Hierdurch verschafft sich ein Staat die Vollmacht, aggressive Handlungen, die im privaten Leben als Verstöße gegen die Menschlichkeit geahndet werden, als legitime und moralisch vertretbare, bisweilen als besonders tugend- und heldenhafte Taten (z. B. „Tapferkeit vor dem Feind") hinzustellen.

Die Taliban in Afghanistan sind diesem Kriegserklärungs-Ritual bisher nicht nachgekommen, was den deutschen Außenminister beharrlich den Standpunkt vertreten lässt, die deutschen Soldaten befänden sich dort nicht im Kriegszustand. Weswegen werden sie dann aber mit Orden für erwiesene Tapferkeit ausgezeichnet? De facto liegen eindeutig kriegesähnliche Handlungen vor, de jure aber nicht. In dasselbe Dilemma hatte sich der amerikanische Präsident George W. Bush manövriert. Er betrachtete seine terroristischen Gegner als Illegale, die nicht unter die Genfer Konventionen fallen würden, was in besorgniserregender Weise die Gefahr heraufbeschwor, Gefangene dieser Auseinandersetzungen als Untermenschen anzusehen und sie dementsprechend zu behandeln. Das berüchtigte Lager von Guantanamo ist der beredte Beweis für solche von Gesinnung überfrachteter Überzeugung.

Süddeutsche Zeitung vom 25. Juni 2009:*„Jung lehnt Begriff Krieg in Afghanistan ab" (Verteidigungsministerium: Taliban haben keinen Kombattantenstatus, sondern sind Verbrecher und Terroristen).*

Der Tod von drei Bundeswehr-Soldaten hat die schon länger kontrovers geführte Debatte über die oben angerissene Thematik erneut besonders lebhaft entfacht. Führt Deutschland in Afghanistan Krieg oder nicht? Der damalige Verteidigungsminister Franz Josef Jung (CDU) blieb dabei, dass man den Einsatz nicht als Beteiligung an einem Krieg definieren dürfe, sondern als Stabilisierungsoperation. Der Wehrbeauftragte des Bundestages, Reinhold Robbe, der Vorsitzende des Bundeswehrverbandes Ulrich Kirsch und der evangelische Militärbischof Martin Dutzmann, vertraten hingegen die Auffassung, dass die Soldaten ihre Erlebnisse zu Recht als Krieg empfänden. SPD-Fraktionschef Peter Struck forderte, Bundeskanzlerin Angelika Merkel müsse den Menschen klar sagen, dass sich die Bundeswehr in einem Krieg gegen den Terrorismus und die Taliban befinde und dass dabei deutsche Soldaten und Aufständische getötet werden könnten.

Nach dem Völkerrecht befindet sich die Bundeswehr nicht im Krieg, was die Soldaten aber erleben ist Krieg. Wird Zynismus hier nicht auf die Spitze getrieben? Darf Formalismus triumphieren über menschliche Schicksale?

Beim Krieg kommen angeborene Dispositionen zum Tragen: Die Neigung, einander in geschlossenen Gruppen loyal beizustehen; die Bereitschaft, bei Bedrohung von Gruppenmitgliedern aggressiv zu reagieren; der Hang des Mannes zu kämpfen, seine Kräfte zu messen und zu dominieren; die Neigung, Reviere zu besetzen und zu verteidigen; Fremdenscheu; Intoleranz gegenüber Abweichungen von der Gruppennorm.

Solche Dispositionen können zum Streit führen, nicht aber zum Krieg. Krieg setzt Planung und Führung voraus. Er muss propagandistisch aufgebaut werden, und oft sind es der Ehrgeiz und das Machtstreben einzelner, die die Truppen in Bewegung setzen.

Diesbezüglich bietet das Buch von Stavos Mentzos (2002, 2. Auflage): *Der Krieg und seine psychosozialen Funktionen*, eine scharfsinnige Analyse. Der Autor entwickelt die These, dass in kriegerischen Auseinandersetzungen narzisstische Bedürfnisse und Defizite kompensiert werden. Hierbei werden innere Konflikte, Identitätskrisen, Depressionen, Sinnlosigkeitsgefühle (etwa bei Alkoholismusproblemen) nach außen verlagert. Mentzos kommt zu dem überraschenden Ergebnis, dass nicht so sehr der menschliche Aggressionstrieb das zentrale Movens von Krieg ist, wenn er auch als Disposition neben anderen für die kriegerische Handlung gebraucht wird, sondern, wie gesagt, Narzissmus. „*Dieser Mann hat versucht, meinen Daddy zu töten*" wird George W. Bush zitiert, als er befragt wurde, warum er Saddam Hussein unbedingt ausschalten wolle.

Fasst man die psychosoziale Dimension von Kriegen ins Auge, so könnte in scheinbarer Paradoxie gerade hier eine Hoffnung für Bewusstseinsveränderung gegeben sein, die zur Kriegsprävention beitragen kann und Kriege in ihrer heutigen Form als anachronistisch erscheinen lassen. Nach dem Irak-Krieg ist das Buch aktueller denn je. Im Hinblick auf narzisstische Befriedigung sind viele Parallelen zu erkennen gewesen, was den Realitätsgehalt der Mentzos'schen These belegt. Die deutschen Machteliten nach dem Ersten Weltkrieg fühlten sich in ihrem Selbstwertgefühl gleich doppelt beschädigt: 1. weil sie den Krieg verloren hatten. 2. weil sich die alte Weltordnung durch die zunehmende Macht der Industriearbeiterschaft veränderte.

Narzisstische Gefühle können allerdings auch in der breiten Bevölkerung auftreten. Die Schmach der Niederlage durch einen äußeren Feind hat nach dem Ersten Weltkrieg das Wir-Gefühl der meisten Deutschen extrem verletzt. Die meisten in Deutschland wollten Schmach und Schande nicht wahrhaben. „*Im Felde unbesiegt*" war der beschönigende Slogan dieser Zeit. Hinzu kamen die Demütigungen durch den Versailler Vertrag. Das schrie nach Rache.

Kommt es zu einem Zusammenspiel von einem „Führer" und der Nation, kann das, wie die Geschichte zeigt, katastrophale Folgen haben. Der Führer fühlt sich allmächtig wie ein kleines Kind; und das Volk identifiziert sich damit, weil es sich selbst als ohnmächtig empfindet. Im rechten Maß ist eine solche idealisierte Identifikation normal für die Entwicklung jedes Menschen. Problematisch und gefährlich wird es nur, wenn es, wie im 3. Reich, zu einer brisanten Mischung kommt, wenn die Masse ein regressives Arrangement mit dem Größenwahn des „Führers" eingeht.

Zu diesen Aspekten des Krieges wird am Ende des Kapitels noch näher Stellung bezogen werden.

Kommt es zum Krieg, so wird die genannte Dehumanisierung des Gegners gezielt forciert. Das ist auch notwendig, denn dem Töten eines Mitmenschen, stehen wie oben dargelegt, primär starke Hemmungen entgegen, die mit einiger Sicherheit eine biologische Grundlage haben. Das hat bereits Sigmund Freud (1913) vermerkt, als er bei Durchsicht völkerkundlicher Literatur darauf kam, dass bei einer Vielzahl von Natur- und Kulturvölkern Krieger, die getötet haben, zunächst als unrein gelten. Um wieder voll von der Gesellschaft, in der sie leben, akzeptiert zu werden, müssen sie eine Reihe von Ritualen der Reinigung erdulden, die man als Sühnerituale interpretieren kann. Offenbar kommen im Benehmen gegen Feinde noch andere als bloß feindliche Regungen zum Ausdruck. Weltweit scheint das Gebot *„Du sollst nicht töten"* auch während des Krieges nicht ganz außer Kraft gesetzt zu sein. So stehen sich Gebot und Verbot zu töten im Krieg einander geradezu diametral gegenüber. Dies wird als Gewissenskonflikt erlebt. Die gegenwärtig in Afghanistan eingesetzten deutschen Soldaten sind zu einem großen Teil traumatisiert und bedürfen der psychiatrischen Behandlung in der Heimat. Sie werden durch noch „unbelastete" Soldaten ersetzt.

Der Gewissenskonflikt ist nach Meinung vieler Ethnologen eine Hauptursache für die Humanisierung der Konfliktaustragung und zwar durch Ausbildung von Konventionen, die den Weg offen halten für die Wiederherstellung und Erhaltung friedlicher Beziehungen.

Bei noch so starker Indoktrinierung können wir nicht umhin, beim Feinde mitmenschliche Züge zu entdecken, wenn wir ihm persönlich gegenübertreten.

Um ein vom Gewissen weniger belastetes Kriegführen zu ermöglichen, entwickelten die sog. zivilisierten Völker eine Vielzahl von Strategien der Abschirmung. So sind die „Nonfraternisierungs-Gesetze" zu nennen, durch die man verhindern will, dass über persönliche Kontakte der sorgsam geschürte Hass abgebaut wird. Auch kommen in zunehmendem Maße Fernwaffen zum Einsatz. Feindsender dürfen nicht abgehört werden, kurz: es werden Barrieren aufgebaut und der Abstand zum Feind vergrößert. Kommen dann doch Menschen in Berührung mit dem Feind, entwickeln sie ihre eigenen Konventionen der Menschlichkeit und hören schließlich auf, aufeinander zu schießen. Das spielte sich im ersten Weltkrieg wiederholt im Stellungskrieg an der Westfront ab. Solche Verbrüderungen stehen natürlich den weiteren Kriegszielen entgegen. Man entfernt also in solch einem Falle die Truppen aus solchen kriegswidrigen Bereichen und konfrontiert sie an anderer Stelle mit weniger vertrauten Gegnern.

Macht man sich klar, dass rivalisierende Gruppen einer einzigen Spezies Mensch angehören und wir diese Spezies als Ganzes ansehen müssen, so wird der jeweils erstrebte Siegervorteil stark relativiert, denn hätten die miteinander Kämpfenden es verstanden, zwar in Konkurrenz zueinander, aber friedlich nebeneinander zu leben, wäre die Art als Ganzes sehr viel erfolgreicher gewesen, zumal wir einer Spezies angehören, die vergleichsweise wenig Nachkommen hervorbringt, diese dafür in besonderer Weise umsorgt, und das über eine größere Zeitspanne als alle anderen Lebewesen. Es muss als geradezu grotesk unökonomisch erscheinen, den Nachkommen nahezu zwei Jahrzehnte elterlicher Energie zuzuwenden und sie dann preiszugeben, um sie von den Nachkommen anderer Menschen totschlagen, erschießen, verbrennen, erstechen und bombardieren zu lassen. Von 1820 bis 1945 sind schätzungsweise 90 Millionen Menschen in Kriegen gewaltsam zu Tode gekommen.

Wir sehen uns mit einer bemerkenswerten Ambivalenz konfrontiert. Die Vernunft sagt uns, dass es besser wäre, in Frieden zu leben, was höheren Lebensstandard und verbesserte Familienplanung und manches mehr bedeuten würde, doch stammesgeschichtlich geprägte Verhaltensprogramme stehen dem entgegen. Ihre Überwindung dürfte uns leichter fallen, wenn wir begreifen, dass Kriege Auseinandersetzungen zwischen Pseudospezies sind, die der ganzen Art zum Schaden gereichen.

So stellt sich die Frage nach besseren, weniger gewaltsamen Alternativen. Gibt es Chancen? Im Folgenden sollen einige Gesichtspunkte dazu beleuchtet werden. Zunächst geht es um eine pointierte Analyse in vier Punkten in Anlehnung an den bekannten Verhaltensforscher Eibl-Eibesfeldt, (Schüler von Konrad Lorenz), danach um den Versuch der Darstellung einer konstruktiven Zukunftsperspektive.

1. Die Dynamik der Waffentechnik macht es immer schwerer, die passenden Konventionen zur Humanisierung ihres Einsatzes zu finden. Zwar akzeptieren alle Seiten, dass der Einsatz von Massenvernichtungsmitteln gegen Zivilisten im Gegensatz stehen zu den Konventionen zivilisierter Nationen, sie werden dennoch gebaut, mit der Entschuldigung, der Gegner habe sie ja auch; man müsse gerüstet sein.

2. Rüstung und Gegenrüstung schaukeln sich einander auf. Eine Verhaltenseigentümlichkeit des Menschen führt dazu, dass jeder im Versuch, mit seinem potentiellen Gegner gleichzuziehen, immer etwas überzieht, so dass es zu einer eskalierenden Spirale des „Gleichziehens" kommt. Die Furcht vor dem Gegner führt auch zu einer Asymmetrie der Beurteilung. Man nimmt die Waffen des Gegners als gefährlicher wahr als die eigenen, über die man ja Kontrolle hat.

3. Durch die Ereignisse des Zweiten Weltkrieges ist das Vertrauen in die Möglichkeit, gegnerisches Handeln vorauszusagen, empfindlich gestört worden, eine wesentliche Ursache des Kalten Krieges. Nunmehr, gut 60 Jahre nach Kriegsende, scheint wieder stärker das Vertrauen zur Basis internationaler Politik zu werden.

4. Die Menschheit hat den ökologischen Krisenpunkt erreicht. Das Anwachsen der Menschenmassen hält Umweltzerstörungen globalen Ausmaßes in Gang. Die Erschöpfung der heute benötigten Ressourcen zeichnet sich ab. Das kann zur Flucht nach vorne, zum Kampf um die letzten Ressourcen führen. Im Irakkrieg ging es vor-

rangig um die dortigen Ölvorkommen. In anderen Bereichen der Welt sind die Interessenwahrnehmungen dominanter Gruppen nicht weniger vordergründig.
Solches darf nicht aus dem Bewusstsein verdrängt werden, wenn man den Frieden will. Hierauf hat insbesondere der Zukunftsforscher Robert Jungk in allen seinen Schriften immer wieder mahnend hingewiesen. Er stellte fest, dass das Sicherheitsstreben mächtiger Staaten durchweg das Optimum überschreitet. Die USA suchten in den achtziger Jahren des vergangenen Jahrhunderts ihr Heil in der absoluten Verteidigungsfähigkeit, wie es das SDI-Programm vorsah. Man stelle sich vor, dies wäre gelungen. Gefährlicher hätte das Ergebnis nicht sein können. Die damalige Großmacht Sowjetunion hätte keine andere Wahl gehabt, noch vor Erreichen der Unangreifbarkeit des Gegners eine Entscheidung herbeizuführen.
So wenig wie man im 3. Reich mit der Errichtung eines Westwalls aus Beton Politik machen konnte, wird dies auf dem vorgegebenen Wege in Zukunft möglich sein. Vor knapp 20 Jahren begann eine neue Phase der Hoffnung. Die Außenminister der USA und der Sowjetunion hatten sich in New York auf ein umfassendes Abkommen zur Begrenzung der konventionellen Waffen in Europa geeinigt. Danach verpflichteten sich die Staaten des Warschauer Paktes, 40000 Panzer, 50000 Artilleriegeschütze und mehr als 40000 gepanzerte Fahrzeuge aus Mittel- und Osteuropa abzuziehen. Die Nato musste 2000 Panzer abziehen usw. Der Abbau des Misstrauens gehört zu den wichtigsten Frieden fördernden Maßnahmen.
Am 9. November 1989 ist die Berliner Mauer ohne Blutvergießen zum Anachronismus geworden. Darf wieder an die Vernunft in der Welt geglaubt werden?
Die Politik als Kunst des Möglichen muss stärker denn je unter dem Postulat der Umsetzung von Notwendigem betrieben werden. Vielleicht gelingt dies, wenn die Forderung nach Anständigkeit wieder stärker ins Bewusstsein der Verantwortungsträger rückt. Unter dieser Devise ist es z. B. für den einfachen Bürger leichter, dem Politiker Obama mehr Vertrauen als Bush entgegenzubringen. Auch mit der Verteufelung des politischen Gegners muss es ein Ende haben, selbst wenn es sich um sog. Terroristen handelt. Die sachliche und aufrichtige Argumentation muss Vorrang haben. Eine starke Widersacherin Obamas im kürzlich zu Ende gegangenen Wahlkampf in den USA ist nunmehr Außenministerin der neuen Regierung unter Obamas Führung. Das ist Ausdruck für wahren demokratischen Geist.

Eibl-Eibesfeldt (1997): *„Der gemeinsame Wunsch, gemeinsam zu überleben, verbindet die Völker über das Trennende hinweg, und daraus könnte sich eine Überlebensstrategie entwickeln, die zum Frieden führt. Sie stellt uns nämlich vor Aufgaben, die Kooperation erfordern; und Zusammenarbeit bindet. Allein ist keiner der Staaten in der Lage, mit den angesprochenen Problemen fertig zu werden. Unser unbedingtes Engagement für unsere Kinder könnte der gemeinsame Ausgangspunkt für unser Bemühen sein. Wie wäre es, wenn wir symbolisch wechselseitig Partnerschaften für die Kinder übernehmen würden? Vielleicht führt diese zu persönlichen Beziehungen. Es entspricht der Neigung des Menschen, über persönliche Bekanntschaft Feindseligkeit abzubauen. Voraussetzung dazu ist die Achtung vor der Vielfalt der Kulturen und Völker in ihrer Eigenart, die Anerkennung verschiedener Wertsysteme. Kurz: Toleranz im Sinne einer Verstehensbereitschaft, die nicht notwendi-*

gerweise Aufgabe eigener Wertvorstellung bedeutet. Im Gegenteil, in der Pflege ethnischer Pluralität liegt eine wesentliche Absicherung unserer Zukunft."

Letztendlich liegt der Schlüssel für die Lösung unsere Probleme in der für unsere Zeit richtigen Erziehung der heranwachsenden Jugend. Wir müssen die negativen Aspekte der Pseudospeziation, die uns eine wunderbare Vielfalt in allen Belangen des kulturellen Lebens beschert hat, ausklammern, d.h. einerseits die ethnologische Aufspaltung als Methode zur Hervorbringung kultureller Vielfalt beibehalten, andererseits aber als aufgeklärte Weltbürger die daraus resultierende „Andersartigkeit“ bejahen und dem Verbindenden zwischen den Menschen mehr Raum geben.
Mentzos befasst sich im 12. Kapitel seines Buches *„Krieg und seine psychosozialen Funktionen“* mit der Frage möglicher Prävention von Kriegen.

„Die Dynamik eines Krieges ist mit einem Schwungrad zu vergleichen. Das Schwungrad ist eine alte und effiziente Erfindung, um motorische Energie zu speichern und nach Bedarf konstant-gleichmäßig abzugeben. Er ist wie das Schwungrad am Anfang schwer in Bewegung zu setzen. Ist er aber einmal in Bewegung geraten, so ist die Kriegsmaschinerie schwer zu stoppen, weil die täglich neu hinzukommenden Verletzungen, Tötungen und sonstigen Leidzufügungen zwangsläufig zu enormer Wut und unbändigen Rachebedürfnissen führen. Die ständige Eskalation führt zu einer Intensivierung und zu einer Prolongierung der Auseinandersetzung, die meistens erst durch Erschöpfung auf beiden Seiten oder Unterliegen einer der Parteien enden kann. Die derzeit – seit August 2001 – in ungewöhnlichem Maß angeheizte Auseinandersetzung zwischen Israel und den Palästinensern illustriert in einer tragischen Weise eine solche Art der Eskalation.“

Schon aus diesem Grund sei, so der Autor Mentzos, die Vorbeugung, also die rechtzeitige Minderung und Herabsetzung der Kriegsbereitschaft – therapeutisch gesprochen – die Methode der Wahl.
Was gilt es dabei zu berücksichtigen?

1. Motivationen gegen den Krieg bei den führenden herrschenden „Eliten“
- Angst, dem Gegner zu unterliegen (materielle und narzisstische Verluste)
- politische Risiken
- Spuren von noch nicht völlig abgespaltenen prosozialen (samariterhaften) Tendenzen

2. Motivationen für den Krieg bei den führenden und herrschenden „Eliten“
- materielle und narzisstische Profite wie Machtgier, Größenphantasien, sadistische Pseudoüberlegenheit
- projektive Externalisierungen (Nach-Außen-Verlagerungen) intrapsychischer und intragruppaler Konflikte bzw. der Aggression
- Stärkung der eigenen Identität durch bedingungslose Vertretung der Staatsräson der Nation
- Pseudostabilisierung einer brüchigen männlichen Identität

3. Motivationen gegen den Krieg bei der Bevölkerung
- realistische Todesangst
- begründete Verlustängste
- prosoziale (samariterhafte) Tendenzen, Mitgefühl für das Leid des Anderen
- Tötungshemmung
- Durchschauen propagandistisch induzierter Feindbilder
- Durchschauen des psychosozialen Arrangements
- Einüben von gewaltfreier Kommunikation

4. Motivationen für den Krieg bei der Bevölkerung
- realistische oder propagandistisch induzierte Existenz- oder Verlustängste (vor dem Gegner)
- projektive Externalisierung (Nach-Außen-Verlagerung) innerer Konflikte und der Aggression
- Orientierung, Abenteuer, Kameradschaft, Zugehörigkeit, Solidarität, Grenzsituationen, Erweiterung des Selbst, Sinngebung
- Rache (narzisstische Wut wegen erlittener Kränkungen)
- Partizipation (Teilhabe) an der Größe des Führers und/oder Nation
- Pseudostabilisierung einer brüchigen männlichen Identität

Angesichts der oben aufgelisteten Motivationen pro und contra Krieg ist das Überflüssigmachen des Krieges der einzig realistische Weg zur Abschaffung dieser Institution. Sie setzt nicht nur voraus, wie dies auch Eibl-Eibesfeldt zum Ausdruck gebracht hat, dass seine Funktionen durch andere Institutionen übernommen werden, sondern auch, dass die in den psychosozialen Arrangements implizierten Befriedigungen, Kompensationen und Stabilisierungen überwunden und somit erledigt werden. Aufdeckung allein genügt dabei nicht. In den seltensten Fällen bewirkt sie eine Änderung des Verhaltens. Die gegenwärtige Finanz- und Wirtschaftskrise zeigt dies überdeutlich. Nach Beendigung der Krise möchten viele dort weitermachen, wo sie zu Beginn standen. Aufdeckung ist selbstverständlich notwendig, denn sie klärt bisher unverständliches Geschehen. Wichtiger ist es indessen, die Bedingungen, die die normale Bedürfnisbefriedigung blockieren, zu ersetzen, was, so Mentzos, mit Blick darauf, dass die Ursachen vorwiegend in der frühkindlichen Sozialisation lägen, ein schwieriger, komplizierter und langfristiger Prozess sei. Die Überwindung des Krieges sei daher aus gutem Grunde als ein lange dauernder Prozess anzusehen. Langfristigkeit gilt ausdrücklich für die Wurzeln, jene wichtigen und zentralen Entstehungsbedingungen, zu denen etwa narzisstische Prägungen gehören. Langfristigkeit gälte allerdings nicht in diesem Umfange für spätere Verkomplizierungen durch zum Teil reaktiv entstehende Strukturen wie Verletzungen jedweder Art, Kränkungen, Rachegefühle usw. Mentzos räumt deswegen neben der langfristigen noch zwei weitere Perspektiven ein: eine mittelfristige und eine kurzfristige. So scheint ihm mittelfristig in scheinbarer Paradoxie die Hauptfunktion des Krieges, nämlich Interessenskonflikte mit gewaltsamen Mitteln zu lösen, vermeidbar. Die diesbezügliche Strategie, Gewalt zu vermeiden, setzt indessen besondere Anstrengungen und schnelle Maßnahmen voraus, nicht nur der Politiker und der Regierungen, sondern der Völker insgesamt. Die kurzfristige direkte Prävention ist angezeigt durch politische und rechtliche Aufdeckung der Desinformation und Instrumentalisierung, gewährleistet durch die Aktivitäten von Weltorganisationen, Protestbewegungen, durch den Abbau von Feindbildern usw., schließlich durch gewaltfreie Kommunikation.

„Um einem Missverständnis vorzubeugen: Ich meine nicht, dass die psychosozial gemeinte ‚Kriegsprophylaxe' nur eine lang- und mittelfristige sein kann, ich meine auch nicht, dass die akute, die kurzfristige nur eine realpolitische sei. Ich glaube vielmehr, dass sowohl in der realökonomisch-politischen als auch in der psychosozialen Dimension länger-, mittel- und kurzfristige Maßnahmen möglich sind. So habe ich … versucht zu zeigen, dass auch der handfeste, reale, politisch-ökonomische Interessenkonflikt auch längerfristig günstig beeinflusst werden kann, und zwar mittels entsprechender gesellschaftlicher Bedingungen, die eine Sozialisation und das frühe Einüben von dialektischen Lösungen der Konflikte ermöglichen" (Mentzos, 2002).

Fazit:

Das Hierarchieverhalten des Menschen bedarf bewusster Kontrolle. In vernünftig funktionierenden Demokratien scheint es dafür am ehesten brauchbare Voraussetzungen zu geben. Wahlen können ein Filter für Typen sein, die als Träger narzisstischer Prägungen für die Gesellschaft eine Gefahr darstellen. Man müsste sich Gedanken machen, wann und in welchem Rahmen jeweils gewählt wird. Sollte möglichst oft gewählt werden? Oder möglichst selten, dafür aber ohne Wiederwahlmöglichkeit eines Politikers? Dass ein Politiker wie George W. Bush gewählt wurde, war ein großes Verhängnis, aber ein noch größeres war es, dass er wieder gewählt wurde. Also, wie könnte der Optimierungskompromiss zwischen größtmöglicher Potenzausschöpfung und größtmöglicher Sicherheit aussehen? Die Repräsentanten der Nationen sollten nur ein einziges Mal Gelegenheit haben, ihre Macht auszuüben. Das Potential an fähigen Leuten für höchste Staatsämter ist groß genug, die Verantwortung immer wieder neuen nachwachsenden Kräften anzuvertrauen. Ein Bürgermeister, der gute Arbeit leistet, mag 40 Jahre im Amt bleiben, ein „Spitzenpolitiker" muss damit leben können, bei nächster Gelegenheit ausgetauscht zu werden. Sollte er Narzissmus ‚geschwängert' sein, wären seine Chancen, sie destruktiv auszuleben, minimiert. Frage: In welchen zeitlichen Abständen sollten Neuwahlen stattfinden? Das ist fallweise von den Parlamenten gesetzlich festzulegen.

Resümee

Unter allen Lebewesen kennzeichnen den Menschen Entscheidungsfreiheit und Verantwortlichkeit (ausführlich Steitz 2009: *Kausalität und menschliche Freiheit).* Die Freiheit hat ihren Preis: Rechenschaft ablegen zu müssen. Was *Homo sapiens* heute anrichtet (mörderische Kriege, Zerstörung der Biosphäre) geschieht mit intellektueller Einsichtsfähigkeit, die eine entsprechende Verantwortlichkeit beinhaltet.
Mit dem Wachsen des Wissens vergrößert sich die Schuldfähigkeit, nimmt die Pflicht zu, die Entscheidungsspielräume mehr denn je nach humanitären Leitlinien zu nutzen.

John R. McNeil (2003): *„Die nachhaltige Veränderung, die das 20. Jahrhundert dem Menschen gebracht hat, ist die von ihm selbst herbeigeführte Umgestaltung seiner natürlichen Umgebung. In den letzten 100 Jahren haben die Menschen weltweit zehnmal so viel Energie verbraucht wie in den 1000 Jahren zuvor. Massive Veränderungen von Luft, Wasser, Boden und der gesamten Biosphäre haben eine neue Welt entstehen lassen."*

McNeil weckt indessen Hoffnung: Anstatt den Umgang des Menschen mit der Natur zu verurteilen und apokalyptische Prognosen aufzustellen, beschreibt der Autor die Beziehung zwischen Mensch und der ihn umgebenden Natur als riskanten evolutionären Prozess, dessen Ausgang in unserer Hand liegt. So bleibt zu hoffen, dass auch der Vermeidung von Kriegen *sub specie evolutionis* Erfolg beschieden sein wird.
Mit Blick auf den möglichen atomaren Holocaust stellt sich permanent die Frage, wie der Hoffnung auf Vermeidung Nahrung gegeben werden kann. In dem im ZDF Ende Juli 2009 ausgestrahlten dreiteiligen Film „Die Bombe" haben die Autoren letztendlich keine andere Antwort geben können als die, dass alle Nationen auf den Bau von Atomwaffen verzichten müssten, auch die solche schon besitzen. Wenn die augenblicklichen atomaren Großmächte solche Staaten wie den Iran oder Nordkorea daran hindern wollen, derartige Waffen herzustellen, ist das ein sehr fragwürdiges Bemühen. Ich hatte in meiner Jugend einen Onkel, der mich, die Zigarette im Mund, auf die Gefahren des Rauchens hingewiesen hat. Die Glaubwürdigkeit des alten Herrn hielt sich in Grenzen. Die Möglichkeit, Atombomben zu bauen, basiert auf Wissen, das nicht mehr aus der Welt geschafft werden kann. Diese Feststellung wurde oben schon getroffen und stellt das eigentliche Handicap dar. Auch falls alle Nationen sich in internationalen Verträgen verpflichten sollten, Atomwaffen zu ächten und auf ihren Bau zu verzichten, das Damoklesschwert des gelegentlichen Vertragsbruches, aus welchen Gründen auch immer, wird immer über der Menschheit schweben. Optimisten unter uns könnten auf die Tatsache verweisen, dass wir es geschafft haben, so gefährliche Krankheiten wie Pocken und Pest auszurotten. Hierbei sind jedoch Unterschiede zu beachten. Diese Krankheiten sind keine menschlichen Erfindungen, sie wurden auch nie für Machtzwecke missbraucht, ihre die Menschheit ge-

fährdende Existenz stand für alle Welt außer Frage, was das solidarische Vorgehen gegen sie enorm gefördert hat. Barack Obama zählt zu den Hoffnungsträgern. Am 24. Juli 2008 hielt er in Berlin, damals noch Kandidat für das höchste Amt in den USA, eine viel beachtete Rede, die unter dem Motto stand „Dies ist unser Moment". Er sagte unter anderem: „This is the moment when we must renew the goal of a word without nuclear weapons. The two superpowers that faced each other across the wall of this city came too close too often to destroying all we have built and all that we love. With that wall gone, we need not stand idly by and watch the further spread of the deadly atom. It is time to secure all loose nuclear materials, to stop the spread of nuclear weapons, and to reduce the arsenals from another era. This is the moment to begin the work of seeking the peace of a world without nuclear weapons." Wie ist dies zu schaffen? Es müssen Taten folgen, Schritt um Schritt, in die richtige Richtung.

Am 7. Juli 2009 hat Barack Obama während eines Besuches in Moskau Russland zu mehr Mitverantwortung im Kampf gegen die Weiterverbreitung von Atomwaffen aufgefordert. Die Welt brauche Russland als moderne Großmacht, die Abschied nehme vom Denken in alten Kategorien. Es sei die Sichtweise des 20. Jahrhunderts, dass Russland und die USA gegensätzliche Interessen hätten, und dass die Stärke des einen Landes mit der Schwäche des anderen verbunden sei. Es sei Denken des 19. Jahrhunderts, das von Einflusssphären ausgehe und davon, dass „Großmächte Blöcke schmieden müssen, um eine Balance zwischen ihnen herzustellen". Wie gesagt: Der *Homo sapiens* muss beim Bau einer neuzeitlichen Überlebensarche lernen, „dicke Bretter zu bohren". Nutzen wir die Chance.

Hans Magnus Enzensberger

das ende der eulen

ich spreche von euerm nicht,
ich spreche vom ende der eulen,
ich spreche von butt und wal
in ihrem dunklen haus.
dem siebenfältigen meer,
von den gletschern,
sie werden kalben zu früh,
rab und taube, gefiederten zeugen
von allem was lebt in den lüften
und wäldern, und den flechten im kies,
vom weglosen selbst, und vom grauen moor
und den leeren gebirgen.

auf radarschirmen leuchtend
zum letzten mal, ausgewertet

auf meldetischen, von antennen
tödlich befingert floridas sümpfe
und das sibirische eis, tier
und schilf und schiefer erwürgt
von warnketten, umzingelt
vom letzten manöver, arglos
unter schwebenden feuerglocken,
im ticken des ernstfalls.

wir sind schon vergessen,
sorgt euch nicht um die waisen,
aus dem sinn schlagt euch
die mündelsichern gefühle.
den ruhm, die rostfreien psalmen.
ich spreche nicht mehr von euch,
planern der spurlosen tat.
und von mir nicht, von keinem.
ich spreche von dem was nicht spricht,
von den sprachlosen zeugen,
von ottern und robben,
von den alten eulen der erde.

Danksagungen

Dem Oldib-Verlag bin ich für die Herausgabe dieses Buches, insbesondere Herrn Dr. Oliver Bidlo zu großem Dank verpflichtet. Dankbar bin ich für das stets freundliche Entgegenkommen, für die Leistungen des Lektorats und die Ratschläge mit Blick auf den Inhalt und die Gestaltung des Buches.

Des Weiteren möchte ich den Fachkollegen, Freunden und Verwandten herzlich danken, die bei der Herstellung des Buches in verschiedener Weise behilflich waren. So haben Herr Rudolf und Frau Gisela Hellwig, Frau Ute und Herr Rolf Lang, Herr Albrecht Ochs, mein Sohn Uwe Steitz, mein Bruder Erwin Steitz und Herr Rolf Zawar den Fortgang der Arbeit mit teilweise harter aber stets konstruktiver Kritik begleitet.

Herrn Albrecht Ochs danke ich besonders für das zeitraubende Korrekturlesen, das nicht nur dem Inhalt und der Rechtschreibung, sondern auch dem Stil zuträglich war. Entsprechend habe ich Frau Ute Lang für die kritische Durchsicht einiger Kapitel insbesondere bezüglich stilistischer Aspekte sehr herzlich zu danken. Mein Dank gilt auch Herrn Rolf Lang für die professionelle Fertigung der Porträtaufnahme des Autors.

Herrn Bernd Lindemann danke ich für die freundliche Bereitschaft, Kapitel 6 meines in seinem Verlag (invoco) erschienenen Buches „Evolution oder Schöpfung?“ für den Abdruck in diesem Buch zu genehmigen.

Herrn Erwin Steitz (Bruder des Autors) gilt mein besonderer Dank für die Bereitstellung einer Zeichnung für die Ausschmückung des Textes.

Schließlich danke ich Herrn Hannes Schenke sehr herzlich für seinen Vorschlag des griffigen Titels zu diesem Buch „Sind wir noch zu retten?“

Literaturverzeichnis

Bandura, A. und R. H. Walters (1963): Social Learning and personality development. New York.

Bandura, A. (1979): Aggression. Eine sozial-lerntheoretische Analyse. Stuttgart.

Barash, D. (1981): Das Flüstern in uns. Frankfurt (Fischer)

Bertalanffy, L. (1970): ...aber vom Menschen wissen wir nichts. Düsseldorf – Wien (Econ)

Borchert, C. und H. P. Mahnke (1973): Das Problem der agraren Tragfähigkeit mit Beispielen aus Venezuela. In: Geographische Untersuchungen in Venezuela. Stuttgarter geographische Studien 85, Stuttgart 1 – 93.

Bresch, C. (1979): Zwischenstufe Leben. Evolution ohne Ziel? München – Wien (Fischer)

Bues, B. (2009): Die Zukunft der schulischen Erziehung. SWR2 Aula . Erster Beitrag in der Reihe „Zukunft jetzt. Wie wir leben, lernen,arbeiten".

Capra, F. (1983): Wendezeit. Berlin – München – Wien (Scherz)

Capra, F. (1999): Lebensnetz. Ein neues Verständnis der lebenden Welt. Berlin/München/Wien (Droemersche Verlagsanstalt)

Carsons, R. (1968): Der stumme Frühling. München (dtv)

Chomsky, N. (1968): Language and Mind. Harcourt Brace & World, New York.

Chomsky, N. (1999): Sprache und Geist. Frankfurt/Main (Suhrkamp)

Clark, W. C. (1989): Verantwortliches Gestalten des Lebensraumes Erde. Spektrum der Wissenschaft, Heft 11, Seite 48 - 56

Crosson, P. R. und N. J. Rosenberg (1989): Strategien für die Landwirtschaft. Spektrum der Wissenschaft, Heft 11, Seite 108 – 115

Darwin, Ch. (1976): Die Entstehung der Arten durch natürliche Zuchtwahl. Stuttgart (Reclam)

Dawkins, R. (2007): Der Gotteswahn. (Sebastian Vogel, Übersetzer). Berlin (Ullstein)

Desmond, J. (1994): Der dritte Schimpanse. Frankfurt/Main (S. Fischer)

Deutsche Stiftung Weltbevölkerung (DSW) (2008): Die 15 bevölkerungsreichsten Staaten.

Ditfurth, H. von (1985): So lasst uns denn ein Apfelbäumchen pflanzen. Hamburg – Zürich (Rasch und Röhrig)

Ditfurth, H von (1993): Innenansichten eines Artgenossen. München (dtv)

Drewermann, E. (2002): Reden gegen den Krieg. Düsseldorf (Patmos Verlag)

Dzwillo, M. (1978): Prinzipien der Evolution. Stuttgart (Teubner)

Eibl-Eibesfeldt, I. (1984): Krieg und Frieden. München (Piper)

Eibl-Eibesfeldt, I. (1997): Die Biologie des menschlichen Verhaltens. Grundriss der Humanethologie. München (Seehamer Verlag)
Europäisches Parlament (2008). Plenarsitzungsdokument. – Bericht zu der Zerstörung von landwirtschaftlich genutzten Flächen in der EU und insbesondere in Südeuropa als Herausforderung: Reaktionen mit Hilfe von Indtrumenten der EU-Agrarpolitik. Verfasserin: Ines Ayala Sender.
Fischer, E. P. (2000): Aristoteles, Einstein & Co. Eine kleine Geschichte der Wissenschaft in Porträts. München (Piper)
Fischer, E. P. (2003): Die andere Bildung. – Was man von den Naturwissenschaften wissen sollte. München (Ullstein)
Fischer E. P. (2004): Was die Wissenschaften von uns wissen. Berlin (Ullstein)
Fischer E. P. (2005): Einstein für die Westentasche. München (Piper)
Fischer E. P. (2009): Der kleine Darwin. – Alles was man über Evolution wissen sollte. München (Pantheon)
Freud, S. (1913): Totem und Tabu. Leipzig – Wien (Heller)
Fromm, E. (1979): Haben oder Sein. München (dtv)

Global 2000 (198o): Der Bericht an den Präsidenten. (The global 2 000 report to the President). Washington
Gruhl, H. (1975): Ein Planet wird geplündert. Frankfurt (Fischer)

Hassenstein, B. und H. Hassenstein (2007): Verhaltensbiologie des Kindes. 6. Auflage. Münster (Monsenstein undVannerdat)
Heinrich, B. (2002): Die Weisheit der Raben.- Begegnung mit den Wolfsvögeln. Berlin (List-Verlag)
Heinrich, B. (2007): Von der Klugheit der Raben. SWR2 - Sendereihe „Wissen" vom 12. November 2007
Hildebrandt, D. und R. Willemsen (2007): „Ich gebe Ihnen mein Ehrenwort!" – Die Weltgeschichte der Lüge. Ein Text von Traudl Bünger und Roger Willemsen. Frankfurt/Main (S. Fischer Verlag)
Hofmann, I. (1989): Leben nach dem Treibhauseffekt. Naturwissenschaftliche Rundschau, Heft 7, Seite 272-273
Houghton, R. A. und G. M. Woodwell (1989): Globale Veränderungen des Klimas. Spektrum der Wissenschaften. Heft 6, Seite 106-114
Huxley, J. (1954): Entfaltung des Lebens. Frankfurt (Fischer-Bücherei)

Jonas D. F. and A. D. Jonas (1971): Manchild. A Study of the Infantilisation of Man. London
Jungk, R. (1973): Der Jahrtausendmensch (Bericht aus den Werkstätten der neuen Gesellschaft. München (Bertelsmann)

Kant, I. (1795): Zum ewigen Frieden. Ein philosophischer Entwurf. In: Cassirer, E. (Hg): Immanuel Kants Werke, Bd. 4. Berlin 1923, 424 – 474).

Kidron, M. und R. Segal (1985): Hunger und Waffen. Frankfurt (Büchergilde Gutenberg

Klein, St. (2004): Die Tagebücher der Schöpfung. – Vom Urknall zum geklonten Menschen. München (dtv)

Klimainfo.ch. Eine Dienstleistung von Greenpeace Schweiz (2008): Der Greenfreeze wird 15 – Geschichte eines Siegeszuges.

Küng, H. (1990): Projekt Weltethos. München (Piper)

Küng, H. (2005): Der Anfang aller Dinge. München – Zürich (Piper)

Lamarck J. – P. de (1909): Zoologische Philosophie, übersetzt von H. Schmidt. Leipzig (Alfred Kröner). – (franz. Original: Philosophie Zoologique. Paris 1809).

La Riviere, J. W. M. (1989): Bedrohung des Wasserhaushaltes. Spektrum der Wissenschaft, Heft 11, Seite 80-87

Lindemann, B. (2004): Der innere Weg. Konzepte der Weltreligionen und die Suche nach dem Gemeinsamen. Homburg (invoco verlag)

Linne, C. von (1758): Systema Naturae. Stockholm.

Lorenz, K. (1963): Das sogenannte Böse. Wien (Borotha-Schoeler)

Lorenz, K. (1973): Die Rückseite des Spiegels. München (dtv)

Lorenz, K. (1983): Der Abbau des Menschlichen. München (Piper)

Lorenz, D. (2009): Der Stoff, aus dem Eliten sind – Ein Blick auf Wunsch und Wirklichkeit. SWR2 – Wissen vom 16. 10. 2009

Markl, H. (1986): Evolution, Genetik und menschliches Verhalten. München (Piper)

Mayr, E. (1967): Artbegriff und Evolution. Hamburg-Berlin (Parey)

Mc Hale, J. (1974): Der ökologische Kontext. Frankfurt (Suhrkamp)

McNeil, J. R. (2003): Blue Planet. Die Geschichte der Umwelt im 20. Jahrhundert. Frankfurt/Main (Büchergilde Gutenberg)

Mentzos, St. (2002): Der Krieg und seine psychosozialen Funktionen. 2. Auflage. Göttingen (Vandenhoek und Ruprecht)

Milgram, S. (1963): Behavioral Study of Obdience. Journal of Abnormal and Social Psychology, 67, Seite 372-378

Milgram, S. (1966): Einige Bedingungen von Autoritätsgehorsam und seiner Verweigerung. Zeitschrift für experimentelle und angewandte Psychologie, 13, Seite 433-463

Morris, D. (1970): Der nackte Affe. München (Droemer Knaur)

Myell/ Schmandt/ Voigt (1987): Neues Denken. Alte Geister. Niederhausen/Ts. (Falken)

Nachtigall, W. (1983): Biostrategie. Hamburg (Hoffmann und Campe)

Popper, K. R. (1934): Logik der Forschung. Wien (Springer)

Porzig, W. (1950): Das Wunder der Sprache. München – Basel (Francke)

Presseportal: ZDF – Die Bombe/ Dreiteilige ZDF – Dokumentation beleuchtet Dimensionen der atomaren Gefahr von Claus Kleber und Angela Andersen. – 29. 07.

2009: Rückkehr der atomaren Bedrohung. – 30. 07. 2009: Atomwaffen außer Kontrolle. – 02. 08. 2009: Wege aus dem Wahnsinn.

Reichholf, J. H. (1990): Das Rätsel der Menschwerdung. Stuttgart (Deutsche Verlags – Anstalt)
Reichholf, J. H. (2007): Was stimmt? - Evolution – Die wichtigsten Antworten. Freiburg – Basel – Wien (Herder spektrum)
Reichholf, J. H. (2005): die Zukunft der Arten. - Neue ökologische Überraschungen. München (Verlag Beck)
Reichholf, J. H. (2009): Weg vom Arche-Noah-Prinzip: Unbequeme Wege im Artenschutz. Südwestrundfunk, SWR2 Aula. Sendung vom 25. 01 2009.

Riedl, R. (1981): Biologie der Erkenntnis. – Die stammesgeschichtlichen Grundlagen der Vernunft. – 3. Auflage. Berlin und Hamburg (Paul Parey)
Rudiman, W. (2003): The anthropogenic greenhouse era began thousends of years ago; Climatic Change 61: 261-293, 2oo3.

Schell, J. (1982): Das Schicksal der Erde. München (Piper)
Schneider, St. H. (1989). Veränderungen des Klimas. Spektrum der Naturwissenschaften, Heft 11, Seite 70-79
Steitz/Stengel (1984): Die Stämme und Klassen des Tierreichs. Weinheim (Verlag Chemie)
Steitz, E. (1993): Die Evolution des Menschen. 3. Auflage. Stuttgart (E. Schweizerbartsche Verlagsbuchhandlung)
Steitz, E. und M. Müller (2007): Evolution oder Schöpfung? Aspekte zum Menschenbild. Homburg (invoco verlag)
Steitz, E. (2009): Kausalität und menschliche Freiheit. Essen (Oldib Verlag)

Tinbergen, N. (1964): Instinktlehre. Hamburg (Parey)
Tinbergen, N. (1967): Tiere untereinander. Hamburg (Parey)
Tinbergen, N. (1969): Von Krieg und Frieden der Tiere. In: Kreatur Mensch. Wien (Molden)

Vester, F. (1985): Neuland des Denkens – Vom technokratischen zum kybernetischen Zeitalter (3. Aufl.). München (dtv)
Voigt, J. (1984): Vom Urkrümel zum Atompilz. Niederhausen/Ts. (Falken)
Vollmer, G. (1988): Was können wir wissen? Band 1: Die Natur der Erkenntnis. Band 2: Die Erkenntnis der Natur. Stuttgart (S. Hirzel Verlag)

Weber, M. (1919, neu herausgegeben 1981): Der Beruf zur Politik. Berlin (Duncker und Humbolt)
Weizsäcker, C. F. von (1986): Die Zeit drängt. München (Hanser)

Weizsäcker, E. U. von, A. B. Lovins und L. H. Lovins (1996): Faktor Vier – Doppelter Wohlstand – halbierter Naturverbrauch. München (Droemer Knaur)
Wikipedia, freie Enzyklopädie (2009): Aralsee.
Wikipedia, freie Enzyklopädie (2009):
Atmosphäre.
Baikalsee.
Erdatmosphäre.
Erneuerbare Energie.
G8 – Gipfel in L'Aquila.
Globale Erwärmung.
Hydrosphäre.
Fluorkohlenwasserstoffe.
Globale Erwärmung.
Kyoto – Protokoll.
Lithosphäre.
Megastadt.
Menschenaffen.
Montreal – Protokoll.
Netzplantechnik.
Terrorismus.
Trans-Mediterranean Renewable Energy Cooperation (TREC). – DESERTEC Konzept.
Wasserverfügbarkeit.
Weltbevölkerung.
Welthunger.
Welterbe – UNESCO.
Wilson, E. O. (1989): Bedrohung des Artenreichtums. Spektrum der Wissenschaft, Heft 11, Seite 88-95